Haile Gebrselassie, Woldemeskel Kostre, Detlef Moritz Abebe

Laufen mit Haile Gebrselassie

Haile Gebrselassie
Woldemeskel Kostre
Detlef Moritz Abebe
Laufen mit Haile Gebrselassie
Das Trainingsprogramm
Ehrenwirth

Sport ist immer auch mit gesundheitlichen Risiken verbunden. Besprechen Sie mit einem fachkundigen Trainer oder Sportmediziner, ob das hier vorgestellte Trainingsprogramm für Sie geeignet ist. Der Verlag übernimmt für etwaige Trainingsschäden jeglicher Art keine Haftung.

EHRENWIRTH ist ein Imprint der Verlagsgruppe Lübbe

Originalausgabe

Textredaktion: Dr. Ulrike Brandt-Schwarze, Bonn
Einbandgestaltung, Layout und Satz: JahnDesign
Thomas Jahn, Erpel/Rhein
gesetzt aus Minion und Formata
Reproduktion: MT-Vreden GmbH & Co. KG, Vreden
Druck und Einband: Kösel GmbH & Co. KG, Kempten

Printed in Germany
ISBN 3-431-03389-X

5 4 3 2 1

Sie finden uns im Internet unter:
http://www.luebbe.de

Bildnachweis
Die meisten Bilder und Abbildungen in diesem Buch stammen von Detlef Moritz Abebe.
Die übrigen mit freundlicher Genehmigung von:
Tsegereda Abebe (Seiten 42, 59, 115, 144, 150/151, 158, 159, 231, 242, 245, 262)
Adidas (Seiten 67, 68, 69, 70, 77, 78)
Allsports (Seiten 100/101, 250)
Anton Engels (Seite 167)
Getty Images/Allsports (Umschlagvorderseite unten)
Haile Gebrselassie (Seite 237)
Thomas Jahn (Seite 156)
Chai von der Laage (Seiten 8/9, 34/35, 38, 72, 188/189)
Udo Müller (Seiten 210/211)
Time Tronics (Seiten 202/203)
Ullstein (Seite 254)
Jempi Wilssem (Seiten 73, 74, 75)
Ronny Wöstmann (Seiten 50, 51)
Zenebework Bezabeh Abtew (Seite 21)
unbekannt (Seite 252)

INHALT

ETHIOPIA
1658
19
19

Haile Gebrselassie – Ein Leben, um zu laufen

Haile Gebrselassie hat in diesem Buch mit seinem Trainer, Dr. Woldemeskel Kostre, und seinem Freund, dem Dokumentarfilmer und Fotografen Detlef Moritz Abebe, zusammengearbeitet. Aus diesem Grund wechselt hin und wieder die Perspektive, wobei der entsprechende Autor aber aus dem jeweiligen Zusammenhang zu erschließen ist.

Olympiasieger zu werden, das war mein größter Traum – Olympiasieger sind unsterblich. Die Olympischen Spiele finden schließlich nur alle vier Jahre statt, und die ganze Welt schaut zu. Auch Leute, die sich nicht speziell für eine Sportart interessieren. Bei Olympia kann man mit einer völlig unpopulären Sportart bekannt werden. Außerdem läuft man nicht allein für sich selbst, sondern auch für sein Land.

Die internationale Karriere des doppelten Olympiasiegers und vielfachen Weltrekordlers Haile Gebrselassie begann 1992 mit dem Gewinn der Junioren-Weltmeisterschaften über 5000 und über 10 000 Meter. Zur gleichen Zeit fanden in Barcelona die Olympischen Spiele statt, bei der Derartu Tulu spektakulär Gold über 10 000 Meter der Frauen gewann. Die kleine schwarze Äthiopierin siegte über die weiße Südafrikanerin Elena Meyer. Dieser Sieg hatte auch eine politische Dimension. Beide Nationen hatten seit langem nicht an Olympischen Spielen teilgenommen. Nun liefen die beiden Frauen, eingehüllt in die äthiopische Fahne, gemeinsam die Ehrenrunde. Und es gab noch einen weiteren äthiopischen Triumph: Fita Bayissa, ein enger Freund Hailes, wurde Dritter über 5000 Meter und Addis Abebe Dritter über 10 000 Meter. Äthiopien hatte sich sportlich zurückgemeldet, wenn auch noch kaum jemand über den kommenden Superstar Haile Gebrselassie sprach.

Aber schon im nächsten Jahr, bei den Weltmeisterschaften in Stuttgart, führte kein Weg mehr an diesem Ausnahmeläufer vorbei. Zunächst wurde er Zweiter über 5000 Meter, dann erlief er sich den Sieg über 10 000 Meter. Gleichzeitig gewann er durch seine ungewöhnlich freundliche und humorvolle Art die Herzen der Zuschauer.

Der Sieg in Stuttgart 1993 war der Auftakt zu einer beispiellosen Karriere. Für ganze neun Jahre blieb Haile Gebrselassie auf seiner Lieblingsstrecke, den 10 000 Metern, ungeschlagen. Bereits heute ist er mit bislang zehn Weltmeisterschaftstiteln – von 1500 Meter indoor bis zum Halbmarathon –, zwei Olympiasiegen über 10 000 Meter und insgesamt 15 Weltrekorden der beste Langstreckenläufer der Geschichte.

Diese Erfolge wurden ihm nicht in die Wiege gelegt, als er 1973 in einer Hütte im äthiopischen Hochland von Arsi zur Welt kam. Er musste sie sich durch hartes Training erarbeiten. Europäische Kommentatoren tun die Überlegenheit ostafrikanischer Läufer gern mit dem Argument ab: »Die kommen ja auch aus dem Hochland.« Diesen »Heimvorteil« gleichen europäische und amerikanische Läufer jedoch seit langem durch Höhentrainingslager aus.

Lachen und Gewinnen, das ist Hailes Lebensmotto. In Kombination mit intensivem Training und einem perfekten Laufstil ist es der wahre Schlüssel zu seinen großen Erfolgen.

VON ADDIS NACH ATLANTA – DER ERSTE OLYMPIASIEG

Zehntausend Meter – das ist die längste Strecke auf der Bahn. Die Leute im Stadion können den Läufern fast eine halbe Stunde lang zuschauen, und das macht die Strecke so interessant. Die wichtigsten Disziplinen beim Laufen sind die 100 Meter, wo der Schnellste, und die 10 000 Meter, wo der Athlet mit der größten Ausdauer gewinnt.

Der Marathon ist ein Straßenlauf und hat andere Gesetzmäßigkeiten. Im Langstreckenlauf der Beste zu werden ist sehr schwierig, denn es gibt Millionen Läufer aus allen Ländern der Erde. In anderen Sportarten wie zum Beispiel Bahnradfahren gibt es viel weniger Konkurrenz. Die meisten Länder haben ja gar keine Radrennbahnen, und deshalb gibt es dort auch keine Radrennfahrer.

Trainieren für das große Ziel In Äthiopien gibt es zum Glück eine Laufbahn. Wir haben uns zu Hause in Addis Abeba vorher schon monatelang auf die Olympiade vorbereitet – wie alle Athleten. Das heißt, wir haben jeden Tag alle zusammen trainiert. Wir trafen uns morgens um halb sieben und machten abwechselnd im Stadion oder in den Trainingsgebieten um Addis Abeba eine Stunde bis anderthalb Stunden Training bei Dr. Woldemeskel Kostre. Mittags gab es ein gemeinsames

Essen in einem Restaurant. Das war besonders wichtig für die jungen Athleten. Sie hatten nicht genug Geld für Nahrungsmittel, um die 4000 Kalorien, die sie beim Training am Tag verbrauchen, zu ersetzen. Abends haben wir dann nochmal eine Stunde trainiert. Dr. Woldemeskel Kostre war der einzige Trainer. Er betreute über 40 Athleten – Männer und Frauen. Außerdem war er der technische Direktor und musste an vielen Sitzungen teilnehmen. Wenn er nicht konnte, habe ich das Training übernommen.

In Atlanta sind wir eine Woche vor den Spielen angereist. Das Klima war furchtbar heiß und schwül. Mit Hitze haben wir natürlich viel Erfahrung, aber diese extrem hohe Luftfeuchtigkeit war neu für uns. Normalerweise laufen wir in Europa. Ich kenne auch New York oder Washington, aber das ist kein Vergleich mit Atlanta. Deshalb machte ich den Fehler, ohne Socken zu trainieren. Meine Füße schwollen beim Laufen immer mehr an. Wegen der hohen Luftfeuchtigkeit wurde die Haut ganz weich und scheuerte in den Schuhen. Ich bekam Blasen an den Füßen, die in den nächsten Tagen blutig wurden und mir sehr zu schaffen machten. Wir hatten keinen eigenen Arzt bei uns. Ein medizinischer Betreuer des holländischen Teams gab mir aber eine Salbe, die mir sehr geholfen hat.

Die meisten Leute, auch die anderen äthiopischen Athleten, erwarteten von mir, dass ich gewinne. Natürlich war ich der Favorit, denn ich hielt den Weltrekord über 5000 und 10 000 Meter. Außerdem war ich Weltmeister und auf 10 000 Meter ungeschlagen. Aber jede Serie geht mal zu Ende.

Im Nachhinein muss ich sagen, es war eigentlich nicht schwer zu gewinnen. Aber vorher machte ich mir doch Sorgen um meine verletzten Füße. Zwischen den Vorläufen und dem Finale konnte ich nicht mehr richtig trainieren. Weil ich so viel herumgrübelte, konnte ich auch nicht mehr gut schlafen.

Das einzige Training, das ich machen konnte, war morgens ein leichter Dauerlauf von 30 bis 40 Minuten. Danach habe ich dann geduscht und gefrühstückt.

Wir hatten keinen eigenen Koch. Manchmal habe ich ein Omelett gegessen, manchmal ein Müsli oder auch nur Brot mit Marmelade, eigentlich ein ganz normales Hotelfrühstück. Ansonsten gab es meist

Spagetti oder andere Pasta, aber auch Geflügel oder Salat. Unser Essen muss vor allen Dingen gut verdaulich sein. Wir brauchen nicht so viel Proteine, wichtiger sind Kohlenhydrate. Deshalb haben wir nur ab und zu Fleisch gegessen.

Der Lauf zum Sieg Als der große Tag kam, waren wir nur noch zu zweit im Finale, Worku Bekila und ich. Am Start fühlte ich mich ganz o.k. Ich versuchte mich zu konzentrieren und nicht an meine Füße zu denken. Die Bahn in Atlanta ist sehr hart und für Sprinter angelegt. Kein Problem, wenn man nur zehn Sekunden laufen muss. Aber wenn man eine halbe Stunde darauf läuft, ist das ziemlich unangenehm. Dazu kam noch der Vorlauf. Wir mussten also insgesamt fast eine Stunde auf dieser Bahn laufen. Nicht nur meine, auch die Füße von meinem Freund Worku waren am Ende blutig.

Vom Start an halte ich mich immer in der Spitzengruppe der ersten drei oder vier Läufer. Ich will aber nie der Erste sein, damit ich die anderen kontrollieren kann. Wenn ich vorne laufen würde, wäre das viel schwerer. Ich muss dann nicht nur gegen den Wind laufen, sondern kann auch die anderen Läufer nicht sehen. Wenn ich sie im Auge habe, kann ich besser abschätzen, in welcher Verfassung sie sind, und den richtigen Zeitpunkt finden, um den Spurt anzusetzen. Wenn ich auf Zeit laufe, achte ich auf niemanden, sondern laufe einfach durch. In Rennen ist es aber meistens taktisch besser, hinter den anderen zu laufen und abzuwarten. Bei allen großen Wettbewerben wie Olympischen Spielen oder Weltmeisterschaften spielt die Zeit keine Rolle, nur die Platzierung. Deshalb laufe ich da immer sehr ökonomisch.

Wenn jemand gleich am Anfang schnell durchstartet und an die Spitze geht, hat das eigentlich nichts zu bedeuten. Trotzdem schaue ich erst mal, wer das ist. Die guten Läufer kenne ich natürlich. Aber wenn jemand neu ist und ich ihn nicht kenne, dann bin ich vorsichtig und schaue erst mal, aus welchem Land er kommt. Ist er aus Kenya oder aus Marokko, dann kann es gefährlich werden. Kommt er aus einem Land, das sonst keine guten Läufer hat, dann ist es egal. Dann weiß ich, dass ich ihn einholen werde. Während des Rennens kann ich nicht viel mit den anderen Äthiopiern sprechen, höchstens mal drei oder vier Worte, um sich abzustimmen, zum Beispiel: »Lauf mal vor!«

Meine größten Konkurrenten in Atlanta waren Paul Tergat, Salah Hissou und Josephat Machuka. Salah Hissou war einen Monat vor Atlanta eine sehr schnelle Zeit gelaufen. Ihn musste ich deshalb gut im Auge halten. Zwei Wochen nach Atlanta hat er dann auch meinen 10 000-Meter-Weltrekord gebrochen. Die Vorsicht war also berechtigt. Am Anfang führte Stephano Baldini aus Italien, und Stephane Franke aus Deutschland war dahinter. Ich war am Anfang an siebter oder achter Position, Paul Tergat vor mir, und hinter mir lief Worku Bekila. Dann kam Josephat Machuka. Ich beobachtete die andern Athleten, um meine Taktik zu planen. Gleichzeitig konzentrierte ich mich auf meinen Körper: Ist alles o.k.? Fühle ich mich gut? Wie sind die Schritte? Usw. In dieser Phase ist es immer ganz wichtig, dass ich spüre, wie ich atme, wie mein Körper und meine Beine sich fühlen. Also höre ich erst mal ganz genau in meinen Körper hinein. Am Ende des Rennens vergesse ich ihn dann völlig.

Die 3000-Meter-Durchgangszeit war 8:16 Minuten. Dann lief ich auf die vierte Position. 11:06 Minuten brauchten wir für 4000 Meter. Das Wetter war an dem Tag für Langstreckenläufer mörderisch: 25 °C bei 80 Prozent Luftfeuchtigkeit. Während des Rennens wurde uns Wasser gereicht, was auf der Bahn sehr ungewöhnlich ist.

»Das Rennen war die Hölle, es war, wie in der Sauna laufen. Ich habe versucht dranzubleiben. Doch man sieht es an der Endzeit – 27:07 –, das ist eine andere Welt.« (Stephane Franke nach dem Rennen von Atlanta, bei dem er als bester Europäer Neunter wurde)

Bei 5000 Meter liefen Aloys Nizigama aus Burundi und der Deutsche Stephane Franke vorn. Sie stellten aber noch keine Gefahr dar – es war viel zu früh für eine Entscheidung. Wenn mich jemand überholte, versuchte ich zur gleichen Zeit, auch zu überholen, um in der Spitzengruppe der ersten vier oder fünf Läufer zu bleiben. Wenn nämlich der Erste losspurtet und einen großen Vorsprung bekommt, ist er nur schwer wieder einzuholen.

Als dann Paul Koech nach vorne ging, lief ich auf die zweite Position. Paul Koech ist als Läufer ziemlich aggressiv. Er greift an und ist mit einer Bestzeit von 26:36 sehr gefährlich. Er beschleunigte sofort, und das Feld zog sich auseinander. Wenn ein anderer Läufer zwischen uns ist, kann es sehr schwierig werden, ihn wieder einzuholen. Manchmal blockt mich jemand, sodass ich nicht direkt vorbeikomme. Wenn der Abstand zwischen uns mehr als zehn Meter beträgt, ist es fast unmöglich, ihn einzuholen. Das gilt natürlich für die anderen Kenyaner oder auch Marokkaner genauso.

»Was Gebrselassie ausmacht, ist seine Tempohärte, seine Sprintfähigkeit, seine mentale Stärke und das Gefühl für den richtigen Moment. In dieser Kombination ist er einzigartig.«
(Wolf-Dieter Poschmann, ZDF-Olympia-Reportage, Atlanta 1996)

Paul Tergat blieb die ganze Zeit hinter mir und ließ sich nicht sehen. Er war bei den Ausscheidungskämpfen in Kenya nur Vierter geworden. Man hätte also meinen können, er sei zurzeit nicht in Bestform. Paul Koech zog das Tempo an, bis unsere Spitzengruppe nur noch aus sechs Läufern bestand. Drei waren aus Kenya und hatten es auf mich abgesehen. Sie versuchten den Rhythmus aus dem Rennen zu nehmen, indem sie mit wechselndem Tempo liefen. Kilometer sieben bis acht liefen wir in 2:30 Minuten. Tergat blieb immer hinten.

In Atlanta waren viele äthiopische Fans, die mich anfeuerten – in den USA leben fast eine Millionen Äthiopier. Während des Rennens habe ich davon nichts mitbekommen. Manchmal sehe ich meine Fans mit den äthiopischen Fahnen im Publikum. Aber wenn das Rennen sehr schnell ist, dann merke ich natürlich nicht, was außerhalb der Bahn vor sich geht. Dann bin ich mit mir selbst und vor allem mit den Konkurrenten beschäftigt. Wenn es langsam geht, kann ich mir ab und zu die Zuschauer ansehen und die Atmosphäre ein bisschen genießen.

Bei 8000 Metern bekam ich sehr starke Schmerzen in den Füßen. Das konnte man – selbst auf dem Fernsehschirm – an meinem Gesicht erkennen. An einer Verpflegungsstelle beschleunigte Paul Koech erneut, und ich musste dranbleiben, während Paul Tergat noch einmal eine Erfrischung nahm. Dann kam ein wichtiger und sicher vorentscheidender Moment: Auf dem großen Bildschirm im Stadion sah ich, wie Paul Tergat hinter mir zum Spurt ansetzte. Ich reagierte sofort. Als er mich passierte, scherte ich aus und überholte Paul Koech, der mich blockieren

wollte. Hätte Tergat fünf Sekunden Abstand zwischen uns herauslaufen können, hätte ich das Rennen mit Sicherheit nicht gewonnen.

Ich fühlte mich ziemlich mies in diesem Moment. Ich war total müde und ausgelaugt, ich hatte zu wenig geschlafen, und die Schmerzen waren extrem. Dabei lagen noch vier Runden vor uns – und ich lief Tergat hinterher. Dennoch standen meine Chancen besser als seine. Als Zweiter war ich in der taktisch besseren Position. Er wusste natürlich, dass ich hinter ihm war, und das machte ihn nervös.

Drei Runden vor Schluss lief Paul Tergat an erster Position, ich an zweiter und dann kam Salah Hissou. Paul Koech war inzwischen zurückgefallen. Den letzten Kilometer hatten wir in 2:37 Minuten zurückgelegt. Salah Hissou hatte den richtigen Moment verpasst, um mitzugehen, als Paul Tergat beschleunigte. Er hatte nur zehn Meter Abstand, aber er konnte nicht mehr aufschließen. Ohne seinen Fehler hätte er uns vielleicht sogar geschlagen.

Ich war in Lauerstellung und wartete auf die beste Chance, um Tergat zu überspurten. Sie kam früher als erwartet – 450 Meter vor dem Ziel. Als wir einen Läufer überrundeten, spurtete ich vorher los. Tergat hatte den richtigen Moment verpasst, in die zweite Bahn zu wechseln, und so konnte ich ihn und den überrundeten Läufer fast gleichzeitig überholen. Weil ich neben Tergat lief, konnte er nicht rechtzeitig raus und wurde so durch den andern Läufer geblockt. Die Lücke, die ich dadurch zwischen uns bringen konnte, war für ihn nicht mehr zu schließen. Auf dem Stadionbildschirm sah ich, dass er noch einmal etwas näher herankam. Aber noch bevor ich die Ziellinie passierte, wusste ich, dass ich ihn geschlagen hatte. Die letzte Runde hatte ich in 57,49 Sekunden gelaufen.

Meine Füße bluteten, aber auf den letzten Metern hatte ich keine Schmerzen mehr gespürt.

Nach dem Rennen war ich sehr glücklich. Die ersten 5000 Meter hatte ich in 13:55 Minuten zurückgelegt und die zweiten in 13:12. Die Endzeit von 27:07, 34 Minuten war neuer olympischer Rekord. Die ganze Anspannung fiel von mir ab – und sofort kamen auch die Schmerzen wieder. Aber das war mir egal. Die Schuhe in der Hand, machte ich mich auf zur Ehrenrunde. Ich wusste, dass nur Gott mir die Kraft gab zu gewinnen. Meine Goldmedaille habe ich deshalb später der Wallfahrtskirche St. Mariam gestiftet, die nahe bei unserem Trainingsgebiet Entoto in Addis Abeba liegt.

DER WEG AN DIE SPITZE

Wie alles anfing – Die ersten Laufschuhe Meine Familie kommt aus Asela, das liegt 175 Kilometer südöstlich von Addis Abeba. Mein Vater war Bauer. Er hatte viele Kühe, Schafe, Ziegen, Hühner und auch Bienen und baute *teff* und anderes Getreide an. Wir lebten also wie die meisten Menschen in Äthiopien.

Mein Großvater war eine sehr interessante Persönlichkeit. Er war Priester und heiratete insgesamt neun Mal. Dennoch hatte er nur vier

Bis er fünfzehn Jahre alt war, lebte Haile mit seinen Eltern und neun Geschwistern in diesem *tukul*.

Kinder, mein Vater war das älteste. Mein Großvater gab ihm ein Stück Land, und als er meine Mutter heiratete, zogen sie dorthin. Das Grundstück war nicht besonders groß, und mein Vater besaß anfangs nur wenige Tiere. Aber das Land, das ungefähr in 2000 Metern Höhe liegt, ist fruchtbar. So konnte er schon bald mehr Rinder und Land kaufen.

Ich war das achte von zehn Kindern, und als ich 1973 geboren wurde, ging es unserer Familie schon recht gut. Wir waren sechs Jungen und vier Mädchen. Zu insgesamt zwölf Personen lebten wir in unserem *tukul*, einer runden Lehmhütte ohne Fenster. Um diese Zeit gab es im Norden des Landes eine drei Jahre andauernde große Trockenheit. Aber wir waren davon zum Glück nicht betroffen.

Die Gegend, wo ich aufgewachsen bin, ist sehr schön. Damals gab es dort auch noch viel Wald. Das hat sich inzwischen geändert, denn die Menschen in Äthiopien brauchen Feuer- und auch Bauholz. Fünfzehn Jahre habe ich in dem *tukul* gewohnt.

Mein älterer Bruder Tekeye war damals schon Läufer und hat mich zum Training mitgenommen. Ich liebte es zu laufen. Aber da mein Bruder viel älter war als ich, konnte ich ihm nur mit Mühe folgen. Eines Tages kam eine Gruppe Läufer vom Polizeisportclub in Asela an unserem Feld vorbei. Ich versuchte mitzulaufen. Der Trainer Ato Tizazu sah mich und befand offenbar, dass ich Talent hätte. Jedenfalls lud er mich in den Club ein. Ich hatte Glück, denn zu dieser Zeit förderte Ethiopian Airlines ein Sportprojekt für junge Läufer in unserer Provinz. Sie haben 100 000 Birr (etwa 12 000 Euro) für die Region gespendet.

So kam ich zu meinen ersten Laufschuhen und Trainingsanzügen aus heimischer Produktion, und ich bekam auch schon eine finanzielle Unterstützung. Immerhin 22 Birr, also etwa 3 Euro, im Monat. Für mich war das damals viel Geld, und es hat sehr geholfen. Damals war ich 16 Jahre alt und ging in die zehnte Klasse.

Ich muss sagen, Ethiopian Airlines hat das Geld gut angelegt. Auch Derartu Tulu, Fatuma Roba und Gezahegn Abera kommen aus meiner Gegend und wurden gefördert. Zusammen haben wir immerhin sechs Goldmedaillen bei Olympischen Spielen gewonnen.

Marathon in Addis Abeba Als ich das erste Mal nach Addis kam, lebten meine älteren Brüder Assefa und Tekeye schon länger in der Stadt. Ich war gekommen, um an einem Laufwettbewerb teilzunehmen. Für einen Sechzehnjährigen war Addis eine atemberaubende Stadt, der Unterschied zu Asela war immens. Am meisten beeindruckten mich die vielen Autos und das Gewimmel der Millionen Menschen auf der Straße. Dann die Hochhäuser, so was hatte ich noch nie im Leben gesehen. Ich hätte es mir auch gar nicht vorstellen können. Wo ich herkam, gab es nur wenige Autos, keinen Strom und schon gar keine Fernseher. Die Häuser in Asela waren alle nur einstöckig.

Glücklicherweise holte Tekeye mich vom Lagare-Busbahnhof ab und brachte mich zu seinem Haus. Mein Laufwettbewerb war gestrichen worden, und ich war total enttäuscht. Aber nun war ich einmal in Addis und mein Bruder wollte am übernächsten Tag am Abebe-Bikila-Gedächtnismarathon teilnehmen: »Lauf doch einfach mit«, schlug er vor. »Meinst du, dass ich das kann? Ich habe das doch noch nie gemacht.« »Warum denn nicht?«

Am nächsten Morgen wollte ich mir die Strecke ansehen und ging zum Stadion. Auf dem Rückweg verirrte ich mich. Mein Bruder wohnte hinter dem Bambis-Supermarkt. Ich stand am Supermarkt, aber ich fand das Haus einfach nicht. Ich fragte alle Leute, und sie sagten: »Hier ist es.« »Wo?« »Na, hier.« Also lief ich immer im Kreis, bis ich am Ende völlig erschöpft auf der Straße einschlief. Am nächsten Morgen ging ich wieder zum Stadion, das viel einfacher wiederzufinden war. Am Start traf ich dann Tekeye. Der hatte sich Sorgen um mich gemacht und schon gedacht, es sei mir was passiert. Aber es war nichts, nur die Aufregung in der Großstadt.

Dann lief ich einfach den Marathon mit. Noch nie war ich so lange gelaufen. Das Längste waren jeden Morgen die zehn Kilometer zur Schule. Ich hatte gar keine Vorstellung davon, wie weit 42 Kilometer sind. Am Anfang ließ sich alles ganz leicht an, aber ab Kilometer 25 wurde es richtig schwer. Zwischendurch mussten wir auch noch über Treppen laufen. Wie ich die letzten sechs oder sieben Kilometer geschafft habe, weiß ich nicht mehr. Meinen Bruder habe ich schon gleich am Anfang aus den Augen verloren. Er wurde Zweiter in dem Rennen. Ich kam fast eine halbe Stunde später – als Neunundneunzigster – an. Nach dem Zieleinlauf musste ich zwar gestützt werden, aber meine Zeit von 2:45 Stunden war für einen Sechzehnjährigen gar nicht so schlecht. – Mein Entschluss, Läufer zu werden, stand jedenfalls fest.

Erst mal musste ich aber zurück nach Hause. Ich war ja mit der Schule noch nicht fertig. Als ich meinem Vater dann sagte, dass ich nach Addis gehen und Läufer werden würde, war der gar nicht begeistert. »Was soll das Gelaufe? Werde was Ordentliches, Anwalt oder so was. Außerdem brauche ich Hilfe auf der Farm. Ich werde immer älter, denk mal drüber nach.« Er hatte eigentlich gehofft, dass ich Schreiner würde, denn zu seinem Geburtstag hatte ich ihm einen richtigen Stuhl aus Holz gezimmert, wie ihn keiner in der Umgebung hatte. Eine Art Thron. Da war er ganz schön stolz auf mich gewesen.

Vom Juniorenweltmeister zum Weltmeister Als ich endlich 17 war, zog ich gleich nach Addis. Ich hatte es gar nicht erwarten können, endlich mit den Topstars trainieren zu dürfen. Das war damals Addis Abebe. Er gewann später 500 000 US-Dollar bei einem Rennen in Indonesien. Mein Freund Fita Bayissa war 1991 Vizeweltmeister geworden und gewann 1992 Bronze bei den Olympischen Spielen in Barcelona. Ich sollte hinter ihnen laufen, nutzte aber jede Gelegenheit, neben ihnen zu laufen. Das ärgerte sie vielleicht ein bisschen, aber das war mir egal. Ich war schon immer etwas anders als die anderen Läufer – ich war schneller. Die Leute in Äthiopien sind sehr zurückhaltend, und wenn ein neuer junger Sportler daherkommt, dann ist er meist sehr scheu und still. Ich war da ganz anders. Ich habe gleich voll mitgemacht und so lange trainiert, wie ich nur konnte. Ich habe schon immer alles gegeben. Man musste mich nicht motivieren, ich hatte mein Ziel immer vor Augen.

Der Trainer, der mich in Asela zum Polizeisportverein geholt hatte, managte auch meinen Umzug nach Addis und meine Aufnahme in den dortigen Polizeisportverein.

Schon drei Monate später nahm ich an den Äthiopischen Meisterschaften in Janmeda teil. Ich wurde zwar nur Fünfter, aber ich konnte mich für die Cross-Country-Juniorenweltmeisterschaft in Antwerpen qualifizieren. Ich war völlig aus dem Häuschen: Nach nur drei Monaten in Addis war ich schon in der Junioren-Nationalmannschaft und konnte nach Europa fliegen. Brüssel, so dachte ich, wird nicht viel anders sein als Addis. Auf den Flug war ich gespannt. Leider konnte ich aber nicht viel sehen. Dann in Brüssel die ganzen großen Gebäude, ich staunte nur noch. Ich wollte alles kennen lernen, was die weißen Leute machen. Damals dachte ich: »O Gott, jetzt weiß ich, dass Jesus wirklich weiß war,

Mit 18 Jahren gewinnt Haile (links) die Äthiopischen Cross-Meisterschaften in Janmeda.

denn die Weißen haben alles, und wir in Afrika haben gar nichts.« Die Weltmeisterschaft war mir auf einmal nicht mehr so wichtig.

Mein achter Platz war gar nicht so schlecht, schließlich war ich ja erst ein paar Monate im Team. Siebter wurde Ismael Kirui aus Kenya. 1992 folgte die Cross-Junioren-Weltmeisterschaft in Boston. Diesmal wurde ich Zweiter, aber wieder hinter Ismael Kirui. Dann kam die Bahnsaison, und ich flog zum ersten Mal nach Asien, nach Seoul, wo die Junioren-Weltmeisterschaft stattfand. Ich hatte bis dahin noch keine Wettbewerbe auf der Bahn gelaufen, aber ich spürte, dass mir das viel mehr lag. Wieder traf ich auf meinen alten Kontrahenten Ismael Kirui, und auf der Bahn konnte ich ihn über 5000 Meter schlagen. Ich siegte nicht nur auf dieser Strecke, sondern auch über 10 000 Meter.

Im nächsten Jahr lief ich in London, und Jos Hermens, mein Manager, wollte unbedingt, dass ich auch in Zürich laufe. Ich wollte das ebenfalls, doch mein Verband sperrte sich dagegen. Schließlich gelang es Jos, sie zu überzeugen, und ich konnte am Meeting teilnehmen. Ich lief Landesrekord, und damit war meine Teilnahme an den Leichtathletik-Weltmeisterschaften, die wenige Wochen darauf in Stuttgart stattfinden sollten, gesichert.

Es begann mit dem 5000-Meter-Lauf. Mit am Start waren meine beiden Freunde Fita Bayissa und Worku Bekila. Fita war bei der Olympiade Dritter, Worku Sechster geworden – gegen sie musste ich mich bei meiner ersten WM durchsetzen. Ich machte den Fehler, mehr auf sie als auf meinen Dauerkontrahenten Ismael Kirui zu achten. So konnte er uns alle schlagen. Ich wurde Zweiter und Fita Bayissa Dritter. Worku Bekila blieb der undankbare vierte Rang.

Ich war aber auch für die 10 000 Meter gemeldet, und so stand ich wenige Tage später wieder im Finale. Den Fehler, den ich auf 5000 Metern gemacht hatte, wollte ich nicht wiederholen. Ich blieb also immer schön hinter Moses Tanui aus Kenya. Doch dann passierte etwas Seltsames. Ich war dicht hinter Tanui, da verlor er plötzlich seinen Schuh. Ich wunderte mich ein bisschen: Normalerweise verliert man ja nicht einfach so einen Schuh beim Laufen. Falls ich ihm in die Hacken getreten wäre, hätte ich das merken müssen. Aber ich hatte gar nichts bemerkt. Er war jedenfalls sehr sauer. Ich habe dann gewartet, ob ich vielleicht disqualifiziert werden würde. Erst auf den letzten hundert Metern habe ich mir gesagt: »Egal! Wenn ich schon disqualifiziert werde, dann als Erster!« – und habe ihn überholt.

Moses Tanui war, gelinde gesagt, gekränkt. Aber wenn ich ihm wirklich so heftig in die Hacken getreten hätte, dass sich der Schuh löste, dann hätte er nicht so weiterlaufen können. Die Kampfrichter haben sich den Film genau angesehen. Sie haben nichts Regelwidriges oder Unfaires entdeckt und mich zum Sieger erklärt.

Ich bin also zu Recht Weltmeister geworden und habe meinen ersten Mercedes 190 gewonnen. Ich hatte aber gar keinen Führerschein und wollte auch keinen haben. Ich dachte damals: »Ich bin Läufer und kein Autofahrer. Als Autofahrer wird man zu bequem.« So habe ich ihn einfach in eine Garage gestellt. Bei der WM 1995 in Göteborg gewann ich dann wieder einen Mercedes 190. Den habe ich dann neben den anderen gestellt. Erst nach der Olympiade in Atlanta, so hatte ich es mir vorgenommen, wollte ich den Führerschein machen. Heute fahre ich den ersten Mercedes, einen silberfarbenen, und meine Frau den anderen. Der ist grün-metallic, eine echte Frauenfarbe. So gibt es keinen Streit, wer welches Auto nimmt.

Auf dem Gipfel des Erfolgs: Die Neunzigerjahre Es war ein wunderbares Gefühl nach der ersten Weltmeisterschaft. Als ich nach Hause kam, gab es natürlich eine große Party, die Reaktion von offizieller Seite fiel damals eher schlicht aus.

Aber ich hatte erreicht, was ich schon immer erreichen wollte. Schon als ich noch zur High School ging, hatte ich das nicht gerade bescheidene Ziel, Weltmeister zu werden. Ich habe das natürlich keinem erzählt, denn dann hätte man mich für überheblich gehalten. Aber insgeheim darauf hingearbeitet habe ich trotzdem. Und heute, wo ich fast alles erreicht habe, was ich mir damals vorgenommen hatte, kann ich es ja auch ruhig sagen.

Nachdem ich Weltmeister geworden war, fragte ich Jos: »Meinst du, ich sollte versuchen, den Weltrekord zu brechen?« »Klar, das ist eine gute Idee«, antwortete er. »Du musst dir immer weiter Ziele setzen. Wenn du berühmt werden willst, musst du auch zwischen den großen Events Ziele haben. Ein Sportler wird nur bekannt durch die Wiederholung. Eine einmalige Leistung reicht nicht. Der Name muss sich über Jahre einprägen.«

Natürlich hätte ich es auch ohne seinen Zuspruch versucht. Aber Jos ist nun einmal mein engster Berater und außerdem einer meiner besten Freunde. Er hat früher selbst ein paar Weltrekorde gelaufen und konnte mir gute Tipps geben. Was das Training betraf, so hatte Dr. Woldemeskel Kostre ein Programm entwickelt, das perfekt auf mich zugeschnitten war. Ich hatte mein neues Ziel gefunden.

Eines Tages auf dem Weg zum Training in Janmeda bekam ich Durst, und wir hielten an einem kleinen Kiosk am Straßenrand, einem von hunderten in der Stadt. Doch dieser war ein besonderer, denn dort traf ich Alem, die heute meine Frau ist. Der Kiosk gehörte ihrer Familie. Von diesem Tag an bekam ich immer Durst, wenn ich an dem Kiosk vorbeikam. Alem, die zu dieser Zeit eine Computerschule besuchte, ist in Addis aufgewachsen und hatte mit Laufen überhaupt nichts zu tun. Aber sie hat einen ausgesprochenen Sinn für das Geschäftliche, und so ergänzen wir uns ausgezeichnet.

Trotz Alem habe ich natürlich meine großen Ziele nicht aus den Augen verloren. Am Anfang hielten wir unsere Beziehung auch geheim, nur wenige Leute wussten davon. Mein nächstes Ziel damals waren die 12:58,39 Minuten über 5000 Meter, die Said Aouita aus Marokko am 22. Juli 1987 in Rom gelaufen war.

Im darauf folgenden Jahr, also 1994, stand kein wichtiger Wettbewerb an, und deshalb konnte ich mich gezielt auf den Weltrekord vorbereiten. Am 4. Juni in Hengelo war es dann soweit. Ich lief meinen ersten Weltrekord. Bei 12:56,96 Minuten blieb die Uhr stehen – ich war fast zwei Sekunden schneller gewesen.

Nun war ich auf den Geschmack gekommen. 1995 standen die Weltmeisterschaften in Göteborg auf dem Programm. Dort wollte ich natürlich meinen Titel verteidigen und auch den 10 000-Meter-Weltrekord angreifen. Anfang Mai kam ich nach Europa und – wie immer vor einem wichtigen Lauf über lange Distanzen – lief ich zunächst einen Wettkampf über eine kürzere Strecke als Tempotraining. So lief ich im holländischen Kerkrade zuerst einen Weltrekord über zwei Meilen als Vorbereitung für Hengelo.

Mein Ziel waren die 26:52,23 Minuten, die der Kenyaner William Segei 1994 vorgelegt hatte. Das Tempo machte mein Freund Worku Bekila, der zu dieser Zeit Sechster der Weltrangliste war. Er meinte es wirklich gut mit mir und legte ein Supertempo vor. Ich ging mit. In der zwanzigsten Runde schaute ich dann auf die Uhr und stellte fest, dass ich den Weltrekord locker brechen würde. Daraufhin bin ich so gebremst weitergelaufen, dass es sogar den Zuschauern auffiel. Als ich am Ende nach 26:43,53 Minuten über die Ziellinie lief, hatte ich den Weltrekord um 8,3 Sekunden verbessert. Die Journalisten fragten mich hinterher, warum ich das Tempo herausgenommen hätte. Aber es ist doch klar: Ich wollte noch einmal Weltrekord laufen, und weshalb sollte ich mir das unnötig schwer machen?

Bei den Weltmeisterschaften Anfang August in Göteborg war ich als Titelverteidiger und Weltrekordhalter natürlich der Favorit. Ich wollte kein Risiko mit zu vielen Starts eingehen, denn zu jedem Rennen gehören ja auch Vorläufe, und anders als bei den Kurzstrecken sind die Regenerationszeiten ziemlich lang. Deshalb startete ich nur über die 10 000 Meter – es wurde mein Lieblingsrennen. Als ich zum Endspurt ansetzte, war es, als hätte ich einen Turbo gestartet. Jedenfalls konnte Khalid Skah mir nicht mehr folgen. Ich lief ihm davon, und er kam erst zwei Sekunden nach mir ins Ziel.

Nach diesem Erfolg war ich natürlich erst recht motiviert: Ich wollte schnelle Zeiten laufen, nicht nur gewinnen. Beim Weltklasse-Meeting in Zürich stellte ich dann meinen eigenen Weltrekord in den Schatten. Mit 12:44,39 Minuten toppte ich meine Zeit aus dem Vorjahr um 10,9 Sekunden. Das war wohl ein Jahrhundertergebnis – seit 1932 hatte es auf der 5000-Meter-Strecke keine solche Leistungssteigerung gegeben. Die Presse bejubelte mich jedenfalls als Wunderläufer.

Aber ich wusste, dass man noch schneller laufen kann. Ich selbst spürte, dass ich noch nicht an meiner Grenze angelangt war, und was ich konnte, das konnten andere Läufer auch. Die Kenyaner und die Nordafrikaner fühlten sich herausgefordert und wollten meine Rekorde brechen. Allen voran natürlich Paul Tergat und Daniel Komen, die mir in den folgenden Jahren meine Rekorde abjagten und mich zu neuen Höchstleistungen anspornten. Ohne sie wäre ich vielleicht nie so gut geworden, denn Konkurrenz belebt das Geschäft. Inzwischen ist die Weltrekordzeit von 1987 mehr als vierzigmal unterboten worden, unter anderem von Dieter Baumann und Bob Kennedy. Es gibt heute also ganz viele Wunderläufer – vielleicht ist das das eigentliche Wunder.

Auch meine 12:39,36 Minuten sind nicht unschlagbar. Wenn mir meine Achillessehnen-Verletzung nicht dazwischengekommen wäre, hätte ich die Zeit sicher noch verbessern können. Irgendjemand wird eines Tages 12:30,00 laufen – möglich ist das. Es wäre eine Leistungssteigerung von nur einem Prozent. Der deutsche Laufpapst Dr. Ernst van Aaken hat diese Zeit schon vor 30 Jahren prognostiziert und damals auch für Jos Hermens eine mögliche Marathonzeit von 2:06:30 Minuten ausgerechnet. Der Riss seiner Achillessehne verhinderte aber leider seinen Rekordversuch.

Man kann gewissermaßen auf einen Weltrekord hin trainieren. Aber ob wir heute wirklich schneller sind als Paavo Nurmi, Emil Zátopek, Jos Hermens, Miruts Yifter, Lasse Viren, Mamo Wolde oder auch Harald Norporth, können wir nicht mit Sicherheit behaupten. Schließlich haben wir bessere Laufbahnen, bessere Schuhe und 30 Jahre mehr Erfahrung im Training.

Ich hatte jedenfalls nach dem Superjahr 1995 ein weiteres Ziel: Ich wollte mir meinen größten Traum erfüllen und in Atlanta Olympiasieger werden. Diesem Ziel habe ich alles untergeordnet. Nur wenn ich es erreiche, so hatte ich es mir vorgenommen, dann wollte ich heiraten, eine Familie gründen und endlich meinen Führerschein machen.

Wen ich heiraten würde, wussten allerdings nur meine Freunde. Natürlich auch mein bester Freund Yasin, den ich gleich in meinen ersten Wochen in Addis Abeba kennen gelernt hatte. Damals wollte ich mir einen Fotoapparat kaufen. Ich hatte 110 Birr (15 Euro) gespart, doch der Verkäufer bestand auf 125 Birr. Da half kein noch so geschicktes Handeln. Yasin, der zufällig auch in dem Laden war, spürte, wie wichtig mir der Fotoapparat war, und er schenkte mir einfach die restlichen 15 Birr. Noch heute sind wir Freunde und Partner, aber Geld muss er mir keines mehr leihen.

In Atlanta begann der Hollywood-Regisseur Bud Greenspan, der schon einen Film über Wilma Rudolph, die »schwarze Gazelle«, gemacht hatte, einen Film über mein Leben zu drehen. Er hoffte inständig, dass ich Olympiasieger werden würde, filmte aber sicherheitshalber auch meine Konkurrenten. Als ich dann gewann, war er glücklich. Der Film heißt »Endurance« und beschreibt mein Leben bis zum Olympiasieg. Alle Personen spielen sich selbst – mein Vater, meine Geschwister, mein

Trainer, meine Frau und natürlich auch ich. Da ich mich allerdings nicht gut als Zehnjährigen selbst darstellen konnte, übernahm mein Neffe Jonas diese Rolle. Er lebt heute bei mir und hat jetzt auch mit dem Laufen angefangen. Er möchte in meine Spikelöcher treten.

Anders als bei meinem ersten Weltrekord 1993 war der Empfang nach unserem Erfolg in Atlanta, bei dem Fatuma Roba die erste afrikanische Marathon-Olympiasiegerin wurde und Gete Wami Bronze über 10 000 Meter gewann, überwältigend. Auf dem Rückflug hatten wir noch zwei Tage in Frankfurt bleiben müssen, damit zu Hause alles vorbereitet werden konnte. Als wir glücklich ankamen, waren wir sprachlos: Der Umzug in Addis Abeba dauerte über zwei Stunden. Ich hatte noch nie solche Menschenmassen gesehen, es sah aus, als stände jeder Einwohner der Stadt am Straßenrand.

Noch am Flughafen hatte ich mich offiziell verlobt, dann kamen der Empfang beim Präsidenten und die ganzen offiziellen Termine. Am nächsten Tag wurde Alem meine Frau.

Kurz darauf flog ich wieder los, nach Zürich. Dort erlebte ich meinen ersten Misserfolg seit Jahren. Daniel Komen hatte nicht an der Olympiade teilgenommen, war frisch und ausgeruht, und ich machte einen taktischen Fehler. Das sollte mir so schnell nicht wieder passieren.

Mein erfolgreichstes Jahr war 1998. Dort stellte ich die im Moment noch gültigen Weltrekorde auf, gewann bei der Golden League und wurde »Weltleichtathlet des Jahres«. Außerdem wurde ich zum Ehrenbotschafter der Vereinten Nationen für ein Programm zur Entwicklung Äthiopiens (ONUD) ernannt.

In meinem Erfolgsjahr 1998 bekam meine Frau unsere erste Tochter Aden. Zwei Jahre später, als ich in Sydney wieder Olympiasieger wurde, kam meine Tochter Melat zur Welt. 2002 wurde Mesarett, unsere dritte Tochter, geboren, und ich lief meinen ersten Marathon. Eigentlich sind drei Kinder genug, doch vielleicht klappt es ja zur Olympiade in Athen mit einem Sohn. Das ist zumindest ein reizvolles Ziel.

Eigentlich gibt es bei meiner sportlichen Erfolgsbilanz kein »bestes« Jahr. Ich glaube, es waren einfach die Neunzigerjahre. Was Weltrekorde angeht, kann ich da natürlich nicht mehr heranreichen, aber es gibt noch andere Felder, auf denen ich erfolgreich sein will, auch wenn ich damit nicht mehr so in der Öffentlichkeit stehen kann wie bisher.

Gleich nach dem Gewinn der ersten Weltmeisterschaft hatte ich einen Sponsorenvertrag mit Adidas bekommen und angefangen, international Werbung für sie zu machen. In Äthiopien werbe ich auch für ein paar Produkte, doch finanziell ist das natürlich nicht mit den internationalen Jobs zu vergleichen. Aber bei meiner Arbeit in Äthiopien geht es mir auch mehr darum, mich für einen guten Zweck einzusetzen, Spots gegen Aids und ähnliche Aktionen. Als Botschafter für die Vereinten Nationen versuche ich ein Vorbild zu sein. Ich möchte den jungen Leuten an meinem Beispiel zeigen, dass Leistung sich immer noch lohnt, nicht nur beim Laufen. Wenn ich eine Initialzündung geben kann, damit viele kleine Hailes aufstehen und etwas tun, dann habe ich mein Ziel erreicht. Jeder natürlich in seinem Bereich, es muss nichts mit Sport zu tun haben.

Ich bin dafür, jungen Leuten eine Chance zu geben, indem ich Arbeitsplätze schaffe und für den Erhalt dieser Arbeitsplätze sorge. Wie beim Laufen habe ich immer gerne alles selber unter Kontrolle. Leider kann ich da nicht allzu viel machen, jedenfalls nicht, solange ich aktiv bin. Schließlich muss ich hart trainieren, um an der Spitze zu bleiben. Sonst wäre ich irgendwann kein Vorbild mehr.

Auch meine geschäftlichen Dinge nehmen mich sehr in Anspruch. In der Firma Haile & Alem International Plc. arbeiten ca. 200 Leute. In Bahir Dar am Tana-See bauen wir eine Schule, die eines Tages bis zum Abitur führen soll. Unser Land braucht viele Schulen, davon kann es nie genug geben. Wir planen, auch in Addis ein College zu bauen. Ich selbst kann mich in diesen Dingen nur um die generellen Entscheidungen kümmern. Die eigentliche Arbeit machen meine älteren Brüder.

Wir haben auch den Great Ethiopian Run ins Leben gerufen. Da laufen jedes Jahr 10 000 Menschen in Addis Abeba für den Kampf gegen Aids. Wir verfolgen damit unter anderem das Ziel, der Welt einen besonderen Eindruck von unserer Heimat zu vermitteln. Wir wollen unseren Beitrag dazu leisten, dass Äthiopien ein erfolgreiches Land wird – nicht nur im Sport.

Der Manager – Interview mit Jos Hermens Fast wäre die Läuferkarriere des Niederländers Jos Hermens (Jahrgang 1950) mit den Olympischen Spielen 1972 in München zu Ende gewesen. Nach dem Blutbad beschloss er, nicht zu den Rennen anzutreten, und reiste ab.

Jos Hermens ist immer an der Bahn, wenn Haile läuft, und gibt ihm die Zwischenzeiten an.

Viele Wochen trainierte er nicht. Dann kehrte er doch zum Laufen zurück. Als er am 14. September 1975 in Papendal in einem Lauf gleich drei Weltrekorde aufstellte – 10 Meilen (45:57,2 min), 20 km (57:31,69 min) und eine Stunde (20 907 m) – schrieb er Sportgeschichte. Bei den Olympischen Spielen 1976 in Montreal wurde er über 10 000 Meter nur Zehnter, beim Marathon belegte er den fünfundzwanzigsten Platz. Ein Achillessehnenriss im Finale der Europameisterschaft 1978 in Prag beendete schließlich seine aktive Laufbahn.

Inzwischen ist er Chef der Firma Global Sports Communication, die neben Haile Gebrselassie heute Athleten aus 26 Ländern betreut. Zu seinem Team gehören auch die mehrfache Weltmeisterin und Olympiasiegerin Gabriela Szabo aus Rumänien, der kenyanische Olympiasieger Reuben Kosgei sowie die Europameisterin Grit Breuer und Olympiasieger Nils Schumann.

Jos, du bist einer der erfolgreichsten Manager im Laufsport, wie bist du zum Laufen gekommen?

Ich habe angefangen zu laufen, als ich zwölf war. Mein Bruder war damals schon Läufer und animierte mich dazu, mitzulaufen. Ich machte dann alles mit, aber es zeigte sich bald, dass ich nicht besonders schnell war. Als ich älter wurde, durfte ich auch längere Strecken laufen. Da merkte ich, dass die mir viel mehr lagen. Je länger die Strecke war, desto besser war ich. Eigentlich mussten wir nur lange genug laufen, dann habe ich immer gewonnen. Ich wurde holländischer Juniorenmeister im Cross-Laufen und steigerte mich mit der Zeit immer mehr. Ich habe auch zweimal an der Olympiade teilgenommen, 1972 in München und 1976 in Montreal. In München konnte ich aber nach dem Attentat auf die israelischen Sportler nicht einfach zur Tagesordnung übergehen und reiste deshalb vorzeitig ab.

In Montreal wurde ich dann Zehnter beim 10 000-Meter-Lauf. Darüber war ich ziemlich enttäuscht, weil ich nur ein paar Wochen vorher Weltrekord gelaufen hatte. Ich war also eigentlich in einer glänzenden Verfassung, aber ich hatte mich einfach übertrainiert.

Bei einer Muskeluntersuchung wurde festgestellt, dass 90 Prozent meiner Muskelfasern rote Fasern für die Langstrecke waren. Ich wollte damals auf Marathon umsteigen. Doch dann riss meine Achillessehne, und meine Karriere als Läufer war mit 28 zu Ende.

Wie ging es dann weiter?

Ich hatte ein Studium als Lehrer abgeschlossen und dachte darüber nach, als Entwicklungshelfer nach Afrika zu gehen. Außerdem habe ich mein Trainerdiplom gemacht. Dann bekam ich ein Angebot von Nike – ich war einer der ersten Athleten in Europa, der mit Nike-Schuhen gelaufen war –, die Werbung für die Firma zu übernehmen. 1985 habe ich dann die Global Sports Communication gegründet. Nike verlegte zu dieser Zeit seinen Europasitz nach England, und da wollte ich nicht mit umziehen. Ich kannte damals sehr viele Athleten, die mit Nike liefen, zum Beispiel Rosa Mota, Alberto Cova, Ingrid Kristiansen oder Carlos Loper. Sie kamen alle zu mir und wollten, dass ich sie manage. An der Olympiade in Sydney nahmen 60 Sportler aus meinem Team teil. Sie haben insgesamt 16 Medaillen gewonnen, darunter sieben goldene.

Wie kam es eigentlich zu der Zusammenarbeit mit Äthiopiern?

Das war schon 1983, als ich den Rotterdam-Marathon organisierte. Wir brauchten natürlich gute Läufer, und so haben wir die ersten Äthiopier nach Rotterdam geholt. Sie fragten mich dann, ob ich sie nicht auch bei weiteren Wettkämpfen managen könnte, und so wurde der Kontakt immer enger. Ich brachte die äthiopischen Athleten nach Tokio, Boston, Chicago usw.

Wann hast du Haile das erste Mal getroffen?

Ich bin Haile zuerst im Januar 1991 in Janmeda begegnet. Damals wurde er nur Fünfter, das war sein allererster Wettbewerb. Er war 17 und gerade erst nach Addis Abeba gekommen. Aber er fiel mir gleich auf. Er hatte schon damals einen anderen Laufstil als die anderen. Normalerweise schaut man sich ja vor allem die ersten drei an. Allerdings muss man auch die Hintergründe kennen, wie lange jemand schon dabei ist usw. Haile fiel mir jedenfalls direkt ins Auge. Natürlich konnte ich nicht ahnen, dass er später 15 Weltrekorde aufstellen würde, auch wenn er damals schon sehr kämpferisch war.

Nach dem Rennen in Äthiopien traf ich ihn im Stadion, in einer Gruppe. Schon da habe ich ihn auf Europa angesprochen, was nicht ganz einfach war, weil er noch kein Englisch konnte.

Kurze Zeit später sah ich ihn dann wieder, bei den Cross-Weltmeisterschaften in Antwerpen. Er lief als Achter ins Ziel. Im nächsten Jahr belegte er schon den zweiten Platz, und ein paar Monate später wurde er Junioren-Weltmeister über 5000 und 10 000 Meter in Seoul. Das war 1992.

Wann hast du ihn unter Vertrag genommen?

Als ich Haile im Januar 1993 in Janmeda traf, habe ich mit ihm ein Sport-Meeting in London vereinbart. Nach dem Meeting musste er mit den andern Athleten sofort wieder zurück.

Ich habe ihn dann aus dem Hotel geholt. Er hatte kein Visum für Holland, aber das habe ich für ihn geklärt. Die Leute vom äthiopischen Sportverband waren darüber ziemlich sauer. Aber Hailes Traum war, in Zürich anzutreten, wo er dann neuen Landesrekord lief. Das Rennen hat er zwar nicht gewonnen, aber er wurde Dritter. Dann flog er nach Hause. Die Funktionäre konnten nun nicht mehr hineinreden, und er wurde natürlich für die WM in Stuttgart nominiert. Dort wurde er Zweiter über 5000 Meter und Weltmeister über 10 000. Bei den 5000 hatte Haile nur die eigenen Leute im Auge und so den ersten Platz verloren. Im nächsten Rennen ließ Haile keinen mehr davonziehen. Danach war er für lange Zeit unschlagbar.

Normalerweise sind Äthiopier am Anfang sehr scheu und zurückhaltend. Das wirkt sich auch beim Laufen aus. Kenyaner sind mehr

Krieger, laufen aggressiver und kämpfen mehr. Haile ist anders als die anderen Äthiopier.

Was unterscheidet Haile von andern Läufern?

Es ist einfach die Kombination von allem. Natürlich könnte man über die Muskelstruktur oder die Verarbeitung von Milchsäure sprechen, aber am wichtigsten sind Talent, ein starker Charakter und Intelligenz. Haile hat das alles, mehr als andere Sportler. Irgendeine dieser Eigenschaften ist bei ihnen weniger ausgeprägt. Wobei meiner Meinung nach das Kämpferische wichtiger ist als das Talent.

So etwas wie Übersäuerung scheint Haile gar nicht zu kennen. Nur ganz selten ist ihm das passiert. Eigentlich nur, wenn er nicht gut trainiert war, zum Beispiel 1996 nach Atlanta gegen Daniel Komen oder in Edmonton, wo er nur drei Monate trainiert hatte. Und wenn, dann bricht er gleich komplett ein. Das ist ihm in vier Rennen in zehn Jahren und dann noch meist nach Verletzungen passiert. Das ist gar nichts. Er hatte erst sechs Wochen vor der Weltmeisterschaft angefangen auf der Bahn zu trainieren. Fast hätte er sogar noch gewonnen.

Haile kennt seine Körpersignale wie kaum ein anderer, ohne studiert zu haben. Er weiß genau, wie nah er an seine Grenze gehen kann und auf welchem Stand seine Regeneration ist. Er ist so viel besser als alle anderen, dass es für die anderen Marathonläufer schwierig ist, beim Training mit ihm Schritt zu halten und sich nicht überzutrainieren. Wenn er im Stadion ein paarmal 2:30 Minuten mit 30 Sekunden Pause dazwischen in 2500 Meter Höhe läuft, dann sind das knallharte Trainingsbedingungen. Ich habe noch nie einen Athleten auf der ganzen Welt erlebt, der seinen Körper so gut versteht wie Haile.

Er weiß genau, was er im Training braucht. Viele seiner Übungen hat er sich selber ausgedacht. Kein anderer Läufer trainiert wahrscheinlich liegend auf dem Fahrrad mit rasender Geschwindigkeit oder ganz schnell auf dem Stepper mit den Vorderfüßen. Auch Seilspringen macht vermutlich keiner außer ihm.

Was sind denn deine Aufgaben als Manager?

Das Management muss dem Athleten so viel abnehmen, dass er sich voll auf seinen Sport konzentrieren kann. Egal, worum es geht, wir versuchen alles für unsere Athleten zu organisieren, ob es um die Verschickung von Autos nach Afrika geht oder um Gesundheitsprobleme in ihren Familien.

Aber natürlich ist die Wettkampfplanung das Wichtigste. Das alles gehört in meinen Augen zum Management dazu.

In Afrika steht das Steuerproblem natürlich nicht so sehr im Vordergrund. Aber in Europa muss man für jeden Athleten ein Team aus Arzt, Steuerberater, Physiotherapeuten, Trainer, Club usw. bilden.

Selbstverständlich kann man nicht für jeden gleich arbeiten. Wir haben 150 Athleten, und viele von ihnen sind keine Spitzenläufer. Sie verdienen sehr wenig, und deshalb kann man für sie nicht den gleichen Aufwand treiben wie für Haile. Aber der braucht gar nicht so viel Betreuung, er hat zu Hause ein tolles Team.

Fast die Hälfte unserer Klienten sind Afrikaner. Neben unseren Stars sind im Team sehr viele junge Leute zum Beispiel aus Äthiopien, Kenya, Südafrika, Tunesien oder Marokko. Diese Leute hätten ohne Förderung nie zu den Wettkämpfen nach Europa kommen können. Für sie haben wir in Nijmegen ein Sportlerheim gebaut. So können wir sie auch in Europa optimal betreuen.

Ich konnte durch meine Arbeit vielen Athleten zu einem hohen Einkommen verhelfen. Die meisten legen es in ihren Heimatländern gut an, indem sie Firmen gründen und so Arbeitsplätze schaffen. Das ist auch eine Art der Entwicklungshilfe, und ich bewirke auf diese Weise mehr, als ich es als Entwicklungshelfer je gekonnt hätte.

Grundlagen

1 Lachen und gewinnen

Laufen macht Spaß, mir zumindest, und Gewinnen macht Spaß. Laufen und Gewinnen – das ist für mich das Größte. Es macht mich glücklich und stärkt mein Selbstbewusstsein. Wenn ich hart trainiere, muss ich mich verausgaben, ich muss schwitzen. Je mehr ich mich fordere, desto besser fühle ich mich. Das Laufen beflügelt meine Seele, besonders wenn ich außerhalb der Stadt durch die Eukalyptuswälder um Addis Abeba laufe. Wenn ich laufe, konzentriere ich mich nicht auf die Technik oder auf meinen Körper. Ich erinnere mich an Erlebnisse, die lange zurückliegen, in meiner Kindheit, als ich zur Schule lief. Ich atme die frische Luft und höre die Vögel. Dann laufe ich wie in einer anderen Welt. Ich fühle mich wie damals als Kind und sehe unsere kleine Farm und meine Mutter wieder vor mir und bin glücklich.

»Laufen ist mein Leben. Ich könnte gar nicht mehr ohne existieren.«
(Haile Gebrselassie in »Fit for Fun«, 1. Juli 1996)

So war es schon immer, wenn ich laufe. Doch heute weiß ich, dass es vermutlich die Endorphine sind, die körpereigenen Glücksdrogenstoffe, die dieses Phänomen hervorrufen, das allgemein als »Runner's High« bezeichnet wird. Man sagt, dass Laufen süchtig macht. Wenn man es erst mal geschafft hat, bis zu dem Punkt zu kommen, wo diese Glücksdroge im Körper freigesetzt wird, will man immer wieder und immer mehr laufen.

DIE PSYCHE LÄUFT MIT

Ob man süchtig ist, merkt man, wenn man mal nicht laufen kann. Nach meinem Olympiasieg in Sydney musste ich an der Achillessehne operiert werden. Ich konnte ein halbes Jahr lang nicht laufen und fühlte mich schlecht und unausgeglichen. Zum ersten Mal in meinem Leben kamen mir Zweifel, ob ich den Sprung aufs Siegertreppchen je wieder schaffen könnte. Doch als ich dann nach sechs Monaten Pause langsam wieder ins Training kam, verflogen meine Zweifel rasch. Natürlich wusste ich, dass drei Monate Training für die Weltmeisterschaft im kanadischen Edmonton nicht ausreichen, doch ich wurde immerhin Dritter. Es war der erste Zehn-Kilometer-Lauf in meinem Leben, den ich verloren habe. Das war schade, aber ich war nicht wirklich unglücklich. Ich hatte mein eigenes Runner's High wieder erlebt. Pech war nur, dass der erste Test nach meiner Operation gleich die Weltmeisterschaft war. Aber auf die Termine habe ich nun mal keinen Einfluss.

Manche Wissenschaftler behaupten, nur Amateure hätten ein Runner's High. Wenn man mehr als 90 Kilometer pro Woche laufe, erlebe man das nicht mehr. Aber das stimmt nicht. Wahrscheinlich kommt es nur auf die innere Einstellung an. Europäer oder Amerikaner laufen zu verbissen. Immer haben sie ihren Herzschlag vor Augen, kontrollieren den Atem und wollen nur ja jeden Tag eine Leistungssteigerung erreichen. Da bleibt doch der ganze Spaß auf der Strecke. Wer so läuft, der setzt sich selber unter Stress. So jemand wird wahrscheinlich niemals erfahren, wie es sich anfühlt, wenn die Endorphine Mambo tanzen.

Natürlich müssen Sie sich Ziele setzen und darauf hinarbeiten, im Sport und auch im Leben. Aber Sie müssen richtig laufen, wenn Sie

STICHWORT: RUNNER'S HIGH

Dieses viel diskutierte und erforschte Phänomen bezeichnet das seelische Hochgefühl, das Athleten manchmal unter sportlichen Höchstleistungen empfinden. Daran beteiligt sind die Endorphine, physiologische Signalstoffe mit morphinähnlichen, schmerzmindernden Wirkungen: Wenn ein Läufer trotz Schmerzsignalen immer weitermacht, schüttet sein Körper größere Mengen an Endorphinen aus. Anstelle von Schmerzen verspürt der Sportler nun nur noch Freude am Laufen.

Wenn wir als Mannschaft zusammen laufen, ist es schwer, uns zu überholen.

den Höhepunkt erleben und genießen wollen, besonders, wenn Sie etwas älter sind. Beim Laufen ist es wie sonst im Leben: Wenn man etwas unbedingt erzwingen will, erleidet man meist Schiffbruch und verliert die Fähigkeit zu genießen.

Viele Leute fangen erst jenseits der Vierzig an zu laufen, wenn sie merken, dass nicht nur die Muskelkraft altersbedingt nachlässt, sondern auch die Figur aus den Fugen gerät. Dann wollen sie retten, was noch zu retten ist. Es ist nie zu spät, um mit dem Laufen anzufangen. Aber je älter man wird, desto mehr muss man Speed durch Ausdauer ersetzen.

Auf jeden Fall werden Sie schöner, wenn Sie laufen. Beim Laufen wird überflüssiges Fett verbrannt, und Sie werden fit. Beim Laufen haben Sie Erfolgserlebnisse, und Ihre endorphine Hormondusche macht Sie glücklich. Aber wahre Schönheit kommt bekanntlich von innen. Wenn Sie sich besser fühlen, körperlich fit sind und regelmäßig Ihr Runner's High erleben, wächst Ihre positive Ausstrahlung, und das macht Sie attraktiver. Dadurch wiederum steigt Ihr Selbstbewusstsein.

Laufen als Stresskiller Viele Menschen laufen auch, weil sie Stress abbauen wollen. Während sie laufen, denken sie in Ruhe über ihre alltäglichen Sorgen nach, und allein schon dadurch löst sich das eine oder andere Problem.

Ich weiß nicht genau, was Stress ist. Viele Athleten sind vor einem Wettbewerb nervös. Ich eigentlich nie. Ich versuche immer, mein Bestes zu geben, und wenn mir das gelingt, bin ich auch zufrieden mit mir. Egal, ob ich gewinne oder verliere. Es geht nicht immer ums Gewinnen. Wenn man das Ziel hat, einen Rekord zu brechen, und das nicht schafft, hat man verloren. Wenn man es dann aber noch einmal versucht und dabei nervös ist, hat man von vornherein kaum eine Chance.

Ich bin nur manchmal ein bisschen unruhig, wenn ich nicht genug trainiert habe. Ich weiß eben, wie viel ich in der Vergangenheit trainieren musste, um ein Ziel zu erreichen.

Der Faktor Selbstdisziplin Um als Läufer erfolgreich zu sein, muss man hart und diszipliniert arbeiten. Nicht nur beim Training. Man muss seinen Tag einteilen und viele Dinge delegieren. Außerdem braucht man ein Team, auf das man sich verlassen kann. Ein erfolgreicher Läufer

DIE FASZINATION DES LAUFENS: ZEHN GUTE GRÜNDE

1. Laufen macht fit und ist die beste Methode, um das Herz-Kreislauf-System und den Muskelapparat zu stärken.

Schon dreimal in der Woche nur 30 Minuten zu laufen bringt Ihnen ein Maximum an Fitness in kürzester Zeit.

2. Laufen kann man überall und zu jeder Zeit.

Egal, ob auf Reisen oder zu Hause, laufen können Sie immer, wenn Sie nur wollen. Sie brauchen keinen Verein, keine teuren Sportgeräte oder ein bestimmtes Wetter. Gleichgesinnte treffen Sie meist unterwegs.

3. Laufen stärkt das Immunsystem.

Wenn Sie sich oft an der frischen Luft bewegen, sind Sie fit und gesund und auch weniger anfällig für Krankheiten.

4. Laufen ist einfach zu erlernen.

Das Einzige, was Sie brauchen, sind gute Schuhe und gute Kleidung. Ein richtiger Läufer kennt kein schlechtes Wetter, nur falsche Kleidung.

5. Laufen sorgt für einen gesunden Schlaf.

Wenn Sie sich – besonders im Frühjahr und im Herbst – genug körperlich an der frischen Luft belasten, schlafen Sie tief und erholsam.

6. Laufen ist die beste Methode, um Stress abzubauen.

Eine halbe Stunde am Tag zu laufen kann Wunder bewirken. Laufen ist ein regelrechter Stresskiller.

7. Laufen macht schlank.

Beim Laufen verbrennt man rasch Kalorien. Der Stoffwechsel wird durch die Bewegung angeregt, und so verbrennt das Fett schneller. Außerdem verbraucht der Körper durch die Bewegung mehr Energie.

8. Läufer sind ausgeglichen

Wenn man gesund, fit, schlank und entspannt ist, fühlt man sich ausgeglichen. Gelassene Menschen wirken auch auf die Umwelt positiv. Davon profitieren Familie und Arbeitskollegen.

9. Laufen macht Lust.

Laufen ist eine Wunderdroge. Es steigert den sexuellen Appetit und gleichzeitig die eigene Anziehungskraft – durch Fitness und eine attraktive Ausstrahlung.

10. Laufen ist die einzige Sportart, bei der jeder Amateur gegen die Weltklasse antreten kann.

Sie können sich zu einem der großen Volksmarathonläufe in New York, Berlin, Rotterdam oder London anmelden und dort gegen mich oder Derartu Tulu, Paul Tergat usw. laufen. Jeder, der einen Marathon durchhält, ist ein Gewinner und bekommt eine Medaille. Als Mitglied von »globalrunners« gehören Sie zum gleichen Club wie einige der Stars (www.globalrunners.de).

besitzt Eigenschaften, die ihn auch auf andern Gebieten vorangebracht hätten. Ein intensives Lauftraining, bei dem man so richtig gefordert wird, ist deshalb auch hervorragend als Managertraining geeignet.

An die Spitze zu kommen ist nicht schwer, an der Spitze bleiben dagegen sehr. Diese leicht abgewandelte Volksweisheit bewahrheitet sich auch beim Laufen. Um Weltklasse zu bleiben, muss man zweimal täglich trainieren, mittags die Ruhezeit einhalten und früh zu Bett gehen. Regeneration ist genauso wichtig wie das Training selbst.

Etwa 15- bis 20-mal pro Jahr fliegt man zu Wettkämpfen rund um die Welt. Das bedeutet meist einen anstrengenden Zeit- und Klimawechsel. Dennoch muss man dann auf den Punkt genau physisch und psychisch topfit sein, eben Weltklasse. Auf der Bahn ist man ganz allein, und beim Startschuss muss man sich wieder in wenigen Minuten beweisen. Diese Extreme gibt es in kaum einem anderen Beruf, und nur wenige Athleten halten das über Jahre hinweg durch.

Sein Geld verdient man als Sportler zum großen Teil außerhalb des Stadions: Neben den Wettkämpfen gibt es eine Menge Presse- und Werbetermine. Je berühmter und erfolgreicher man wird, desto mehr gesellschaftliche Verpflichtungen muss man wahrnehmen. Das stört aber die Vorbereitungen auf die Rennen. Bei aller Ehre, die dem Sportler widerfährt, muss er abwägen und kann nicht jeden Termin wahrnehmen.

Nach großen Erfolgen haben Athleten oft Probleme, alles, was auf sie einströmt, zu koordinieren und auch noch genügend Zeit und Konzentration für das Training aufzubringen. Das ist besonders dann der Fall, wenn der Erfolg überraschend kommt. Zum Glück habe ich ein hervorragendes Team, auf das ich mich verlassen kann.

IHR START IN EIN NEUES LEBEN

Das Hauptproblem der Menschen in den Industrieländern ist ihre Bequemlichkeit. Sie lassen alle natürlichen Trainingsmöglichkeiten aus. Wenn ein Haus einen Aufzug hat, dann wird er auch benutzt, egal, ob man in die neunte oder nur in die erste Etage will. Die tausend Meter zum nächsten Supermarkt sind für viele eine fast unüberwindliche

Haile Gebrselassie ist nicht nur als Sportler erfolgreich, sondern auch als Geschäftsmann. Er baut Bürogebäude und Schulen und hat 200 Angestellte.

Distanz. Glücklicherweise können sie diese Strecke heutzutage dank des Autos doch bewältigen und sind so vor dem Verhungern geschützt.

Mein Bürohaus in Addis hat neun Stockwerke. Aber ich habe nur einen kleinen Aufzug eingebaut, für schwangere Frauen und für alte oder behinderte Menschen. Mein Büro ist ganz oben. Wer zu mir will, soll die Treppe nehmen. Treppen sind die beste Trainingsübung, und ich will die Leute zu einem gesünderen Leben animieren. Neun Etagen in 2500 Meter Höhe, das ist schon was. Da kommt so mancher ganz schön aus der Puste.

Dabei sind es eigentlich die kleinen Dinge im Leben, die den großen Unterschied machen. Oft sagen mir die Leute, dass sie keine Zeit für Sport hätten. Jede Woche zwei bis drei Stunden würde aber schon ausreichen, wenn man die kleinen Trainingseinheiten wie Treppensteigen nicht auslässt. Erledigt man aber alles mit dem Auto und Aufzug, dann muss man noch viel mehr Zeit dafür aufbringen, um Körper und Geist fit und gesund zu halten.

Sie denken vermutlich, dass wir dieses Problem in Äthiopien nicht haben. Ganz im Gegenteil. Die Reichen in diesem Land bewegen sich noch viel weniger als die Leute in Europa oder den USA. Arbeitskraft in Äthiopien ist so billig, dass jeder, der über ein höheres Angestellteneinkommen verfügt, eigentlich nichts mehr selber machen muss. Ein oder mehr Dienstmädchen erledigen den ganzen Haushalt und gehen einkaufen. Ein paar Wächter passen auf das Haus auf, waschen jeden Tag das Auto und machen alle Besorgungen. Zu Fuß geht keiner mehr, der ein Auto sein Eigen nennt. Wer es sich leisten kann, isst zudem sehr viel Fleisch. Äthiopische Butter ist in den meisten Gerichten auch reichlich vorhanden. Wer so lebt, wird auch in Äthiopien dick, bequem und später krank. Da unterscheiden wir uns nicht von den Industrieländern. Nur beim Arbeitsstress geht es den reichen Leuten hier besser. Wer arbeiten lässt, der hat auch keinen Stress.

Meine Kinder werden keine Läufer. Das konnte man schon sehen, als meine Töchter drei Jahre alt waren. Sie lebten ein Leben, das mit meiner Kindheit nichts mehr zu tun hat.

Die Kinder, die in Äthiopien auf dem Land aufwachsen, machen von frühester Jugend an Langstreckenlauftraining: Sie müssen alles zu Fuß erledigen. Auf dem Land leben die Menschen in einem *tukul.* Jede Familie hat ein kleines Stück Land, wo sie alles anbaut, was sie zum Leben braucht. Außerdem hat jede Familie ein paar Rinder, Schafe, Ziegen und Hühner. Sobald die Kinder laufen können, müssen sie helfen. Die jüngsten passen meist auf die Schafe und Ziegen auf. Das heißt, wenn ein Tier in eine andere Richtung läuft, spurtet der kleine Junge oder das Mädchen los, um es wieder zurückzubringen. Dann bricht aber auf der andern Seite ein Tier aus, und schon muss das Kind wieder auf die andere Seite der Gruppe laufen. Das ist Intervalltraining in Höhenlagen von meist 2000 bis 3000 Metern. So bin ich und so sind auch alle andern äthiopischen Spitzenläufer aufgewachsen. Nur Million Wolde ist in Addis Abeba geboren.

Das Wasserholen ist meist die Aufgabe der Mädchen. In großen Tonkrügen, die sie auf dem Rücken tragen, holen sie das Wasser aus Bächen und Seen. Oft müssen sie viele Kilometer damit laufen. Wir hatten Glück und konnten unser Wasser aus einem sauberen Fluss holen. Drei Stunden dauerte es, bis wir es mit dem Esel zu unserem Haus gebracht hatten. Über 40 Prozent der Menschen in Äthiopien haben keinen Zugang zu sauberem Trinkwasser. Sie müssen sich Wasserläufe

Oft müssen die Frauen die 25 Kilogramm schweren Wasserkrüge über viele Kilometer tragen.

mit Tieren teilen, die dort trinken und ihre Notdurft verrichten. Krankheitserreger verseuchen das Trinkwasser der Menschen. Viele werden krank. Als Kind war ich auch krank, aber glücklicherweise nie ernsthaft. Alles war mit traditionellen natürlichen Heilmitteln zu behandeln.

Die Krankenhäuser in Äthiopien sind natürlich nicht mit denen in Industrieländern zu vergleichen. Außerdem müssen sie bezahlt werden. Die Bauern besitzen aber kaum Bargeld, da sie nur wenig Überschuss produzieren, den sie verkaufen können. Da sie jeweils auf ihrem eigenen Stück Land leben, wohnen sie über das ganze Land verstreut, manchmal so weit von einem Dorf entfernt, dass die Kinder keine Chance haben, zur Schule zu gehen. Ich wohnte ganz in der Nähe, nur etwa zehn Kilometer von Asela entfernt, und konnte deshalb gut zur Schule gehen. Jeden Tag bin ich mit meinen Brüdern zur Schule gelaufen. Noch heute halte ich beim Laufen meinen linken Arm höher. Mit diesem Arm hatte ich als Kind immer meine Schulsachen getragen, wenn ich lief. Gehen hätte einfach zu lange gedauert.

In Äthiopien haben wir das Problem der Mangelernährung. Eine Untersuchung ergab, das 75 Prozent der Kinder in Addis Abeba im Alter bis zu fünf Jahren unterernährt sind und 49 Prozent Wachstumsstörungen haben. In den USA und in Europa ist es umgekehrt: Die Kinder werden immer dicker. Viele Leute fangen nicht aus gesundheitlichen Gründen an zu laufen, sondern weil sie sich zu dick fühlen.

Laufen ist wirklich das beste Mittel, um die überzähligen Pfunde dauerhaft loszuwerden und gleichzeitig die körperliche Fitness wiederzuerlangen. In Amerika laufen heute mehr als 450 000 Menschen pro Jahr einen Marathon zu Ende. Viele Millionen bezeichnen sich als Läufer. Selbst in den kleinen Niederlanden sind es 1,3 Millionen Menschen, die mindestens zweimal pro Woche ihr Auto oder Fahrrad stehen lassen und sich laufend fortbewegen. Sie alle haben den Start in ein neues Leben bereits geschafft, und Gewichtsprobleme gehören bei ihnen der Vergangenheit an.

Wie fit sind Sie? – Der Cooper-Test Bevor Sie anfangen zu trainieren, sollten Sie einen Leistungstest machen. Dann wissen Sie, wo Sie stehen. Sie können den gleichen Test später wiederholen, wobei Sie hoffentlich eine Steigerung Ihrer Leistungsfähigkeit feststellen werden. Als Militärarzt untersuchte Dr. Kenneth Cooper in den Sechzigerjahren amerikanische Piloten und Astronauten. Ziel seiner Forschungen war es, ihre körperliche Leistungsfähigkeit zu steigern. Dr. Cooper wurde zum berühmten Fitnesspapst. Bis heute basieren alle modernen Trainingskonzepte zu großen Teilen auf seinen Erkenntnissen. Auch wenn viele Übungen verfeinert wurden, so sind doch die grundsätzlichen Erkenntnisse geblieben. Als Maß für die körperliche Fitness legte Dr. Cooper damals den Sauerstoffverbrauch pro Minute in Liter, bezogen auf ein Kilogramm Körpergewicht, fest.

Menschen mit schlechter Kondition atmen danach von 21 Prozent Sauerstoff in der Luft 18 Prozent ungenutzt wieder aus, verbrauchen also nur drei Prozent. Hochtrainierte Menschen dagegen nutzen fünf Prozent des Sauerstoffs. Spitzenlangläufer haben ein Aufnahmevermögen von bis zum Dreifachen eines Untrainierten.

Um den Fitnessgrad zu bestimmen, ist es nötig, den Körper bei einem Puls um 170 bis 180 Schläge an seine Leistungsgrenze zu bringen. Ein

WIE SIE DEN COOPER-TEST DURCHFÜHREN

Um sich für den Test warm zu machen, laufen Sie ganz langsam, machen ein paar Dehnübungen und entspannen sich. Dann laufen Sie, so schnell Sie können, zwölf Minuten lang. Aber starten Sie nicht zu schnell, sonst ist Ihre Batterie gleich am Anfang leer. Nach zwölf Minuten messen Sie, wie weit Sie gekommen sind.

Ihr Ergebnis (Männer bis 35 Jahre):
Weniger als 1610 Meter: Sehr schlecht. Ihr Sauerstoffverbrauch liegt bei 28 Milliliter pro Kilogramm pro Minute. Sie müssen unbedingt vorsichtig mit dem Training beginnen. Halten Sie sich dabei an unser Einsteiger-Training, das im Kapitel »Halbmarathon« beschrieben ist.
1610 – 2000 Meter: Schlecht. Ihr Sauerstoffverbrauch liegt zwischen 28,1 und 34 ml/kg/min. Für Sie gilt das Gleiche wie oben. Kaufen Sie sich ein paar Laufschuhe, und fangen Sie langsam mit dem Training an.
2000 – 2400 Meter: Mittelmäßige Form. Ihr Sauerstoffverbrauch liegt zwischen 34,1 und 42 ml/kg/min. Die Mehrheit der Bevölkerung in den Industrieländern gehört zu einer der ersten drei Gruppen. Es mag Sie zwar beruhigen, dass nicht Sie allein Training brauchen, aber zufrieden können Sie damit wohl nicht sein.
2400 – 2800 Meter: Bei Ihnen ist alles im grünen Bereich. Ihr Sauerstoffverbrauch liegt zwischen 42,1 und 52 ml/kg/min. Ihre Kondition ist nicht schlecht – bestimmt treiben Sie regelmäßig Sport. Sie sind in den Bereich der Freizeitläufer einzustufen und können mit einem fortgeschrittenen Trainingsprogramm beginnen.
Weiter als 2800 Meter: Sie sind richtig fit. Ihr Sauerstoffverbrauch liegt bei mehr als 52 ml/kg/min. Sie sind gut in Form und können darangehen, Ihre Laufzeiten zu verbessern bzw. längere Strecken zu laufen.

Die Obergrenze der in zwölf Minuten bewältigten Strecke liegt zurzeit bei 4724 Metern, erreicht von Haile Gebrselassie in Helsinki 1998 bei seinem Weltrekord über 5000 Meter. Sein Sauerstoffverbrauch liegt sicher über 80 ml/kg/min.
Gete Wami, die äthiopische Weltmeisterin, lief bei ihrem Afrika-Rekord in zwölf Minuten 4138 Meter. Das sind 586 Meter oder 12,4 Prozent weniger als bei ihrem Trainingspartner Haile Gebrselassie. Frauen erreichen beim Laufen wegen ihres Körperbaus nicht ganz die Leistungsfähigkeit von Männern. Frauen und Männer über 35 können generell von den oben genannten Werten 12 bis 20 Prozent abziehen, um zu einem aussagefähigen Ergebnis zu kommen.

Sprinter erreicht dies schon nach wenigen Sekunden. Um aussagekräftig zu sein, muss diese Leistung aerob, also über einen längeren Zeitraum, erbracht werden. Deshalb können nur gesunde Menschen diesen Test durchführen. Bei Herz-Kreislauf-Beschwerden oder bei fortgeschrittenem Alter sollten Sie unbedingt Ihren Arzt befragen.

Der Vorteil dieses Tests besteht darin, dass Sie ihn jederzeit durchführen können. Das Einzige, was Sie dazu brauchen, ist eine Armbanduhr. Sinnvollerweise macht man den Cooper-Test am besten auf dem Sportplatz, wo man eine definierte Laufstrecke zur Verfügung hat.

Lassen Sie es langsam anlaufen Viele Menschen neigen dazu, sich konditionell zu überschätzen. Gerade diejenigen, die lange keinen oder nur wenig Sport getrieben haben, reden sich gerne ein, dass sie ja eigentlich noch ganz gut in Form sind. »Klar, könnte besser sein.« Diese Erkenntnis führt aber eines Tages dazu, dass sie wissen wollen, was noch so in ihnen steckt. Sie legen los und rennen bis zum Umfallen. Der Hauptfehler dabei ist – und das kann man gar nicht oft genug sagen –, sie laufen einfach viel zu schnell.

Man braucht erst gar nicht den Teufel an die Wand zu malen und auf die gesundheitlichen Gefahren hinzuweisen. Anfänger, die sich überfordern, verlieren rasch den Spaß am Laufen und hören bald wieder auf. Das ist aber im Hinblick auf eine gesunde Lebensführung ebenso fatal. Denn wer einmal aufgehört hat, fängt auch nicht so schnell wieder an.

Um das alles zu vermeiden, sollten Anfänger einen Leistungscheck unter ärztlicher Kontrolle machen. Anfänger ist jeder, der seit Jahren nicht gelaufen ist, Übergewicht oder Bluthochdruck hat. Auch wenn man über 40 Jahre alt ist und die meiste Zeit seines Lebens im Sitzen verbringt – sei es im Büro, im Auto oder zu Hause vor dem Fernseher –, ist ein Eingangstest unbedingt zu empfehlen.

Exakter Fitnesscheck: Die Leistungsanalyse Diese so genannten leistungsdiagnostischen Untersuchungen kann man heute in allen größeren Städten und an den Universitäten vornehmen lassen. Die Deutsche Sporthochschule in Köln bietet mit dem Zentrum für Leistungsdiagnostik (ZELD) ein vielseitiges Angebot. Dort kann sich jeder untersuchen und beraten lassen.

VON HAILE

Sie müssen wirklich laufen wollen. Wenn Sie es nur machen, weil es Mode ist, lassen Sie es besser ganz.

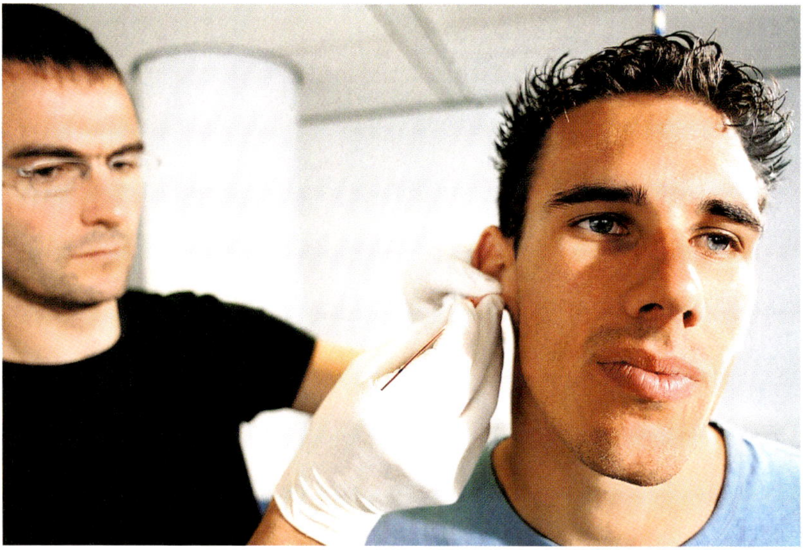

Ronny Wöstmann bei der Blutabnahme zur Bestimmung des Laktatwerts

Die Ergebnisse der Leistungsdiagnose sorgen dafür, dass Sie sich weder über- noch unterfordern, und helfen Ihnen dabei, Ihr Training sinnvoll und individuell zu gestalten. Möglicherweise müssen Sie es langsam angehen lassen. Vielleicht sind Sie aber auch besser in Form, als Sie denken, und könnten schon in einen etwas höheren Trainingslevel einsteigen. Auch das wäre eine wichtige Erkenntnis, denn Unterforderung erstickt die Motivation.

1. Ärztliche Untersuchung

Wenn Sie zur Risikogruppe gehören, also über 40 Jahre alt oder gesundheitlich nicht auf der Höhe sind, dann sollten Sie am Anfang in jedem Fall eine ärztliche Untersuchung durchführen lassen, um mögliche Risiken rechtzeitig zu erkennen.

2. Leistungsdiagnose

Bei der Leistungsdiagnose wird unter Laborbedingungen Ihre objektive Leistungsfähigkeit getestet. Auf dem Laufband wird ein Stufentest durchgeführt. Dazu laufen Sie zunächst langsam, beispielsweise 2 m / sec. Nach fünf Minuten folgt eine kurze Pause für die Blutabnahme und den Laktat-Test. Dann laufen Sie wieder fünf Minuten mit einem leicht gesteigerten Tempo, zum Beispiel 2,5 m/sec. Es folgt ein weiterer Laktat-

STICHWORT: LAKTATWERT

Beim Abbau von Kohlenhydraten fällt Laktat (Salz der Milchsäure) als Stoffwechselzwischenprodukt an. Es muss über das Blut abtransportiert werden, damit genügend Sauerstoff in die Muskeln gelangen kann. Mit steigender Belastungsintensität verbraucht die Muskulatur immer mehr Sauerstoff, um die notwendige Energie bereitzustellen. Je leistungsfähiger ein Sportler ist, desto besser funktionieren diese Prozesse bei ihm. Der Laktatwert im Blut ist also ein Indikator für die Belastbarkeit eines Sportlers.

Test, bevor Sie – wieder etwas schneller – weiterlaufen. So geht es mit diesen definierten Stufen bis zur Maximalbelastung weiter.

Alle Tests, die hier durchgeführt werden, laufen nach diesem Schema ab. Selbstverständlich gehören zu jedem Test eine Auswertung und eine Trainingsberatung. Menschen sind keine Maschinen, sie reagieren auf verschiedene Belastungen höchst unterschiedlich. Deshalb müssen für die verschiedenen Sportarten wie Laufen, Radfahren oder Rudern spezifische Belastungstest durchgeführt werden, wenn man verlässliche Aussagen über die Leistungsfähigkeit eines Menschen in einer bestimmten Sportart treffen will. Außerdem reagiert jeder einzelne Mensch anders. Eine Gruppe von Anfängern mit gleichen Ausgangswerten wie zum Beispiel einer maximalen Sauerstoffaufnahme (VO_2max) von 30 ml/kg/min entwickelt sich nach ein paar Monaten Training unterschiedlich.

Sportler, die effektiv trainieren wollen, aber keinen Trainer haben, können sich im Zentrum für Leistungsdiagnostik unter objektiven Laborbedingungen testen lassen. Empfehlenswert sind solche Untersuchungen in regelmäßigen Abständen, mindestens aber zweimal im Jahr. Der Zeitpunkt der

Nur auf dem Laufband kann die maximale Herzbelastung unter Laborbedingungen ermittelt werden.

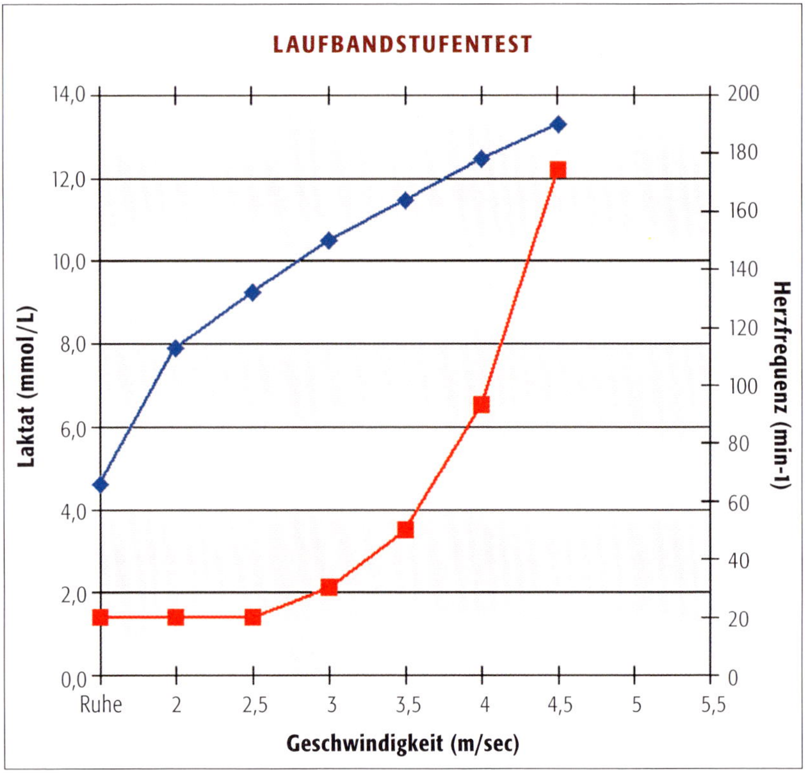

Abb. 1: Laktat- und Herzfrequenzverhalten bei einem stufenförmig ansteigenden Belastungstest

Tests hängt von der individuellen Saisonplanung ab. Er könnte beispielsweise am Anfang und am Ende der ersten Vorbereitungsphase liegen. Die Untersuchungen geben auch Aufschluss über den Stand der Erholung in der Regenerationsphase.

Ambitionierte Breitensportler können ihre Trainingsfortschritte im Zentrum für Leistungsdiagnostik unter Laborbedingungen objektiv ermitteln. Interessant ist dies besonders für Sportler, die sich einer Belastung wie dem Marathonlauf aussetzen wollen. Sie können vorab erfahren, ob sie dazu überhaupt in der Lage sind oder ob sie ihr Training verändern müssen.

Anhand des Laktatverhaltens im Stufentest kann zunächst die momentane Ausdauer bestimmt werden und anhand der Ergebnisse Trainingsbereiche definiert und konkrete Trainingsempfehlungen gege-

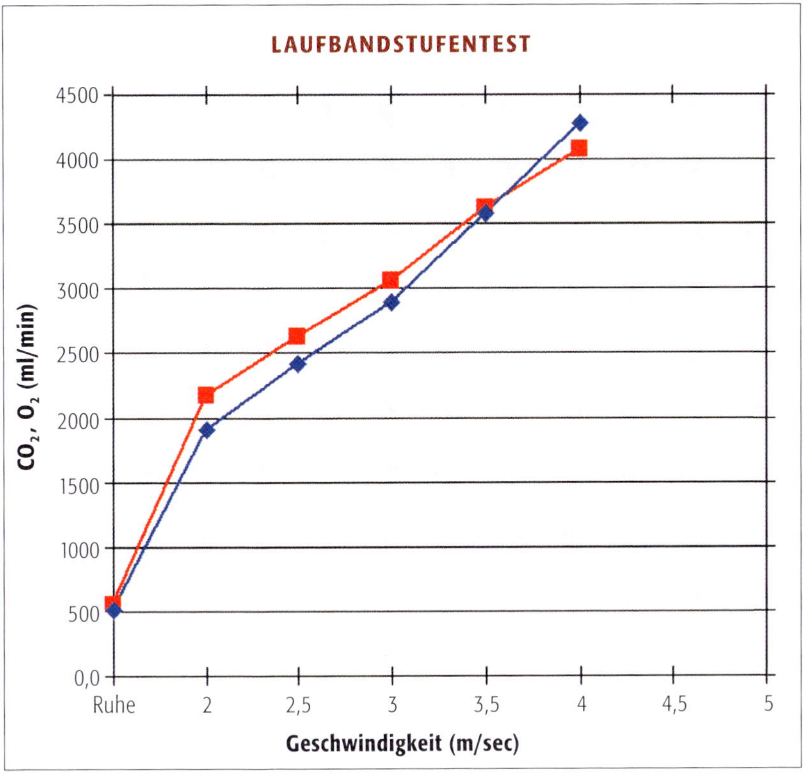

Abb. 2: Sauerstoffaufnahme und Kohlendioxidabgabe beim Stufentest

ben werden. So sollte für ein optimales Grundlagentraining ein Laktatwert von 2 mmol/l nicht überschritten werden (siehe Abb. 1). Den verschiedenen Trainingsbereichen (zum Beispiel extensiver Dauerlauf) können dann Herzfrequenz und Zeit/Kilometer zugeordnet werden, sodass man sein Lauftraining über beide Marker steuern kann.

Besonders interessant ist die Tatsache, dass man beim Stufentest über den Sauerstoffverbrauch sehr genau den Anteil der Fettverbrennung ausrechnen kann. Das geschieht über die Sauerstoffaufnahme und die Kohlendioxidabgabe (siehe Abb. 2). Wichtigste Energielieferanten sind Kohlenhydrate, Fette und Eiweiß. Das Training zielt darauf ab, den Anteil der Fettverbrennung zu steigern. Im Fett stecken die umfangreichsten Reserven, und es ist von der gespeicherten Menge her der größte Energielieferant. Die Kohlenhydrate verbrauchen sich relativ schnell.

Wenn Sie also laufen, um abzunehmen, können Sie im Stufentest ermitteln lassen, bei welchem Tempo Sie prozentual am meisten Fett verbrennen. Viel wichtiger für die Gewichtsreduktion ist aber nicht der Anteil der Fettverbrennung, sondern das Kaloriendefizit. Sie nehmen also nur ab, wenn Sie mehr Kalorien verbrauchen, als Sie aufnehmen.

Bei allen Tests und Ergebnissen zeigt sich, dass die Menschen unterschiedlich auf gleiche Leistungsanforderungen reagieren. Deshalb kann jeder noch so gute Trainingsplan nur ein Rahmen sein. Letztlich ist es die individuelle Betreuung durch einen erfahrenen Trainer, der das Letzte aus einem Athleten herauszuholen vermag. Der Unterschied in der Leistungsspitze liegt oft am Trainer und nicht am Leistungsvermögen des Athleten.

Laufen – Nichts macht Sie schneller fit Würden Sie einfach mal spontan auf der Straße die Leute fragen, was ihnen im Leben am wichtigsten ist, bekämen Sie vermutlich am häufigsten die Antwort: »Meine Gesundheit natürlich!« Wenn Sie dann weiterfragten, was sie denn dafür tun würden, folgte ein ausweichendes Schulterzucken oder die von schlechtem Gewissen geprägte Antwort: »Ach, zu wenig!« – Ist es nicht völlig widersinnig, dass kaum jemand bereit ist, etwas für seine Gesundheit, für das höchste Gut in seinem Leben, zu tun?

Das Hauptargument, was vorgebracht wird, wenn man fragt, warum er oder sie keinen Sport treibt, lautet einhellig: keine Zeit, zu viel zu tun. Ich verweise dann immer darauf, dass Laufen viel weniger Zeit kostet als andere Sportarten. Es ist die effektivste Form der Leistungssteigerung und der Fettverbrennung. In jedem andern Sport müssen Sie deutlich mehr Zeit aufwenden, um das Gleiche zu erreichen.

Bereits vor mehr als 30 Jahren hat der amerikanische Fitnesspapst Dr. Cooper verschiedene Sportarten im Hinblick auf den aeroben Effekt (Energiegewinnung des Körpers mit Sauerstoff) verglichen, der ein Tagesminimum darstellt:

Laufen	1600 Meter in weniger als 8 Minuten
Schwimmen	550 Meter in weniger als 15 Minuten
Radfahren	8 Kilometer in weniger als 20 Minuten
Laufen auf der Stelle	12,5 Minuten
Handballspielen	mindestens 35 Minuten

Sie brauchen also nur acht Minuten zu laufen, wo andere über eine halbe Stunde Handball spielen müssen.

Hinzu kommt, dass Sie eigentlich überall laufen können. Wenn Sie wirklich keine acht Minuten Zeit übrig haben, dann laufen Sie doch einfach jeden Morgen zur U-Bahn. Die Zeit ist nie wirklich das Problem. Eher hält einen der innere Schweinehund im gemütlichen Fernsehsessel, und die Chipstüte ist so klebrig, dass man die Finger gar nicht mehr rausbekommt.

Dabei sind acht Minuten an sechs Tagen in der Woche ausreichend, um einigermaßen fit zu sein. »Nun ja«, werden Sie sagen. »Samstags gehe ich nicht arbeiten und brauche deshalb auch nicht hinter der Straßenbahn herzulaufen.« Macht nichts. Dann laufen Sie eben an den anderen Tagen zehn statt acht Minuten.

Nicht empfehlenswert ist es, dieses Mindest-Fitnesstraining in einem Rutsch abzuarbeiten und an einem einzigen Tag 42 Minuten zu laufen. Den besten Trainingseffekt erreichen Sie, wenn Sie drei- bis viermal pro Woche laufen.

Diese knapp 38 Minuten werden Sie doch für Ihre Gesundheit aufbringen können?

Selbstverständlich können Sie die Sportarten auch mischen. Einmal gehen Sie acht Minuten laufen, dann schwimmen Sie 24 Bahnen, und an einem anderen Tag fahren Sie 8 Kilometer mit dem Rad. Für diese Mischtechnik benötigen Sie insgesamt 43 Minuten. Der Trainingseffekt für Ihren Organismus bleibt dabei immer der gleiche.

TRAININGSBEISPIEL FÜRS LAUFEN VON DR. COOPER:

Montag	1600 Meter	in 7:45 Minuten
Mittwoch	2400 Meter	in 12:30 Minuten
Freitag	3200 Meter	in 18:00 Minuten

Wenn Sie den gleichen Effekt allein mit Radfahren erreichen wollen, müssen Sie an fünf Tagen der Woche 9,6 Kilometer in 21 Minuten zurücklegen. Ihr gesamter Zeitaufwand beträgt dann eine Stunde und 45 Minuten. Das ist fast die dreifache Zeit wie beim Laufen.

Doch der echte Vorteil liegt hier natürlich nicht im Zeitgewinn: Beim Laufen werden nahezu alle Muskelgruppen trainiert, während beim Radfahren fast ausschließlich die Beine beansprucht werden. Das sieht man einem Radprofi auch an: Der Oberkörper ist deutlich weniger trainiert.

WIE SIE ANFÄNGERFEHLER VERMEIDEN

Falsch	Richtig
Einfach loslaufen	Erst aufwärmen und stretchen
Zu schnell laufen	Langsamer Dauerlauf als Basistraining
Unrealistische Ziele setzen	In kleinen Schritten erreichbare Ziele anstreben
Trainingseinheiten zu schnell heraufsetzen	Körper nicht übertrainieren, Regenerationszeiten beachten
Körpersignale nicht beachten	In den Körper hineinhören und ihn verstehen lernen
Immer dasselbe Training machen	Abwechslung im Training suchen
Immer die gleiche Strecke laufen	Unterschiedliche Gelände erhalten den Spaß am Laufen
Zu ehrgeizig sein und sich beim Training stressen	Gelassen trainieren. Nicht jedes Training muss eine Leistungssteigerung bringen.
Mit Verletzungen oder Krankheiten laufen	Vorsichtig mit dem Körper umgehen, schnell reagieren und mit dem Training aussetzen
Bei angeschlagener Gesundheit oder fortgeschrittenem Alter einfach lostrainieren	Sportarzt konsultieren
Mit schlechten Schuhen laufen	Geeignete Schuhe im Sportgeschäft kaufen
Nach dem Laufen einfach aufhören	Nach dem Training ausgiebig Stretching und Relaxing betreiben

LAUFEN MACHT SCHLANK

Die meisten Menschen in den Industrieländern beginnen mit dem Laufen, weil sie sich zu dick fühlen. Übergewicht ist aber nicht in erster Linie eine Frage der Ästhetik, sondern der Gesundheit: Wer zu viele Pfunde auf die Waage bringt, hat meist auch Probleme mit der

Kondition, seinem Cholesterinspiegel und anderen gesundheitlichen Risiken.

Laufen ist die beste und einzige Diät, die Sie Ihr ganzes Leben lang beibehalten sollten und auch können. Andere Versuche abzunehmen führen langfristig fast immer zu dem ebenso berühmten wie gefürchteten Jojo-Effekt. Diäten, bei denen man Kalorien bzw. Joules zählen muss und vieles nicht essen darf, hält kaum jemand durch. Unzählige Zeitschriften leben unter anderem davon, immer wieder brandneue Diäten zu präsentieren – der Erfolg wird garantiert. Als führe allein schon das Lesen dieser Ratschläge zu einem Gewichtsverlust, wird der Traum genährt, man könne abnehmen, ohne etwas dafür zu tun, fast wie im Schlaf. So einfach geht es natürlich nicht. Wenn Sie wirklich abnehmen wollen, müssen Sie sich bewegen. Denn wie heißt es so schön: Von nichts kommt nichts.

Der erste Schritt ist der Entschluss abzunehmen. Der zweite Schritt besteht darin, seine Laufschuhe hervorzuholen oder sich gleich ein paar neue zu kaufen. Dann kann er eigentlich schon beginnen, Ihr Start in ein neues Leben.

Active Fatburning oder: Abnehmen beginnt im Kopf Vielleicht glauben Sie, dass Sie bisher einfach zu gut gelebt haben. Jetzt finden Sie sich zu dick und möchten etwas dagegen tun. Das geht Ihrer Überzeugung nach nicht ohne Verzicht auf das, was Sie als gutes Leben empfinden: Bequemlichkeit, also nicht übermäßig viel anstrengende Bewegung, und wohlschmeckende Nahrungsmittel wie Kuchen, Eiskrem, Chips, Schokolade, Fleisch, Wein, Bier und andere Kalorienbomben.

Mit diesem Denken blockieren Sie sich selbst schon im Ansatz. Jede Diät, bei der Sie Ihre Essgewohnheiten ändern müssen, bedeutet für Sie einen Verlust an Lebensqualität. Aber Sie wollen unbedingt zehn oder zwanzig Kilogramm abnehmen. Da kann man ja für eine Zeit lang auf die schönen Dinge des Lebens verzichten, reden Sie sich ein. Außerdem trainieren Sie dabei fast vergessene Talente wie Kopfrechnen und Erinnerungsvermögen, wenn Sie abends im Restaurant versuchen, die Speisekarte in Kilojoules zu übersetzen und die erhaltenen Werte mit den Frühstücks- und Lunchwerten addieren. Im Ernst, das ist doch wirklich nur etwas für Meister der Selbstdisziplin.

STICHWORT: FATBURNING

Als Grundlagen-Ausdauertraining ist active fatburning optimal für die Fettverbrennung. Es baut Muskeln auf und Fettmasse ab. Die lange, relativ langsame Bewegung führt dazu, dass der Körper prozentual mehr Fettkalorien verbraucht als beim intensiven Kurztraining.

Vielleicht gehören Sie ja zu den Menschen, die zwar im Kopfrechnen schwach, aber außerordentlich lebensfroh sind. Sie wollen auf überhaupt nichts verzichten und trotzdem dauerhaft abnehmen. Dann gibt es für Sie nur den einen Weg: active fatburning.

Sich regen bringt Segen: Der Schlüssel zum Erfolg steckt in dem Wörtchen »aktiv«. Das heißt, Sie müssen sich einfach nur bewegen und dabei die Menge an Kilojoules, die Sie zu sich nehmen, verbrauchen. Zum Abnehmen müssen Sie sich natürlich noch etwas mehr ins Zeug legen.

Active fatburning ist Training im aeroben Bereich, also langsames Laufen, nicht viel schneller, als wenn Sie gehen. Beim Gehen ist jedoch immer ein Fuß am Boden. Beim Laufen dagegen sind für einen Moment beide Beine in der Luft. Deshalb verbrauchen Sie beim Laufen viermal mehr Kalorien als beim Gehen. Ihre Pfunde schmelzen nur so dahin, und Ihre Muskeln kräftigen sich. Außerdem sinkt Ihr Cholesterinspiegel, ohne dass Sie irgendwelche Medikamente mit riskanten Nebenwirkungen einnehmen müssen.

Das heißt natürlich nicht, dass Sie nur dann abnehmen, wenn Sie im aeroben Bereich laufen. Zwar ist dabei der prozentuale Anteil der Fettverbrennung am größten, aber langsam laufen können auch übergewichtige Menschen bald relativ lange. Aber wenn man schneller läuft, nimmt man ebenfalls ab. Sogar noch mehr, denn entscheidend ist nicht der Verbrauch beim Training selbst, sondern die Kalorienreduktion insgesamt.

Abnehmen können Sie nur, wenn Sie auch Ihre Ernährung umstellen oder zumindest nicht mehr essen als sonst. Glauben Sie keinen selbst

TIPP VON HAILE

Wenn Sie laufen, um abzunehmen, ist der Kalorienverbrauch wichtig und nicht, wie viel Fett dabei verbrannt wird. Wenn bei einer intensiven Trainingseinheit überwiegend Glukose verbraucht wird, kommt es später in der Regeneration, beim »Nachbrennen«, sogar zu einer erhöhten Fettverbrennung.

ernannten Fitnessgurus, die Ihnen etwas anderes weismachen wollen und Wunder versprechen. Für eine Gewichtsreduktion im Sinne eines Fettabbaus ist nur ein höherer Kalorienverbrauch mit negativer Energiebilanz pro Tag bzw. Woche entscheidend. Bei negativer Energiebilanz holt sich der Organismus die noch benötigte »fehlende« Energie aus dem Fettgewebe. In Ruhe verbrennt der Körper in erster Linie Fett.

Um rasch abzunehmen, müssen Sie natürlich auf eine gesunde Vollwerternährung achten. Sobald Ihnen das Laufen und die gesunde Ernährung zur geliebten Gewohnheit geworden sind, werden Sie nie mehr das Gefühl haben, auf etwas zu verzichten. Sie fühlen sich wohl damit und wollen es nicht mehr anders. Falls Sie doch noch einmal die Lust auf ein Stück Schwarzwälder Kirschtorte überkommt, dann lassen Sie es sich schmecken. Ohne Schuldgefühle genossen und durch regelmäßiges Training ausgeglichen, richtet eine solche Kalorienbombe keinen bleibenden Schaden an.

Kalorien & Co. Ihren Kalorienverbrauch beim Laufen können Sie nach diesem Muster berechnen: Kalorienverbrauch = Kilometer x Kilogramm x 1.036.

Oder Sie sehen in der linken Kalorientabelle nach. In der rechten Tabelle lesen Sie, was Sie verbrauchen, wenn Sie immer besser in Form kommen und weiter laufen können.

Gewicht	Kilometer	Kalorienverbrauch
65	5	336,7
70	5	362,6
75	5	388,5
80	5	414,4
85	5	440,3
90	5	466,2
95	5	492,1
100	5	518,0
110	5	569,8

Gewicht	Kilometer	Kalorienverbrauch
75	5	388,5
75	6	466,2
75	7	543,9
75	8	621,6
75	9	699,3
75	10	777,0
75	11	854,7
75	12	932,4
75	13	1010,1
75	14	1087,8
75	15	1165,5
75	16	1243,2
75	17	1320,9
75	18	1398,6
75	19	1476,3
75	20	1554,0
75	21	1631,7

Um Ihren Grundumsatz an Kalorien pro Tag zu errechnen, können Sie sich an folgender Faustregel orientieren:

Grundumsatz Männer: Kalorien/Tag = Körpergewicht x 23

Grundumsatz Frauen: Kalorien/Tag = Körpergewicht x 20

Für einen 80 Kilogramm schweren Mann ergibt sich daraus ein Grundumsatz von ca. 1840 Kilokalorien/Tag. Wenn man sich nun im Büro vom Schreibtisch zum Kopierer im Flur bewegt, steigt der Kalorienverbrauch gerade einmal um den Faktor 1,3, bei einer etwas größeren Anstrengung nur um Faktor 1,5. Der Kalorienverbrauch wird meist überschätzt.

Ausdauertraining eignet sich besonders gut zum Abnehmen. Durch ein ergänzendes Ganzkörper-Krafttraining können Sie die Effektivität noch erhöhen, da Ihr Kalorien-Grundumsatz steigt, je mehr Muskelmasse Sie haben. Tipps und Anregungen hierzu finden Sie im Abschnitt »Stärkt Muskeln und Ausdauer: Krafttraining für Läufer« im Trainingspraxis-Teil.

Abnehmen nach der Babypause Kutre Dulecha, die Cross-Weltmeisterin und Olympia-Vierte, legte nach Sydney eine Babypause ein. In Äthiopien ist es Tradition, dass die Frauen nach der Geburt noch 40 bis 80 Tage im Bett bleiben. So konnte Kutre über ein Jahr lang nicht trainieren. Nach der Geburt ihres Sohnes wog sie 70 Kilogramm. Damit hatte sie 23 Kilogramm zugenommen – die Hälfte ihres Wettkampfgewichts!

Gleich nachdem Kutre aufstehen durfte, stellte sie ihre Ernährung wieder auf Sportlernahrung um und fing an zu laufen. Sie startete mit ganz langsamen Läufen, nicht schneller als 50 Prozent ihres früheren Wettkampftempos, also die 1000 Meter in fünf Minuten. Jeden Tag lief sie ungefähr zwei Stunden, was ihr anfangs wegen der ungewohnten Körperfülle nicht leicht fiel. Die Weltklasseläuferin bekam heftigen Muskelkater und erkannte sich nicht mehr wieder.

Doch die Pfunde begannen zu purzeln. Nach vier Wochen waren zehn Kilogramm Fett verbrannt. Dann tat sich erst einmal nichts mehr. Der Zeiger der Waage blieb konstant bei 60 Kilogramm, und Kutre wollte das Ding schon wegwerfen. Doch die Waage funktionierte einwandfrei, nur hatte sich Kutres Organismus einfach auf die neue Leistungsanforderung eingestellt. Das Gewicht veränderte sich nicht mehr.

Die Cross-Weltmeisterin Kutre Dulecha trainiert in Addis Abeba.

Dafür stieg aber ihre Fitness weiter an. Nach zwei Monaten begann Kutre mit Fartlek-Training und Bergläufen. Nach weiteren vier Wochen hatte sie wieder neun Kilogramm Fett in Bewegungsenergie verwandelt. Sie konnte nun auch wieder mit dem Bahntraining anfangen. Bis sie ihr Trainingsziel, ihre frühere Stärke wiederzuerlangen, erreicht hatte, brauchte sie insgesamt ein Jahr.

Gewichtig: Ihr Body-Mass-Index Der Körpermassenindex oder Body-Mass-Index (BMI) entstand in Zusammenhang mit den medizinischen Folgen des Übergewichts, das heutzutage in den entwickelten Ländern ein weit verbreitetes Gesundheitsrisiko darstellt.

Der BMI von Haile Gebrselassie zum Beispiel beträgt 21,34. Er wiegt 56 Kilogramm und misst 1,64 Meter (56 kg : 1,64 m^2 = 21,341463). Hailes BMI liegt damit im Normalbereich.

STICHWORT: BODY-MASS-INDEX (BMI)

Der BMI gibt den empfehlenswerten Gewichtsrahmen an. Er errechnet sich aus dem Körpergewicht (kg), geteilt durch das Quadrat der Körpergröße (m^2). Die Formel lautet also: BMI = Körpergewicht (kg) : (Körpergröße in m)^2.

Es gibt aber auch Sportler oder schwer arbeitende Menschen mit einem BMI um 25. Grund dafür ist der Muskelaufbau. Hier liegt natürlich kein Übergewicht vor. Das gesunde Gewicht eines Menschen und damit sein »wünschenswerter« BMI hängen daneben von weiteren Faktoren wie beispielsweise Geschlecht, Alter oder Art der Ernährung ab.

Wenn Sie Ihren persönlichen BMI nach der obigen Formel errechnet haben, können Sie den Wert mit den beiden folgenden Tabellen vergleichen. Die rechte Tabelle zeigt die Einteilung, die nach dem Geschlecht zugrunde gelegt wird.

Alter	BMI
19 – 24 Jahre	19 – 24
25 – 34 Jahre	20 – 25
35 – 44 Jahre	21 – 26
45 – 54 Jahre	22 – 27
55 – 64 Jahre	23 – 28
älter als 64 Jahre	24 – 29

BMI Männer	BMI Frauen	
unter 20	unter 19	Untergewicht
20 – 25	19 – 24	Normalgewicht
25 – 30	24 – 30	Übergewicht (Grad I)
30 – 40	30 – 40	starkes Übergewicht (Grad II)
über 40	über 40	extremes Übergewicht (Grad III)

Unter gesundheitlichen Aspekten ist das Normalgewicht (also bei Männern ein BMI von 20 bis 25 und bei Frauen von 19 bis 24) ideal. Es ist auch die optimale Voraussetzung für den Laufsport.

Bei einem BMI von 25 bis 30 bzw. 24 bis 30 haben Sie Übergewicht (Grad I), das Sie durch ein geeignetes Lauftraining hervorragend abbauen können.

Ab einem BMI von 30 (Grad II und III) haben Sie ein erhöhtes Risiko für Diabetes und Herzerkrankungen. Sie sollten auf jeden Fall abnehmen. Ob dafür auch ein Lauftraining in Frage kommt, müssen Sie unbedingt vorher mit Ihrem Arzt besprechen.

Genau: Die Körperfett-Waage Der Body-Mass-Index ist ein erster Anhaltspunkt dafür, wo Sie mit Ihrem Gewicht liegen. Mehr Aufschluss gibt Ihnen eine Körperfettwaage, die mit Elektroden den Fettanteil des Körpers nach dem Prinzip der Bioelektrischen-Impedanz-Analyse ermittelt. Dabei wird die Fettmasse des Körpers in Sekundenschnelle durch einen nicht spürbaren ungefährlichen Strom analysiert. Mit dieser so genannten Impedanzmessung lässt sich der Anteil an Körperfett recht präzise ermitteln, weil Muskelgewebe eine gute elektrische Leitfähigkeit hat und deshalb nur einen geringen Widerstand bietet. Fett dagegen ist fast ein Isolator mit einem sehr hohen Widerstand und besitzt nur eine sehr geringe Stromleitfähigkeit.

Frauen haben von Natur aus einen höheren Fettanteil als Männer und weniger Muskelmasse. Bei beiden Geschlechtern nimmt die Muskelmasse mit zunehmendem Alter ab. Die folgende Tabelle enthält Richtwerte für die Körperfett-Anteile:

Frauen

Alter	sehr gut	gut	mittel	schlecht
20 – 24	18,20 %	22,00 %	25,00 %	29,60 %
25 – 29	18,90 %	22,10 %	25,40 %	29,80 %
30 – 34	19,70 %	22,70 %	26,40 %	30,50 %
35 – 39	21,00 %	24,00 %	27,70 %	31,50 %
40 – 44	22,60 %	25,60 %	29,30 %	32,80 %
45 – 49	24,30 %	27,30 %	30,90 %	34,10 %
50 – 59	26,60 %	29,70 %	33,10 %	36,20 %
60 und älter	27,40 %	30,70 %	34,00 %	37,30 %

Männer

Alter	sehr gut	gut	mittel	schlecht
20 – 24	10,80 %	14,90 %	19,00 %	23,30 %
25 – 29	12,80 %	16,50 %	20,30 %	24,30 %
30 – 34	14,50 %	18,00 %	21,50 %	25,20 %
35 – 39	16,10 %	19,30 %	22,60 %	26,10 %
40 – 44	17,50 %	20,50 %	23,60 %	26,90 %
45 – 49	18,60 %	21,50 %	24,50 %	27,60 %
50 – 59	19,80 %	22,70 %	25,60 %	28,70 %
60 und älter	20,20 %	23,20 %	26,20 %	29,30 %

2 Die Basis: Eine gute Ausrüstung

VOR ALLEM PRAKTISCH: DIE RICHTIGE KLEIDUNG FÜRS LAUFEN

Shirts Die geeignete Kleidung spielt beim Laufen eine besondere Rolle. Das ist nicht einfach nur eine Frage der Mode, sondern es hat vor allem praktische Gründe. Beim Laufen gerät man unweigerlich ins Schwitzen. Jemand mit einem Körpergewicht von 70 Kilogramm zum Beispiel verliert durch eine Stunde Laufen schon bei moderaten Temperaturen um 20 °C bis zu 1,2 Liter Schweiß. Ein normales Baumwoll-T-Shirt saugt viel davon auf und klebt dann feucht und schwer am Körper. Baumwolle kann Flüssigkeit bis zum Siebenfachen ihres Eigengewichts aufnehmen. Und so fühlt sie sich nach einiger Zeit beim Laufen auch an – wie ein schwerer, nasser Sack. Das ist nicht nur unangenehm, sondern macht Sie unter Umständen sogar krank. Wenn der Schweiß trocknet, entsteht Verdunstungskälte auf Ihrer Haut, was eine ordentliche Erkältung nach sich ziehen kann.

TIPP VON HAILE

Auch als Anfänger kommt man beim Laufen ins Schwitzen. Tragen Sie Mikrofasern, und achten Sie darauf, dass Sie sich nicht unterkühlen.

Ich trage Shirts und Shorts aus »ClimaCool«, einer Faserkonstruktion aus Polyester-Mikrofasern. Sie sorgt dafür, dass der Schweiß weitgehend von der Haut wegtransportiert wird, und sie regelt die Belüftung. Dass diese Kleidung sehr leicht ist und rasch trocknet ist ein weiterer Vorteil. Das Material ist so beschaffen, dass der Schweiß nicht auf der Haut kleben bleibt, sondern schneller auf der Außenseite der Faser verdunsten kann. Sie fühlen sich dadurch einfach besser und vermeiden Erkältungen.

Shorts Für die Running-Shorts gilt dasselbe wie für die Hemden. Auch sie sollten aus modernen atmungsaktiven Mikrofasern bestehen. Achten Sie darauf, dass die Shorts weit geschnitten sind und Sie nicht beim Laufen behindern, zum Beispiel durch störende Nähte oder Gummizüge.

Tights Diese eng anliegenden langen Hosen aus sehr leichten, elastischen Kunststofffasern lassen Ihnen volle Bewegungsfreiheit. Sie haben den Vorteil, dass sie sich nicht mit Wasser vollsaugen können. Deshalb sind sie sogar bei Regen angenehm zu tragen. Natürlich werden Sie darin nass, doch es bildet sich – wie beim Tauchanzug – eine dünne isolierende Wasserschicht, die sie vor Wärmeverlusten weitgehend schützt. Cathy Freeman trug einen solchen Anzug, sogar mit Kapuze, als sie in Sydney Olympiasiegerin wurde.

Socken Generell sollte man nie ohne Socken laufen, besonders in den etwas kühleren Regionen sowie bei heißem und schwülem Wetter. Ich selbst habe dies in Atlanta schmerzvoll erfahren müssen. Der Fuß schwitzt bis zu 30 Milliliter pro Stunde aus – da ist es wichtig, dass man saugfähige Socken anhat.

Für die Socken gilt das Gleiche wie für die Schuhe: Sie müssen perfekt passen, sonst gibt es Blasen. Die Socken sollten ebenfalls aus Kunstfasern sein und keine Naht über den Zehen haben, die scheuern könnte. Es gibt auch doppellagige Socken, die der Reibung besonders gut

TIPP VON HAILE

Tragen Sie immer Socken in den Schuhen. In Atlanta hatte ich beim ersten Training keine Socken an und holte mir schmerzhafte Blasen. Das hat mich vielleicht eine zweite Medaille gekostet.

entgegenwirken. Neben speziellen Laufsocken für Frauen, die der gewöhnlich schlankeren weiblichen Fußform angepasst sind, führen viele Laufläden heute auch der Anatomie entsprechend unterschiedlich gearbeitete Socken für den rechten und den linken Fuß.

Trainingsanzug Vielleicht halten Sie uns in Äthiopien für ein bisschen altmodisch – aber der Trainingsanzug ist für uns immer noch das, wofür er eigentlich gedacht ist: Wir tragen ihn beim Training. Besonders bei niedrigeren Temperaturen ist es wichtig, dass die Muskulatur nicht zu stark abkühlt. Deshalb tragen wir beim lockeren Laufen, beim Warm-up und Cool-down meist einen Trainingsanzug. Kombinationen aus Windjacke und Tights sind zwar auch sehr bequem, aber damit können Sie in Ihren Regenerationspausen und bei Dehnübungen leicht auskühlen.

NIX WIE RAUS!
Ein richtiger Läufer kennt kein schlechtes Wetter, nur falsche Kleidung. Achten Sie jedoch darauf, dass Sie nicht auskühlen. Diese Gefahr besteht besonders, wenn die Temperaturen im Grenzbereich liegen: Sie empfinden es nicht als kühl und schwitzen auch beim Laufen, aber der Wind ist doch schon kalt. Ziehen Sie sich im Zweifelsfall lieber etwas zu warm an als zu dünn. Aber Laufen stärkt auch das Immunsystem. Wenn man sich oft an der frischen Luft bewegt, ist man fit und gesund und weniger anfällig für Krankheiten.

FUSS UND SCHUH

Die Schuhe sind natürlich der wichtigste Teil der Ausrüstung. Qualität und Passform der Laufschuhe sind deshalb von entscheidender Bedeutung. Jeder Mensch hat andere Füße, und es gibt sogar Unterschiede bei ein und derselben Person: Der linke und der rechte Fuß sind nicht gleich. Füße unterscheiden sich nach Länge und Breite. Hinzu kommen Fußfehlstellungen wie zum Beispiel der Spreiz- oder Senkfuß.

Wer an den Schuhen spart, der spart am falschen Ende. Beim Laufen, besonders natürlich beim Fersenlauf, müssen enorme Kräfte abgefedert werden, um die Gelenke nicht zu überlasten. Ich mache zum Beispiel bei einem 10 000-Meter-Lauf etwa 4700 Schritte. Je nach Lauftechnik muss das Drei- bis Vierfache meines Körpergewichts abgefedert werden. Das bedeutet in meinem Fall: 150 bis 200 Kilogramm auf 4700 Schritte, also 700 000 Kilogramm oder 700 Tonnen. Das ist das Gewicht von 500 Mittelklasse-Pkws.

Ein Amateurläufer mit einem Körpergewicht von 75 Kilogramm, der einen weniger energiesparenden Laufstil hat und dessen Schritte nur rund einen Meter lang sind, setzt zwar nur mit dem Zwei- oder Dreifachen seines Körpergewichts auf, weil seine Geschwindigkeit geringer ist. Doch dafür macht er doppelt so viele Schritte. Seine Belastung beträgt demnach 150 Kilogramm x 10 000 Meter. Das entspricht dem Gewicht von 1000 Pkws. Übergewichtige Läufer können sich ihre Belastung selber ausrechnen.

Die Belastung der Gelenke ist also ziemlich hoch. Der Körper kann zwar sehr viel verkraften, aber wenn Sie nun täglich 5000 oder 10 000 Meter laufen, ist klar, dass Sie zumindest gute, perfekt passende Laufschuhe brauchen.

Dass es trotz ausgefeilter Technik und hervorragendem Material zu Überbelastungen kommen kann, habe ich am eigenen Leib erfahren. Ein Jahr vor der Olympiade in Sydney bekam ich eine Entzündung in der Achillessehne, um die ich mir anfangs nicht besonders viele Sorgen machte. Ich drosselte einfach mein Trainingspensum und verzichtete auf den ein oder anderen Wettkampf. Ich versuchte das Problem durch ein bisschen Schonung in der Griff zu bekommen, aber es wurde nicht besser. Irgendwann stand ich vor der Entscheidung: Sollte ich mich operieren lassen? Danach hätte ich monatelang nicht trainieren und an der Olympiade nur mit Glück oder zumindest mit einem immensen Trainingsrückstand teilnehmen können.

Da mir die Olympiade sehr wichtig war, entschied ich mich gegen eine Operation und versuchte es weiterhin mit dem Schongang. Ich lief nur einige wenige ausgesuchte Rennen und machte

STICHWORT: PRONATION

Pronation ist eine Koppelung des Nach-innen-Kippens und des Hereindrehens des Fußes. Bei dieser Verkippung des Sprunggelenks kommt es zu einer Innendrehung des Unterschenkels. Wie stark die Pronation ausfällt, hängt davon ab, wie straff Fuß und Unterschenkel miteinander verkoppelt sind. Hierbei gibt es große individuelle Unterschiede.

mich rar in der Szene. Die Leute von der Adidas-Entwicklungsabteilung fertigten für mich einen speziellen Schuh genau nach meinen Maßen, der meine Achillessehne weitgehend entlastete und auch meine Lauftechnik optimal unterstützte. Nur durch diesen Schuh war es mir möglich, in Sydney wieder die Goldmedaille zu gewinnen.

An meinen Erfahrungen in Sydney sieht man, was ein guter – das heißt optimal angepasster – Schuh möglich macht. Andererseits zeigt sich, dass es den für jeden optimalen Schuh »von der Stange« nicht geben kann. Bei der Vielzahl der angebotenen Modelle hat der Läufer die Qual der Wahl. Für den Anfänger bedeutet das: Bei Ihren ersten Laufschuhen gehen Sie am besten in ein modern ausgestattetes Fachgeschäft, wo Ihre Füße mit einem Footscan-Computer vermessen werden. Nur so ist es möglich, die Abrollbewegung Ihrer Füße beim Laufen zu analysieren.

Bei Problemfüßen sollte in jedem Fall eine Einlage getragen werden. Oft sind Fehlstellungen der Füße gar nicht bekannt, deshalb ist eine solche Analyse eigentlich jedem zu empfehlen. Der Footscan zeigt aber auch mögliche Probleme an den Knien und Bändern. Sie bekommen so Hinweise auf die Anforderungen, die Ihr Laufschuh erfüllen muss. Begriffe wie pronations- oder subniationshemmende Eigenschaften sind für die meisten Laufanfänger vermutlich Fremdworte, mit denen sie nicht viel anfangen können. Genauso wenig wissen sie, ob sie eine Stabilisation für die Ferse brauchen oder nicht. Ob ein Laufschuh die Anforderungen erfüllt, können Sie im Laden auch gleich testen.

STICHWORT: SUBNIATION
Beim Abrollen bewegt sich der Fuß auf der Innenseite nach oben und kippt damit zur Außenseite. Das ist in der Phase des Zehenstandes besonders kritisch, weil dann der Abdruck nicht über die dafür ausgebildeten starken Knochen der Innenseite, sondern über die schwachen Knochen der Fußaußenseite erfolgt. Der Fuß rollt also über den Kleinzehenbereich ab.

Das Wichtigste: Ihre Füße Viele Läufer und Läuferinnen haben Probleme mit ihrem Bewegungsapparat, was unter Umständen an einem ungeeigneten Laufschuh liegen kann. Deshalb ist es wichtig, dass Sie Informationen über Ihre Bewegungsabläufe und über die Anatomie der Füße sammeln. Füße weichen, wie gesagt, häufig von der Norm ab. Viele Menschen haben einen Senk- oder Plattfuß oder eine Tendenz zum

Hohlfuß. Selbst bei einem natürlich geformten gesunden Fuß gibt es Abweichungen wie den Spreiz- oder Knickfuß. All dies hat großen Einfluss darauf, welche Art von Laufschuh für Sie besser oder weniger gut geeignet ist.

Die 26 Fußknochen des Menschen sind durch Gelenke miteinander verbunden und werden durch unzählige Bänder zusammengehalten; Muskeln ermöglichen die unterschiedlichsten Bewegungen. Das Fußlängsgewölbe hat die wichtigste Aufgabe. Seine Form und Höhe entscheidet darüber, ob sie zu den flach- oder plattfüßigen Menschen zählen oder zu den Normal- oder Hohlfüßlern. Beim normalen Abrollen des Fußes flacht sich das innere Fußlängsgewölbe nach dem Fußaufsatz ab. Der Fuß wird dabei ein wenig länger und nimmt so einen Teil der hohen Aufprallkräfte elastisch auf.

Wenn Sie mit der Ferse aufsetzen, haben Sie nur 0,2 bis 0,25 Sekunden Kontakt mit dem Boden. Dennoch passiert in dieser Zeit sehr viel:

1. Fersenaufsatz Mit dem Zweifachen des eigenen Körpergewichts. Der Fuß knickt jetzt nach innen ein (proniert), um sich optimal dem Boden anzupassen. Die Bodenreaktionskraft dämpft die Stoßkräfte ab.

2. Stützphase Sowohl Ferse als auch Mittel- und Vorderfuß haben im weiteren Verlauf Bodenkontakt.

3. Abdruckphase Die Ferse hat jetzt keinen Bodenkontakt mehr; der Fuß versteift sich, um sich effizienter abzustoßen.

4. Zehenabdruck Ende der Bodenkontaktzeit, die insgesamt nur ca. 0,2 bis 0,3 Sekunden dauert.

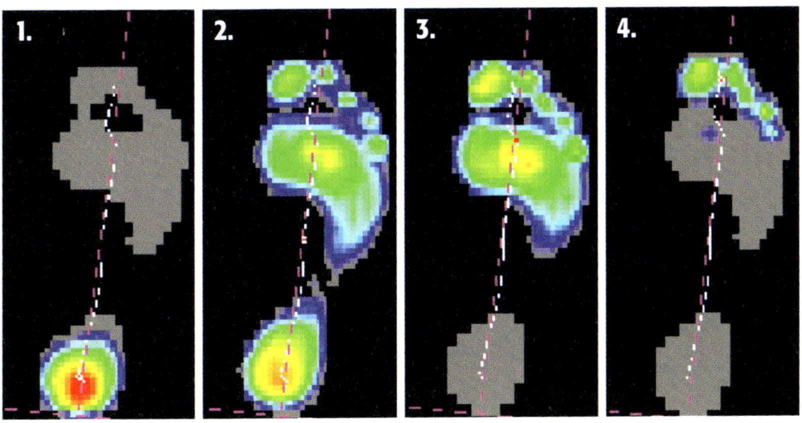

Dies ist der Bewegungsablauf eines Fersenläufers mit normal geformtem Fuß. Mit der Druckverteilungsanalyse kann man den Fuß sehr gut und praxisnah testen, um auf eventuelle Abweichungen aufmerksam zu werden.

Damit Sie den Verkäufer beim Schuhkauf richtig informieren können, müssen Sie wissen, wie Ihr Fuß geformt ist und wie er sich bei der Abrollbewegung verhält. Laufschuh ist nicht gleich Laufschuh. Möglicherweise brauchen Sie auch Einlagen. Welchen Schuh Sie exakt brauchen, können Sie nicht allein mit der Druckanalyse herausfinden. Aber Sie erhalten doch Hinweise darauf, welchen Anforderungen Ihr Schuh gerecht werden muss, damit Sie das Laufen möglichst verletzungsfrei genießen können.

Pronation Die Pronation ist eine natürliche Bewegung. Sie ist wahrscheinlich sogar nötig, um das Sprunggelenk in eine gerade und damit optimale Abrollposition zu bringen. Damit trägt sie zur Ausrichtung des Skeletts bei. Nur wenn sie über das normale Maß hinausgeht, können Probleme entstehen. Wenn Ihr Fuß nicht richtig abrollt, kommt es zu einer Überlastung der Innenbänder. Diese werden überdehnt, und die Folge sind Fehlbelastungen der Sprung- und Kniegelenke. Das führt mit der Zeit zu einem erhöhten Verschleiß, der nicht mehr reparabel ist.

Eine übermäßige Pronation kann durch mehrere Einzelfaktoren verursacht werden:

- durch eine Abweichung der hinteren Fußachse (Knickfuß). Der Fuß steht dann bereits in einer nach innen geneigten Position.

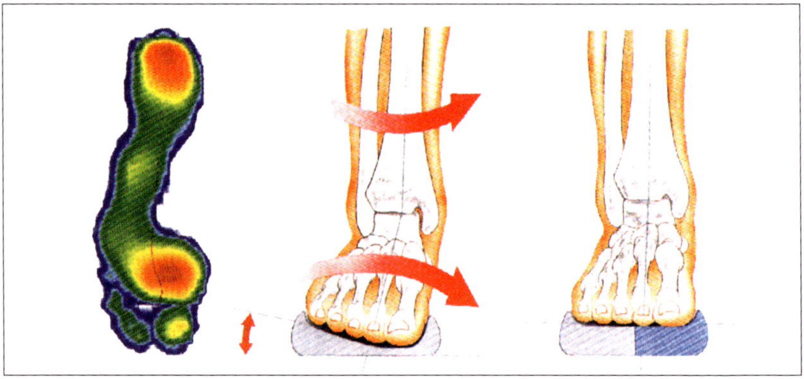

- Ein schlecht stützender oder ein zu weicher und instabiler Laufschuh kann eine solche Fehlstellung massiv verstärken. Diese Fehlstellung ist oft mit einem Senk- oder Plattfuß kombiniert.

Wer unter einer übermäßigen Pronation leidet, hat meist keine Schmerzen im Fuß, sondern im Kniegelenk oder in der Achillessehne.

Ein wichtiger Aspekt ist auch die Tatsache, dass nach einer gewissen Benutzungszeit die Laufschuhmaterialien sowohl ihre Dämpfungs-, aber mehr noch ihre ursprünglichen Stützeigenschaften verloren haben. Bei normalen Schaumzwischensohlen – zum Beispiel druckgeschäumtes EVA (Ethylenvenylacetat) – kann dies bereits (abhängig von Laufuntergrund und Körpergewicht des Läufers) nach 600 bis 800 Laufkilometern der Fall sein! Auch dann können sich laufbedingte Beschwerden am Bewegungsapparat einstellen oder verstärken.

An den folgenden Fußabdruckdiagrammen können Sie die Unterschiede der verschiedenen Fußformen deutlich erkennen. Zu welcher Gruppe Sie tendieren, können Sie leicht herausfinden, wenn Sie sich mit nassen Füßen auf einen trockenen Untergrund stellen.

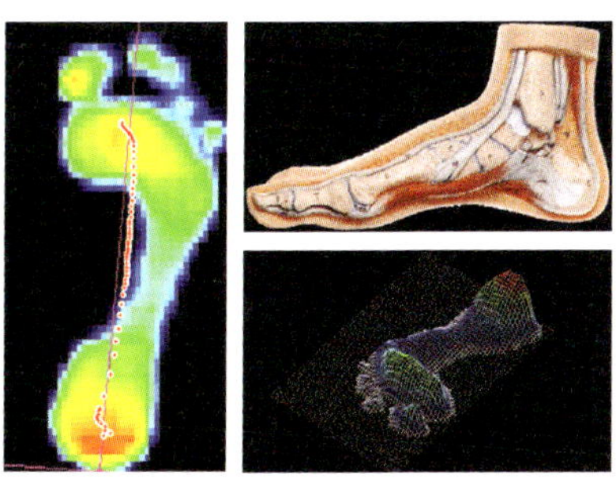

Der natürlich geformte Fuß Der hier dargestellte Fuß zeigt ein normal geformtes Fußlängsgewölbe, das sich beim Abrollen elastisch verhalten wird und so zum einen die Aufprallkräfte mindert und zum anderen hilft, sich an den Laufuntergrund anzupassen. Dabei wird das Ausmaß des Nach-innen-Knickens beim Aufsetzen, der Pronationsbewegung also, im normalen Bereich sein. In der dreidimensionalen Darstellung ist der Druckverlauf der Abrollbewegung gut zu erkennen.

Das beste Mittel gegen Überpronieren ist ein sauberer Stil. Wenn Sie mit dem Mittelfuß zuerst aufsetzen, dann ist Ihre Wadenmuskulatur vorgespannt.

Der abgeflachte Fuß (Senk- oder Plattfuß) Das innere Fußlängsgewölbe ist stark abgeflacht. Der Fuß ist meist sehr flexibel, und häufig zeigt gerade diese Fußform ein erhöhtes Maß an Pronation, eine so genannte »Überpronation«. Er knickt also sehr leicht und vor allem zu stark nach innen. Nicht selten findet man einen abgeflachten Fuß kombiniert mit einer Achsenfehlstellung des unteren Rückfußes (so genannter Knickfuß), was wiederum Auslöser für eine Überpronation sein kann. Diese Überpronation ist oft eine der Ursachen für chronische Beschwerden am Kniegelenk. Besonders gut stützende Laufschuhe können hier korrigierend eingreifen.

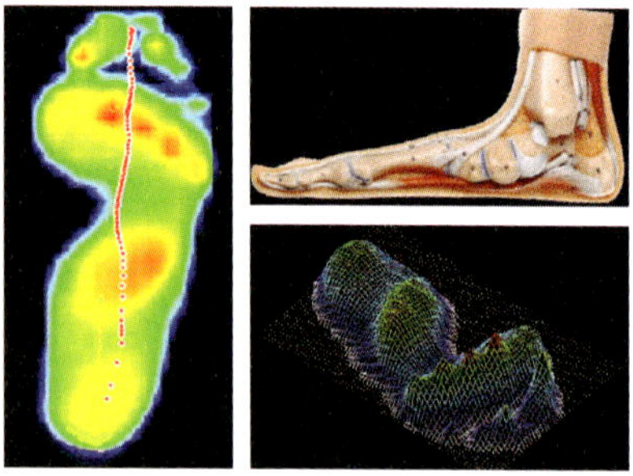

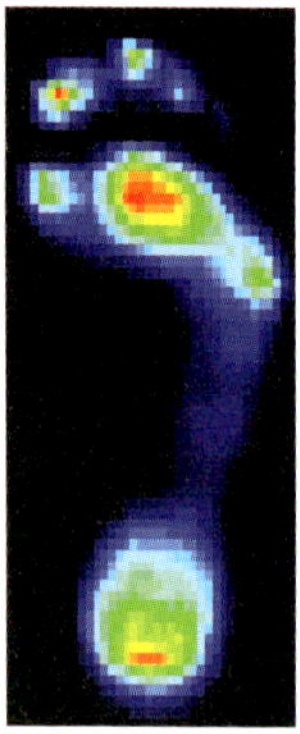

Spreizfuß Der Spreizfuß ist oft eine Folge schlechten Schuhwerks. Er entsteht durch zu kurze und zu enge Schuhe sowie durch hohe Absätze. Statt einer mehr gleichförmigen Druckverteilung auf alle fünf Mittelfußköpfchen konzentriert sich der Druck auf den mittleren Teil des Vorfußes und verursacht so Beschwerden.

Die Sohle sollte gerade und im Innenbereich härter sein als im Außenbereich oder eine leicht konkave Form aufweisen. Am schlimmsten ist es, wenn Sie den Fuß in der Mitte durchdrücken. Das passiert, wenn Sie zu weiche Innensohlen tragen oder das Fußbett außen erhöht ist.

Viele Läufer und Läuferinnen setzen ihren Fuß mehr oder weniger stark nach außen gedreht auf. Eine geringe Drehung in Abweichung von der Neutrallinie (3 bis 5 °) nach außen ist völlig normal. Eine höhere Abweichung jedoch kann eine verstärkte Pronation insbesondere im Vorfuß provozieren, da sie die Druckbelastung auf das Mittelsohlen-

Welches die geeigneten Schuhe für Sie sind, lassen Sie am besten ihre Füße entscheiden. Das Wichtigste bei einem Schuh ist die perfekte Passform.

Schaummaterial erhöht. Auch in diesem Fall sind besonders (über die gesamte Fußlänge) stützende Laufschuhmodelle zu empfehlen.

Ihr ganz persönlicher Auftritt: Footscans Vor 22 Jahren eröffnete Jempi Wilssem im belgischen Beveren einen Laden für Läufer. Der studierte Elektroniker und Biomechaniker absolvierte selbst insgesamt 36 Marathonläufe und kann auf eine Bestzeit von 2:26 Stunden verweisen. Heute widmet er sich der exakten Vermessung von Läuferfüßen, auch denen der Weltklasse. Aus Unzufriedenheit mit der Videoanalyse, bei der während der kurzen Zeit, wo der Fuß den Boden berührt, nur maximal acht Bilder entstehen, entwickelte er das Footscan-Verfahren. Dieses lässt aufgrund der Frequenz von 500 Hz auf einer zwei Meter langen Messplatte mit 16 000 Messpunkten eine weitaus genauere Analyse zu.

Aus der ganzen Welt kommen Spitzenathleten in seinen Sportschuhladen, um sich ihre Schuhe exakt anpassen zu lassen. Er berät auch die Firma Adidas bei der Entwicklung neuer Schuhmodelle.

Zahra Quaziz: Eine Fallstudie Die vierfache Vizeweltmeisterin ist der lebende Beweis dafür, dass man auch mit einem ausgeprägten Hohlfuß Weltklassezeiten erreichen kann. Zahra Quaziz hat immer orthopädische Einlagen getragen, die jedoch in der üblichen statischen Art gefertigt und für beide Füße gleich waren. Aber ihr rechter Fuß ist noch höher als der linke. Diese Fußanomalien führten bei ihr immer wieder zu schweren Verletzungen. Auch deshalb hat sie es nie geschafft, eine Goldmedaille zu gewinnen. Dreimal wurde sie an der Achillessehne operiert, doch ihr Problem konnte damit nicht gelöst werden.

Sie läuft auf dem Mittelfuß, und ihre Bodenkontaktzeit beträgt dabei nur 0,16 Sekunden. Das ist zu kurz für eine herkömmliche Videoanalyse, die lediglich 25 Bilder pro Sekunde liefert. Damit kann man nur erahnen, was mit dem Fuß in der kurzen Bodenkontaktzeit alles passiert.

Die Druckbelastung des Fußes ist abhängig von der gelaufenen Geschwindigkeit. Daraus ergibt sich oft eine unterschiedliche Korrek-

Zahra Quaziz im Rennen; hinter ihr die Weltrekordlerin Gabriela Szabo

turmaßnahme für das normale Gehen, das lockere Jogging oder den schnellen Wettkampf. Mit der Footscan-Methode lassen sich Fußbewegung und Druckbelastung exakt analysieren.

Der dynamische Fußabdruck, mit 500 Messwerten pro Sekunde erstellt, zeigt deutlich mit roter Farbe, wo der stärkste Druck auftritt. Die rote Ganglinie zeigt, wie sich die Belastung während der Abrollbewegung verändert, und die Gerade zeigt die Ideallinie:

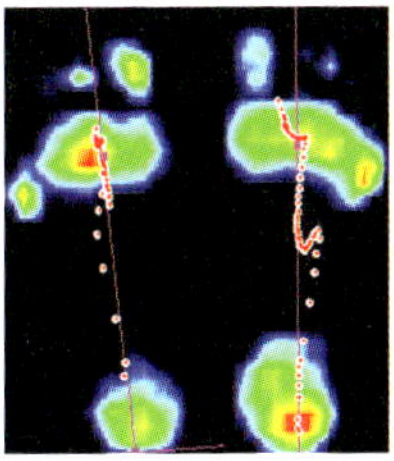
22: bei 12 km/h

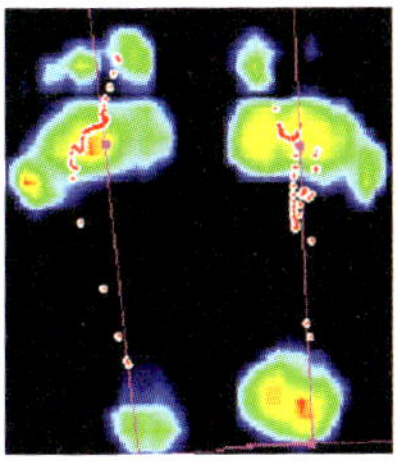
23: bei 14 km/h

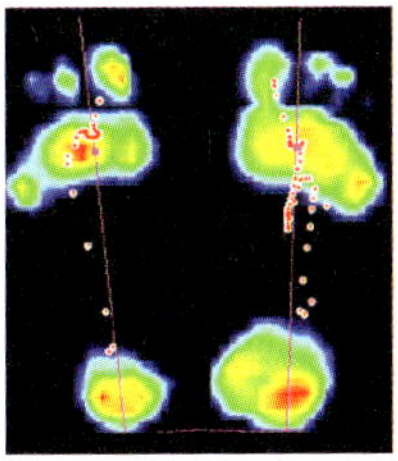
24: bei 16 km/h

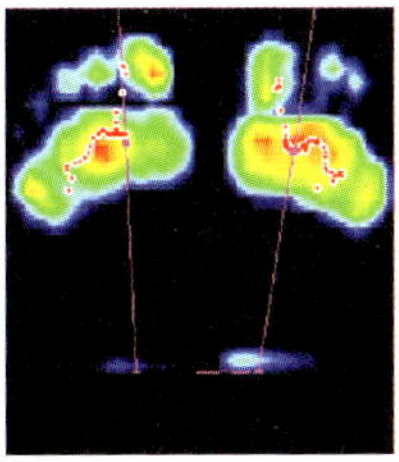
25: bei 20 km/h

Man erkennt deutlich, dass die Läuferin bei immer schnellerem Tempo auch immer mehr auf dem Vorderfuß läuft. Bei 20 km/h berühren die Fersen schließlich den Boden überhaupt nicht mehr. Durch die zwei Meter lange Messstrecke ist es möglich, solche Messungen durchzuführen. Bei den meist üblichen 60-Zentimeter-Platten müsste sich die Athletin sonst auf die punktgenaue Landung konzentrieren, was ihren Fußabdruck unweigerlich verändern würde.

Die Scans vom linken Fuß zeigen bei jeder Geschwindigkeit klar den Landedruck auf dem Mittelfußknochen. Das ist typisch für Athleten mit einem Hohlfuß wie Zahra.

Wenn wir den Abdruck des linken mit dem des rechten Fußes bei unterschiedlichen Geschwindigkeiten vergleichen, können wir eine klare Asymmetrie erkennen. Diese ist meist bei einer Differenz in der Beinlänge zu beobachten, was bei Zahra aber nicht zutrifft. Interessant ist der Vergleich beider Füße in den einzelnen Phasen einer Abrollbewegung, hier bei 14 km/h:

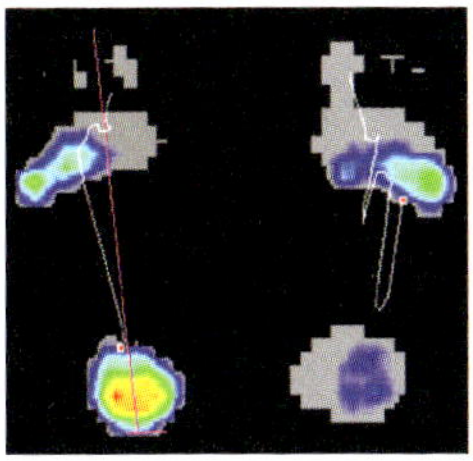
Dieser Footscan zeigt, dass der erste Bodenkontakt beim linken und rechten Fuß völlig unterschiedlich ausfällt.

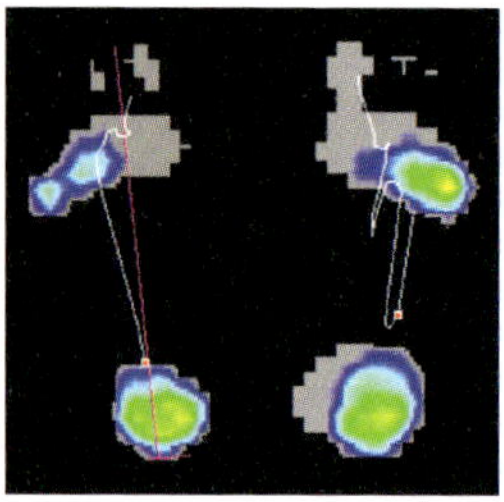

Der zweite Kontakt in der nächsten Phase zeigt einen stärkeren Druck auf dem rechten Fuß.

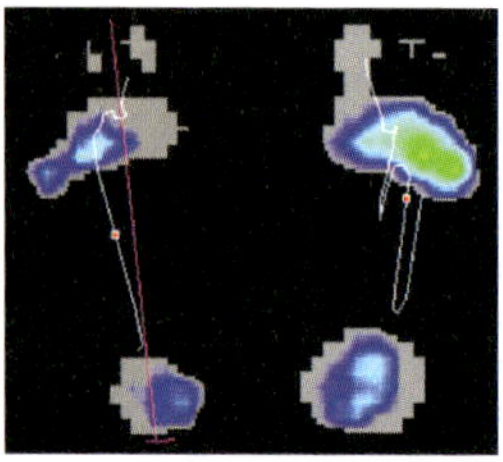

In der nächsten Phase verliert die Läuferin den Kontakt zum Boden und rollt über die Zehen ab.

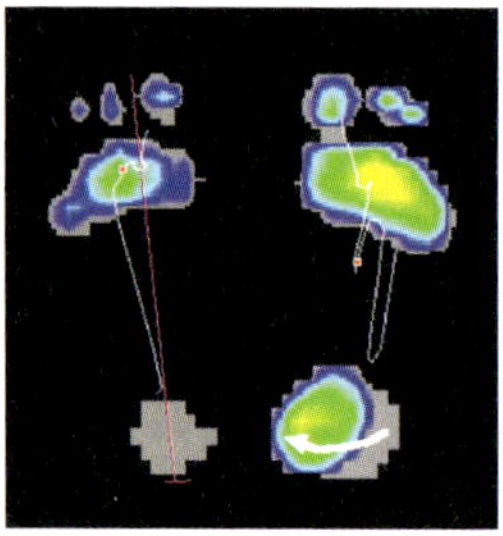

Hier erkennt man, dass die Ferse ein zweites Mal auf dem Boden landet, allerdings mehr auf der Innenseite. Grund ist eine Drehung des Fußes nach innen, wodurch es nicht nur zu einer Überbeanspruchung der Achillessehne am rechten Fuß, sondern auch zu einer Überbeanspruchung der rechten Hüfte kommt. Selbst die Schultermuskulatur ist betroffen. Über diese Beschwerden klagt die Athletin, wenn sie hart trainiert.

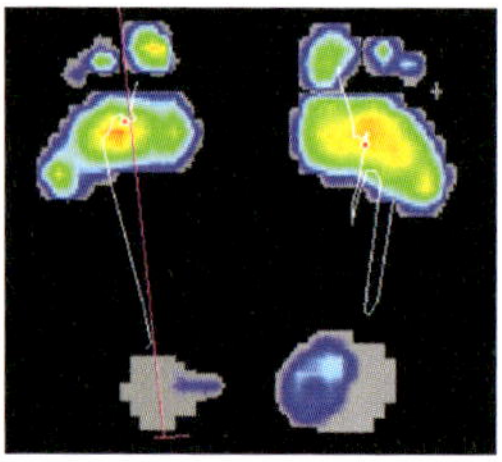

Die Fersen verlieren für einen zweiten Moment den Bodenkontakt. Die Abdruckphase beginnt.

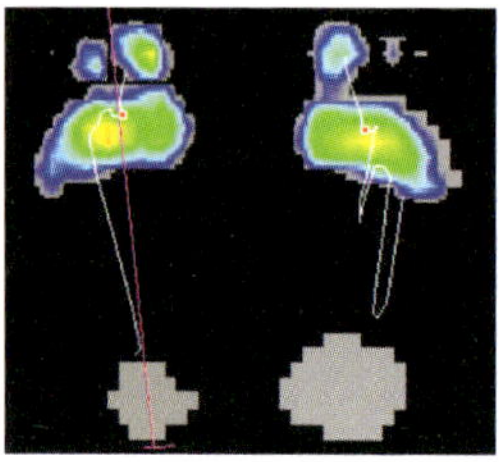

Die Abdruckphase

Nach der Barfußmessung werden die verschiedenen Messungen mit den Trainingsschuhen der Athletin wiederholt und mit neuen Schuhen verglichen. Auf diese Weise lässt sich die Wirkung der Schuhe auf das natürliche Abrollverhalten genau untersuchen.

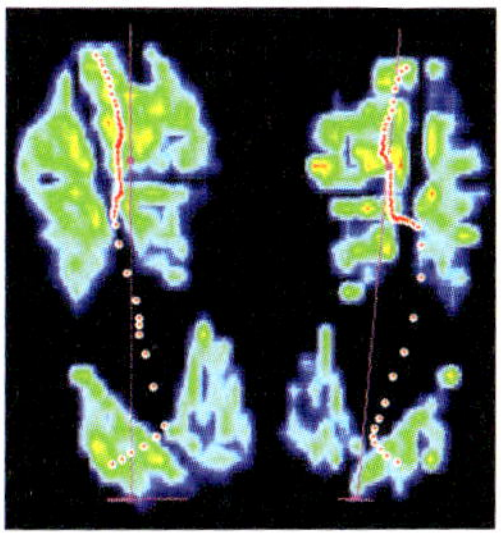

Gut zu erkennen ist, dass die Probleme des rechten Fußes durch die Schuhe geblieben sind. Es gibt einen großen Unterschied zwischen dem Abrollverhalten des rechten und des linken Fußes.

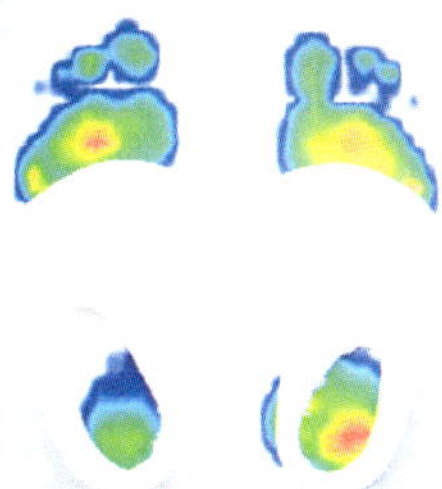

Die Abbildung zeigt, dass die Einlagen für Zahras linken und rechten Fuß unterschiedlich gefertigt werden müssen. Diese wären optimal für ein mittleres Trainingstempo. Bei einer Laufleistung von mehr als 160 Kilometern in der Woche ist es für diese Athletin besonders wichtig, für jedes Tempo die richtigen Schuhe und Einlagen zu wählen.

Die Laufschuhe: Das Teuerste muss nicht das Beste sein Dass der Sportmarkt ein Multimillionen-Dollar-Geschäft ist, das ist Ihnen natürlich nicht unbekannt. Alle Spitzensportler arbeiten mit einem der großen Hersteller – Puma, Adidas, Nike, Asics, New Balance etc. – zusammen und bekommen Geld dafür, dass sie mit bestimmten Produkten ihre sportlichen Erfolge einfahren. Der Ausrüster für die äthiopische Nationalmannschaft ist seit vielen Jahren Adidas. Deshalb habe ich auch alle meine Rennen in Adidas-Schuhen gelaufen. Für Sydney entwickelte Adidas mir – wie erwähnt – einen ganz speziellen Schuh nach meinen Wünschen. Ich brauchte einen Schuh, der leicht und weich war und der meinen Fuß dennoch ausreichend abstützte. Die Sohle sollte mich aber bei Vortrieb unterstützen. Sehr gute Erfahrungen hatte ich mit meinem 96er Olympiaschuh von Atlanta gemacht. Die gleiche Sohle wollte ich auch in Sydney wieder haben – zum Leidwesen der Techniker, für die das damalige Konzept längst überholt war. Trotzdem haben sie mir genau diesen Schuh gebaut – und damit ihre Flexibilität bewiesen. Es sind übrigens die gleichen Leute, die auch Ihre Schuhe entwickeln.

In der Schuhtechnologie hat sich in den letzten Jahren viel getan. Mein Vorbild Abebe Bikila gewann in Rom 1960 noch barfuß den Marathon – er lief die 42 Kilometer auf dem Mittelfuß. Vier Jahre später in Rom trug er Schuhe. Mit den High-Tech-Produkten, die Sie vermutlich an Ihren Füßen tragen, hatten diese Treter allerdings kaum etwas gemein. Damals gab es noch keine speziellen Schuhe für jede Gelegenheit, mit ausgeklügelten Dämpfungssystemen.

DIE ANFORDERUNGEN AN EINEN MODERNEN GUTEN LAUFSCHUH

1. Der Aufprall der Ferse muss abgedämpft werden, um das Verletzungsrisiko der Gelenke, Sehnen und Muskeln zu mindern.
2. Das Aufsetzen der Ferse muss über ein weiches Material abgedämpft werden, um den Kraftaufsatzpunkt unter das Sprunggelenk zu transportieren.
3. Der Schuh muss den Fuß abstützen, um eine Überpronation zu vermeiden.
4. Er soll eine möglichst gute Energieübertragung vom Rück- zum Vorderfuß gewährleisten, um den Fuß noch zu beschleunigen.

Als Läufer sollten Sie aber heute die Ergebnisse moderner Forschung nutzen und bei Ihren Laufschuhen nicht am falschen Ende sparen. An meinen Sydney-Erfahrungen zeigt sich allerdings, dass nicht jede neue Entwicklung den Vorjahresmodellen unbedingt überlegen ist. Manchmal kommt man mit Bewährtem sogar weiter. Mein Bahnschuh, in dem ich alle Weltrekorde gelaufen bin, ist ein Standardprodukt von Adidas – und nicht einmal das teuerste. Auslaufmodelle sind nicht unbedingt schlechter als die neue Kollektion. Vielleicht haben sie nur eine andere Farbe. Auf jeden Fall sind sie billiger.

Schuhe für Fersenläufer Die meisten Amateure setzen mit der Ferse auf und nutzen damit ihr natürliches Dämpfungs- und Stabilisierungssystem nicht. Der Fuß besteht aus insgesamt 26 Knochen, 19 Muskeln und 107 Sehnen. Alles wirkt zusammen und dämpft und stabilisiert Ihren Fuß auf glattem oder unebenem Untergrund, in der Kurve oder am Berg. Dass jemand beim Laufen mit der Ferse zuerst aufsetzt, war in der Evolution nicht vorgesehen. Deshalb ist unter der Ferse auch nur wenig Dämpfung eingebaut. Diese müssen Sie nun durch den Schuh verstärken, um den Kraftansatzpunkt unter das Sprunggelenk zu verlagern.

Die Sportschuh-Hersteller haben sehr unterschiedliche Systeme entwickelt, um den Fußaufsatz zu dämpfen und gleichzeitig den Fuß zu stabilisieren. Nehmen Sie sich Zeit zum Vergleichen und kaufen dann den Schuh, der Ihnen am besten passt. Jedes Jahr verletzen sich 50 Prozent der Läufer, viele wegen schlechter oder falscher Laufschuhe. Wenn Sie sichergehen wollen, machen Sie einen Footscan mit dem neuen Schuh.

Dämpfen allein reicht bei weitem nicht mehr aus. Der Unterschied zu optisch ähnlichen Billigprodukten wird schnell deutlich:

34: Das Beispiel des »a3« zeigt, wie aufwändig heutige Laufschuhe konstruiert werden.

Phase I: Dämpfung Bei der Landung muss der Aufprall zunächst abgedämpft werden. Dazu hat man den Fersenteil in verschiedene Abschnitte unterteilt, um den unterschiedlichen Anforderungen gerecht zu werden.

Der Aufsatzpunkt ist an der Außenseite des Rückfußes. An der Stelle wurde ein weiches haltbares Material verwendet, um eine gute Dämpfung zu erreichen. Außerdem ist es konkav geformt und kann sich deshalb elastisch verformen. Durch dieses Material und die Form erreicht man eine Dämpfung des Aufpralls und eine Reduzierung der Einwärtsdrehung des Fußes, also der Pronation. Die Überpronation kann durch die Abbremsung der Innendrehung kontrolliert werden.

Phase II: Stützung Dabei spielen mehrere Elemente zusammen. Zwei konkave Elemente aus einem etwas härteren Material zentrieren den Fuß in einer neutraleren Stellung. An der Innenseite sorgt ein weiteres Stabilisierungselement mit einer konvexen Form für eine zusätzliche Abstützung. Es verhindert so die Überpronation und stabilisiert den Fuß in einer neutralen Position.

Phase III: Beschleunigung Die Platte, die der Kraftübertragung dient, besteht aus einem Thermoplastmaterial und vier Elementen. Durch die Druckverteilung von hinten nach vorne wird es möglich, die durch den Muskel erzeugte Arbeit als Vortrieb zu nutzen.

Die Schuhe dürfen also nicht nur weich sein, weil sie den Fuß dann nicht mehr stützen. Aber sie dürfen auch nicht zu starr sein, damit sie die natürliche Bewegung nicht behindern. Das heißt, sie müssen die Fuß- und Unterschenkelmuskulatur optimal arbeiten lassen.

Schuhe für Vorder- und Mittelfußläufer »ProPlate« ist ein reiner Wettkampfschuh, der speziell für Vorder- und Mittelfußläufer entwickelt wurde. Reine Vorderfußläufer setzen die Ferse gar nicht auf. Deshalb brauchen sie auch keine oder kaum Fersendämpfung.

Bei einem normalen Laufschuh besteht die Mittelsohle aus Dämpfungsmaterialien, die zwar Dämpfung und Stabilität bieten, den Fuß aber beim kraftvollen Abstoßen nicht oder nur minimal unterstützen können. Auch schlucken die Dämpfungsmaterialien Energie, die dann für den Vorwärtstrieb verloren geht. Lange Versuchsreihen haben ergeben, dass die Beugung im Zehengrundgelenk viel Energie kostet.

Bei der Entwicklung der so genannten ProPlate ist man deshalb speziell auf die Bedürfnisse des wettkampforientierten Sportlers eingegangen. Man hat eine dünnere Sohlenkonstruktion gewählt, die eine gewisse Dämpfung bietet, deren Hauptzweck jedoch ein verbesserter Abdruck ist. Eine anatomisch entsprechend platzierte versteifende Platte im Mittel- und Vorfußbereich verringert die Beugung in den Zehengrundgelenken und sorgt so für eine bessere Energieübertragung. Durch Spannung unterstützt sie so den Vortrieb des Läufers und gibt ihm noch einen kleinen zusätzlichen Kick.

Mit diesen Schuhen wurde Haile in Atlanta Olympiasieger.

3 Grundlagen des Lauftrainings

LAUFTECHNIK UND LAUFSTIL

Viele der äthiopischen Läufer versuchen, einen ähnlichen Stil zu laufen wie ich, und sie sind damit ebenfalls erfolgreich. In Sydney haben wir insgesamt acht Medaillen, darunter viermal Gold, gewonnen und damit unser Land zur erfolgreichsten Langstreckenlauf-Nation dieser Olympischen Spiele gemacht.

Für jeden Läufer ist es wichtig, eine saubere Technik zu laufen. Zwar sind alle Menschen unterschiedlich gebaut, und deshalb kann man nicht alles eins zu eins übertragen, aber gewisse Gemeinsamkeiten gibt es doch. Ein Motor bringt mehr Leistung, je runder er läuft. Das gilt auch für den Menschen und das Laufen.

Vermeiden Sie also Bewegungen, die viel Energie kosten. Manche Leute hüpfen und springen geradezu beim Laufen. Es gibt auch erfolgreiche Läufer, die hin- und herwackeln wie eine Ente. Daran sollten Sie sich besser nicht orientieren. Wenn Sie als Langstreckenläufer erfolgreich

Falsches Laufen kostet Energie und ist gefährlich für Bänder und Sehnen!

sein wollen, müssen Sie sich ihre Energiereserven gut einteilen und gleichmäßig laufen. Dann kommen Sie weiter und sind schneller. Alles andere kostet nur Energie. Selbst wenn jemand mit einem schlechten Stil gute Platzierungen erreicht, wäre er wohl noch erfolgreicher, wenn er ökonomischer laufen würde. Wenn man sich erst einmal einen schlechten Stil angewöhnt hat, ist es schwer, ihn nachträglich zu verbessern.

Wenn Sie Energie sparend laufen wollen, dann sollten Sie Ihren Körper möglichst wenig auf und ab bewegen. Die Beine sollten den Körper wie Räder an einem Fahrzeug vorwärts tragen. Stellen Sie sich vor, Sie seien »Roadrunner« auf der Flucht.

Ein Athlet ist wie eine Kerze: Sie hat nur eine bestimmte Lebensdauer. Deshalb muss man vorsichtig damit umgehen und sie nur anzünden, wenn sie wirklich gebraucht wird. Dann kann man sehr lange mit seinen Kräften auskommen.

Die Energietanks unseres Körpers haben nur eine begrenzte Kapazität, und wenn sie leer sind, dann bleibt man einfach stehen. Sie kennen das sicher aus dem Fernsehen: Ein Athlet läuft Kilometer um Kilometer vorneweg und bricht dann plötzlich ein, als hätte jemand auf die Bremse getreten. Mir ist das auch mal so ergangen, als ich nicht gut trainiert war.

Wenn man jedoch sparsam mit seinen Energiedepots umgeht, dann hat man auch noch ein paar Reserven für den Endspurt. Beim Marathon sind die Kohlenhydrat-Depots meist nach etwa 35 Kilometern leer. Das Training zielt unter anderem darauf ab, die Ladekapazität der Depots zu erhöhen, das heißt, die Leistungsgrenze möglichst weit nach hinten zu verschieben. Gewinnen wird beim Langstreckenlauf immer der, der am Ende noch nachlegen kann.

Vorderfußlaufen Meinen Laufstil habe ich mir selber beigebracht. Er unterscheidet sich ein wenig von dem der andern Läufer: Ich laufe auf dem Vorderfuß, ähnlich wie ein Sprinter. So fange ich mit dem Ballen, dem Mittelfuß, den Sprunggelenken, dem Kniegelenk und dem Hüftgelenk den Schritt möglichst weich ab und ziehe mich noch zusätzlich mit dem Großzehenballen nach vorne. Das Abdrücken erfolgt dann wieder über den Großzehenballen. Diese Bewegung soll möglichst rund erfolgen, und der Oberkörper soll dabei möglichst wenig Aufwärts- und

Abwärtsbewegungen machen. Diese kosten nicht nur zusätzliche Energie beim Auf, die zusätzlich wirksam werdenden Kräfte beim Ab müssen sonst auch noch durch die Muskulatur aufgefangen werden.

Außerdem ist die Bodenkontaktzeit beim Vorderfußlauf erheblich kürzer. Aber die Bodenreaktionskräfte sind größer. Man kann fast sagen, dass ich fliege. Ich bin 1,64 Meter groß, und beim 10 000-Meter-Lauf beträgt meine Schrittlänge 2,10 Meter, beim Spurt sogar 2,50 Meter. Es ist für mich nicht einfach, 10 000 Meter auf dem Vorderfuß zu laufen. Die ersten fünf Kilometer gehen ja noch, dann wird es wirklich schwierig für die Muskulatur, und auch die Achillessehne wird belastet.

Auf dem Vorderfuß zu laufen ist eigentlich die natürliche Art. Wenn Sie barfuß laufen, werden Sie ganz automatisch auf dem Ballen aufsetzen. Probieren Sie es einfach mal aus. Ich bin schon als Kind immer so gelaufen und habe das später nur perfektioniert.

Mittelfußlaufen Wenn ich längere Distanzen laufe, das heißt 15 Kilometer oder Marathon, wandele ich meinen Stil ein bisschen ab und laufe mit dem Mittelfuß. Ich setze dann als Erstes mit dem Kleinzehenballen auf. Außerdem mache ich kürzere Schritte, nur etwa 1,80 Meter weit. Meine Knie hebe ich dabei nicht ganz so hoch. Ich verändere also nur kleine Dinge, aber genau diese machen einen großen Unterschied aus, den ein Laie vermutlich gar nicht bemerkt. Aber ich musste mir diesen alternativen Stil wirklich lange antrainieren.

Wenn Sie mit dem Vorder- oder Mittelfuß laufen, fängt die Wadenmuskulatur die Druckbelastung sanft ab, anders als beim schlagartigen Aufsetzen mit der Ferse. Die Muskulatur wird bei der Gewichtsbelastung des Fußes schon vorgespannt und kann so die Drehung aktiv kontrollieren. Die beste Art für lange Strecken und auch für Amateure ist das Laufen vom Mittelfuß aus. Um auf dem Vorderfuß über eine längere Strecke laufen zu können, braucht man eine sehr gut trainierte Wadenmuskulatur.

Deutlich ist zu sehen, wie der Fuß aufgesetzt werden sollte.

Insbesondere übergewichtige Läufer werden da höchstwahrscheinlich Probleme bekommen.

Mittelfußlaufen ist nicht so anstrengend wie Laufen auf dem Vorderfuß. Wenn Sie auf dem Mittelfuß laufen wollen, dann ziehen Sie am besten Ihre teuren Laufschuhe wieder aus und laufen erst einmal barfuß im Stadtpark über die Wiese. Versuchen Sie dabei, den Fuß in Höhe des Kleinzehenballens aufzusetzen, am Außenrand des Vorderfußes. Versuchen Sie es einfach, Sie werden es sicher ganz automatisch richtig machen. Machen Sie nicht zu weite Schritte. Wenn das Gras kurz geschnitten ist, werden Sie weich und sanft über die Wiese federn.

Das einzige Problem ist das Wetter. Barfuß kann man in Deutschland leider nur im Sommer laufen. Doch Not macht erfinderisch, und gegen kaltes Gras könnten Ihnen zum Beispiel Ihre alten Neopren-Surfschuhe ohne Sohlen helfen. Das ist dann fast barfuß. Wenn Sie diese Art zu laufen erst einmal verinnerlicht haben, können Sie auch getrost Ihre Laufschuhe wieder anziehen. Barfuß laufen ist die gesündeste Art, und außerdem gewöhnt man sich dadurch von ganz allein einen sauberen, ökonomischen Laufstil an.

Wenn Sie allerdings schon seit Jahren ohne Probleme auf Ihrer Ferse laufen, können Sie so weitermachen oder sich langsam umstellen. Auch für mich war die Umstellung vom Vorder- auf den Mittelfuß ein Prozess, der mehrere Monate dauerte. Natürlich hat das Vorder- bzw. Mittelfußlaufen nicht nur Vorteile. Die Achillessehne wird stark beansprucht und schnell gereizt. Sollte das bei Ihnen eintreten, legen Sie bitte sofort den Schongang ein. In dem Kapitel »Verletzungen und Beschwerden beim Laufen« finden Sie nähere Informationen zu diesem Problem.

Prof. Dr. Gerd-Peter Brüggemann: *»Wir beschäftigen uns am Institut für Biomechanik an der Deutschen Sporthochschule Köln mit den Kräften, die an den Strukturen des menschlichen Bewegungsapparats wirken, mit den biopositiven Reaktionen des Stütz- und Bewegungsapparats, aber auch mit den Folgen in Form von Verletzungen oder Schädigungen. Wir versuchen, die Kräfte dort*

zu messen, wo sie wirken. Oft können sie jedoch mit nicht-invasiven Verfahren nicht direkt gemessen werden. In solchen Fällen werden die an den Strukturen wirkenden Kräfte mittels geeigneter Berechnungsmodelle abgeschätzt. Wir arbeiten sowohl mit den Athleten, deren Verletzungsrisiko durch den Sport erhöht ist, als auch mit Menschen, die Verletzungen erlitten haben. Ziel unserer Forschungen ist es, die Verletzungsrisiken zu vermindern. Das geht so weit, dass wir uns auch an der Entwicklung neuer Schuhe beteiligen. Beim Laufen können an Sehnen und Bändern überlastungsbedingte Verletzungen auftreten. Eine besondere Gefahr bilden die Verletzungen des Gelenkknorpels hinter der Kniescheibe, aber auch zwischen Ober- und Unterschenkel.

Häufig klagen Sportler über Schmerzen hinter der Kniescheibe. Man führt die Überlastung der Knorpelstrukturen der Patella (Kniescheibe) auf ein Nach-innen-Drücken des Kniegelenks bei gleichzeitiger Innenrotation des Unterschenkels während der Stützphase zurück.

Die exzessive Innenrotation der Tibia (Schienbein) wird durch eine übermäßige Pronation des Fußes hervorgerufen. Die Eversion (Innendrehung) des Fußes führt zu einer Mitbewegung des Unterschenkels. Diese wiederum kann mit einer Überbeanspruchung der Knorpelstrukturen des Knies in Verbindung gebracht werden. Langfristig kann dies möglicherweise zur frühzeitigen Abnutzung führen.

Geeignete Schuhe können diese Pronation auf ein Minimum beschränken. Das funktioniert jedoch nicht immer, da die Koppelung zwischen Ober- und Unterschenkel individuell sehr unterschiedlich ist. Wenn Beschwerden auftreten, müssen deshalb im Wesentlichen individuelle Lösungen in Form von Schuhen und Einlagen gefunden werden. Man kann auch nicht generell sagen, welches Maß an Pronation das richtige ist, das ist ebenfalls von Mensch zu Mensch verschieden.

Das Laufen über den Mittelfuß kann unter Umständen günstiger sein. Die Lastübernahme erfolgt dann im vorderen Teil des Fußes. Die Kraft setzt näher unter dem Sprunggelenk an, was zu einer Verringerung der Plantarflexion des Fußes führt. Durch diese reduzierte Plantarflexion wird die Entkoppelung oder Kraftreduktion des Wadenmuskels vermindert. So ist das Gelenk permanent unter muskulärer Kontrolle, und die Wadenmuskulatur ist ständig gespannt. Das ist wichtig, denn diese ist auch für die Kontrolle der Pronation verantwortlich.

Bisher ging man davon aus, dass der Stoß beim Aufsetzen der Ferse zu einer Schädigung der Gelenke führt. Dafür gibt es jedoch bis heute keinen wissenschaftlichen Nachweis – obwohl man intuitiv einen schädigenden Einfluss stoßförmiger Belastungen annimmt. Wir wissen heute aber, dass der Stoß nicht a priori zu einer Schädigung führt. Im Gegenteil: Gerade eine stoßförmige Belastung moderater Größe trägt dazu bei, die Qualität des Knochens zu verbessern.

Wenn Athleten gewohnt sind, auf weichem Untergrund zu laufen, stellen sie ihr Muskeltuning darauf ein. Wenn der Untergrund zu hart ist, vollzieht sich der Bewegungsablauf schneller, die Stützzeit ist kürzer, und dann ist der Muskel dafür falsch programmiert.«

Fersenlauf Wahrscheinlich laufen 90 Prozent aller Amateure über ihre Ferse. Es ist auch abhängig von der Geschwindigkeit. Je langsamer Sie laufen, desto mehr laufen Sie auf der Ferse. Wenn Sie mit der Ferse aufsetzen, fällt der Fuß einfach nach vorne. Denn der Punkt, wo der Fuß aufsetzt, liegt hinter dem Sprunggelenk. Dies erzeugt ein Drehmoment, das den Fuß einfach nach vorne umklappen lässt. Je höher der Absatz Ihres Laufschuhs ist, desto stärker ist auch die Hebelwirkung. Der Fuß klatscht dann einfach nach vorne. Durch den Absatz wird die Länge des Wadenmuskels verkürzt, und der Muskel kann deshalb nicht optimal arbeiten. Je höher also der Absatz, desto größer ist demnach auch die Gefahr der Instabilität.

Aus diesem Grund versucht die moderne Schuhtechnologie mit weichem Material im Rückfußbereich den Kraftansatzpunkt unter das Sprunggelenk zu transportieren. Nur so kann der Wadenmuskel optimal funktionieren.

Damit nähert man sich dem natürlichem Laufen: Auf einem harten Untergrund würde niemand mit der Ferse zuerst aufsetzen, sondern moderat, sodass der Kraftansatzpunkt unter dem Sprunggelenk liegt. Außerdem wird beim Fersenlauf die Vorwärtsbewegung abgebremst. So verlieren Sie Geschwindigkeit und Energie.

Körperhaltung Natürlich spielt auch die richtige Körperhaltung beim Laufen eine große Rolle. Schauen Sie sich einmal das Foto an: Oberkörper und Kopf sind in einer Achse und etwa 15 Grad nach vorne geneigt. Die

Die ideale Körperhaltung beim Marathonlauf

Augen schauen optimistisch geradeaus: Wir haben ein Ziel und das streben wir an. Die Arme sind in etwa rechtwinkliger Position. Sie schwingen locker und unterstützen die Beinarbeit. Die Hände sind leicht geöffnet und nicht zur Faust geballt. Schultern und Hüfte sind entspannt, aber kontrolliert.

Die meisten Läufer wissen das alles, aber sie laufen trotzdem verkrampft. Wie in der Tanzschule konzentrieren sie sich auf das Schrittezählen, auf die Atmung, den Körper und die Handhaltung. Verfolgen Sie einmal einen großen Volksmarathon im Fernsehen. Achten Sie darauf, wie die Spitzengruppe läuft, die nach ungefähr zwei Stunden und zehn Minuten ins Ziel kommt, und wie die dahinter laufen. Sie sind einfach nicht locker. Sie laufen, wie sie vermutlich auch arbeiten, verbissen und ohne Freude. Das ist allerdings auch eine Frage der Mentalität. Südeuropäer und Kölner sind da lockerer.

Machen Sie es besser. Machen Sie es wie ich. Stehen Sie früh auf und laufen im Wald, saugen Sie die Frische der Morgensonne in sich ein. Lauschen Sie den Vögeln, und entdecken Sie die Natur beim Laufen. Dann kommt die Entspannung wie von selbst.

Ich laufe immer vor dem Frühstück. Oft früh um sechs oder halb sieben treibt es mich in die Eukalyptuswälder um Addis Abeba. Übrigens gibt es in Äthiopien über 800 Vogelarten. Ich werde beim Laufen eins mit der Natur – versuchen Sie es auch!

Laufen auf der Bahn Wenn Sie Gelegenheit haben, auf einer Bahn zu trainieren, ist das von Vorteil. Auf der Bahn können Sie einen sehr sauberen Stil laufen, denn der Boden federt etwas und treibt Sie so vorwärts. Außerdem können Sie mit Spikes laufen, was Ihre Vorderfußtechnik unterstützt.

Machen Sie auf der Bahn kürzere Schritte, und kippen Sie Ihr Becken etwas nach vorn. Wenn Sie spurten – und das sollten Sie auf der Bahn trainieren –, dann heben Sie die Knie höher, verkürzen die Schritte und erhöhen die Schrittfrequenz. Wenn man so spurtet, beansprucht man Muskeln, die bisher weitgehend geschont wurden. Deshalb ist es wichtig, auch diese Muskelgruppen zu trainieren, damit man im Bedarfsfall darauf zurückgreifen kann. Die Arme sind beim Spurt ganz wichtig: Sie unterstützen kräftig die Beinarbeit.

Fita Bayissa beim Berglauf

Bergauf laufen Wenn Sie bergauf laufen, müssen Sie Ihre Schrittlänge etwas verkürzen. Geht es steil bergauf, müssen Sie sich richtig fest abdrücken und auf dem Vorderfuß laufen. Automatisch werden Sie dabei den Oberkörper stärker nach vorne neigen. Dann machen Sie es wie der Sieger der Tour de France, Lance Armstrong: Schalten Sie einen Gang herunter, und erhöhen Sie die Trittfrequenz. Drücken Sie dabei die Schritte aus dem Fußgelenk heraus, um Ihre Oberschenkel nicht zu sehr zu beanspruchen.

Wenn Sie einen Berg hinaufgelaufen sind, müssen Sie vermutlich auch wieder herunter. Vielleicht freuen Sie sich darüber und laufen sehr schnell, wieder wie Lance Armstrong. Aber das ist gefährlich. Ein Rad kann man einfach laufen lassen – zu Fuß ist das anders.

Sie müssen das Tempo drosseln und sehr vorsichtig laufen. Bergab setzt die Ferse weiter hinter dem Sprunggelenk auf, und so wird das Drehmoment verstärkt. Der Fuß klatscht nach vorne; der Effekt ist ähnlich, als würden Sie mit hohen Absätzen laufen. Die Achillessehne und die Muskeln werden bergab ganz besonders gefordert. Ein kräftiger Muskelkater ist dabei noch die harmloseste Gefahr. Deshalb gilt auch beim Bergablaufen: Verlegen Sie den Aufsatzpunkt unbedingt weiter nach vorn.

TRAININGSMETHODEN

Wirkung auf den Organismus Physiologisch ist das Training eine gesteuerte Leistungsanforderung an den Organismus. Das heißt, es wird in den Zellen gespeicherte Energie verbraucht, die nach Beendigung des Trainings wieder ersetzt werden muss. Wenn dabei eine bestimmte Schwelle überschritten wird und wenn dieser Prozess regelmäßig abläuft, sodass der Körper sich dieser Leistungsanforderung anpasst, spricht man von einem Trainingseffekt. Allerdings passt sich der Körper immer gleichen wiederkehrenden Anforderungen recht schnell an, wodurch sich der Trainingseffekt auch bald wieder verlangsamt. Das Geheimnis besteht also darin, durch wechselnde Reize ein Maximum an Wirkung zu erzielen.

Dieses Thema beschäftigt Sportwissenschaftler und Athleten seit Jahrzehnten. Mit Hilfe von Computern am Handgelenk und Blutabnahmen während des Trainings versucht man in den Industrieländern dem Geheimnis der Überlegenheit ostafrikanischer Läufer beim Langstreckenlauf auf die Spur zu kommen.

Sie selbst haben es da leichter. Wenn Sie dieses Buch durchgelesen und die Trainingseinheiten nachvollzogen haben, dann sind auch Sie fit für einen Weltrekord.

Der Wechsel zwischen Leistung und Erholung ist nicht nur die Grundlage des sportlichen Trainings, sondern die Basis aller Lebensvorgänge. Wenn Ihre Muskeln nur ein paar Wochen nicht gefordert werden, bilden sie sich schon zurück. Das Wiederauffüllen der geleerten Energiespeicher geschieht allerdings nicht gleich schnell. Verlorene Flüssigkeit ersetzt Ihr Körper in wenigen Minuten, die Kohlenhydratspeicher füllen sich in Stunden, und das verbrauchte Eiweiß wird nach Tagen oder Wochen wieder ersetzt. Dadurch wird klar, dass die Regeneration ebenso wichtig ist wie das Training: Regeneration und Training gehören zusammen. Ein Spitzenathlet hat nicht nur Spitzenleistungs-, sondern auch hervorragende Regenerationswerte. Abgestimmte Ernährung hilft bei der Regeneration.

Folgen die Leistungsanforderungen zu rasch aufeinander – was zum Beispiel der Fall ist, wenn Sie jeden Tag hart trainieren –, kann Ihr Organismus sich nicht ausreichend regenerieren und Ihre Leistung lässt nach. Ihr Körper ist einfach übertrainiert und reagiert darauf mit Schlaflosigkeit, Konzentrationsschwäche und Gewichtsabnahme.

Die Ausdauer steigern: Langstreckenlauftraining Langstreckenlauftraining wirkt sich vor allem auf Ihre Ausdauerleistung aus. Ihr Herz-Kreislauf-System wird langfristig gestärkt, und Ihr Stoffwechsel kommt kräftig in Schwung.

Eine Kräftigung des Kreislaufsystems erreicht man durch die Verbesserung des Verhältnisses von Sauerstoffangebot und Bedarf (man bezeichnet dies mit dem griechischen Begriff »aerob«). Die Wirkung zeigt sich daran, dass Ihr Blutdruck sinkt und sich Ihre Herzfrequenz stark vermindert. Mit andern Worten, Ihr Motor wird »frisiert« und bekommt einen größeren Hubraum. Er fördert dadurch mit jedem Schlag mehr

Blut und läuft deshalb bei gleicher Leistung langsamer. So spart er Energie und hat eine höhere Lebensdauer.

Ihr Herzmuskel wird viel kräftiger und hat aus diesem Grund eine größere Leistungsreserve. Es bilden sich neue Blutgefäße in Ihren Muskeln, und andere erweitern sich. Damit wird die Muskeldurchblutung gesteigert. Außerdem werden weniger Stresshormone bei Belastung ausgeschüttet: Sie sind viel gelassener.

Ihre Fettverbrennung steigt, und deshalb werden weniger Kohlenhydratreserven angegriffen. Je besser Ihr Trainingszustand ist, desto

WIE WIRKT AEROBES TRAINING AUF DEN ORGANISMUS?
(Nach J. Stippig, A. Berg, J. Keul)

Dämpfender Einfluss auf das vegetative Nervensystem	↑
Ausschüttung von Stresshormonen	↓
Dünnflüssigkeit des Blutes	↑
Herzfrequenz	↓
Blutdruck	↓
Sauerstoffverbrauch des Herzmuskels	↓
Schlagvolumen des Herzens	↑
Aerobe Kapazität	↑
Sauerstoffausnutzung in der Muskelzelle	↑
Wirksamkeit von Insulin	↑
Wirksamkeit von Leistungshormonen	↑
Milchsäureproduktion und Übersäuerung	↓
Fettsäureverbrennung	↑
Blutspiegel von Cholesterin und Triglyceriden	↓
Verhältnis von HDL/LDL-Fetten im Blut (Arterioskleroseschutz)	↑

mehr Fett wird verbrannt. Denn durch das Training steigt die Anzahl der Fett abbauenden Enzyme im Körper stark an. Laufen ist also die beste Schlankheitskur.

Der Trainingseffekt wird durch den verbrauchten Sauerstoff bestimmt. Ihr Pulsschlag muss für eine gewisse Zeit über 150 Schläge pro Minute betragen. Wenn Sie das beim Laufen mindestens zwölf Minuten durchhalten, werden Sie rasch einen Trainingseffekt spüren.

Bei vielen anderen Sportarten ist das nicht so, denn es fehlt die Dauerbelastung. Beim Fußball zum Beispiel folgen auf kurze Belastungszeiten immer wieder Momente relativer Ruhe, bevor die neue kurze Belastung beginnt. Der durchschnittliche Puls beim Fußball steigt nicht über 150 Schläge. Im Tennis oder Basketball ist es ähnlich; das wird Sie vermutlich überraschen.

Energie speichern Die Belastungen des Körpers bei verschiedenen Sportarten sind also unterschiedlich. Gewichtheber müssen ein möglichst großes Gewicht nur einmal hochheben. Sprinter müssen sehr schnell 100 oder 400 Meter laufen können. Langstreckenläufer werden erst nach 1500 Metern richtig warm, denn die Ausdauerleistung ist gefragt, wenn ein 5000- oder 10 000-Meter-Rennen gelaufen werden soll.

Jede dieser körperlichen Höchstleistungen erfordert Energie, die der Körper bereitstellen muss. Für einmalige kurze Höchstleistungen wie Gewichtheben muss die Energie sehr rasch abrufbar sein. Das geschieht in der Körperzelle durch energiereiche Phosphate, die in kürzester Zeit freigesetzt werden können. Es sind sozusagen die Arbeitsspeicher des Körpers.

Alaktazide und laktazide Energiebereitstellung Diese Art der Energiebereitstellung nennt man »alaktazid«. Auf diese Weise können kräftige, aber nur wenige Muskelkontraktionen durchgeführt werden. Bodybuilder und Sprinter nutzen diese Energie, wenn sie wenige Wiederholungen mit hohen Gewichten durchführen. Sie vergrößern sozusagen ihren Arbeitsspeicher: Die Energie sammeln sie in ihren Muskelpaketen, wo sie auch gebraucht wird.

Bei längeren Belastungen, zum Beispiel Wiederholungen mit geringeren Gewichten, werden zusätzliche Energiespeicher angezapft. Diese

Energiespeicher arbeiten in einem Belastungsdauerbereich von einer halben Sekunde bis zu zwei Minuten. Werden diese Speicher angegriffen, wird Glukose bis zum Laktat abgebaut. Das ist die »laktazide« Energiebereitstellung.

Die Energiespeicher halten etwa eine Minute, und die benötigt ein Läufer beispielsweise auf 400-Meter-Strecken, aber auch für den Sprint beim Langstreckenlauf.

Für den Körper sind die Energielieferanten so etwas wie der Zwischenspeicher beim Computer. Wird dieser abgerufen, kommt es nach kurzer Zeit zu einer Übersäuerung der Muskeln, die zum Abbruch der Belastung führen kann. Der Läufer bricht ein. Diese Art der Energiebereitstellung wird durch Schnelligkeits- und Krafttraining gefördert.

Aerob – anaerob Bei längeren Läufen werden jedoch andere Energiequellen im Körper angezapft, die die Energie nicht so rasch bereitstellen, da sie erst durch Sauerstoff für den Körper verwertbar gemacht werden muss. Dies ist die aerobe Energiegewinnung. Bei Langzeitbelastungen reichen die schnellen Kurzzeitbelastungsspeicher nicht mehr aus, und der Körper muss sozusagen auf die Festplatte zurückgreifen. Die dort vorhandene Energie ist jedoch komprimiert in der Glukose und den Fettzellen abgespeichert.

Da nun die Energie nicht mehr so schnell bereitgestellt werden kann, sinkt auch die Leistung, also das Tempo des Laufes. Glukose und Fettsäuren werden mit Hilfe von Sauerstoff zu CO_2 und H_2O abgebaut. Auf diese Weise kann die Belastung über einen sehr langen Zeitraum aufrechterhalten werden, wenn es gelingt, das Verhältnis von Energieverbrauch und Energiegewinnung im Gleichgewicht zu halten.

Die aerobe Schwelle Den Punkt, wo der Verbrauch größer wird als die Energiegewinnung, bezeichnet man als aerobe Schwelle. Wird diese Schwelle überschritten, kommt es zu einem Anstieg des Laktatspiegels und damit unweigerlich zu einer Übersäuerung der Muskeln. Die Energie wird dann anaerob, also ohne Sauerstoff, gewonnen. Der Läufer muss mindestens die Leistung so weit zurücknehmen, dass sich die Muskulatur wieder erholen kann. Durch geeignetes Training kann diese Schwelle verschoben werden.

Die Leistungsfähigkeit eines Läufers hängt somit von der Sauerstoffmenge ab, die pro Minute über die Lunge ins Blut gelangen kann, um im Muskel verwertet zu werden. Je länger ein Läufer auf diese Energie zurückgreifen kann, desto länger kann er auf die im Zwischenspeicher gelagerte Energie verzichten. Das heißt, eine Übersäuerung der Muskeln kommt erst später oder gar nicht.

Spitzenathleten erreichen Werte in der maximalen Sauerstoffaufnahme, die beim Dreifachen der Sauerstoffaufnahme von Untrainierten liegt. Die Kenntnis dieser biologischen Faktoren bestimmt natürlich unsere Trainingsziele und Wettkampftaktiken.

Die Kenyaner sind die schärfsten Konkurrenten der Äthiopier. Sie verfügen über eine sehr große Anzahl von Weltklasseläufern und sind normalerweise immer zu mehreren im Endlauf. Sie wussten, dass Haile Gebrselassie im Spurt eigentlich nicht zu schlagen war. Deshalb versuchten sie immer wieder, ihn im Team zu schlagen. Abwechselnd gingen sie an die Spitze und wollten Haile durch Tempowechsel dazu bringen, seine anaeroben Energiespeicher zu leeren. Der für den Sieg ausersehene Athlet lief im Feld sein geplantes Tempo durch und sparte so die Energie für den Endspurt. Haile war immer gezwungen, vorne mitzugehen, da er nicht wusste, wer nun wirklich am Ende durchlaufen würde. Es war Pech für die Kenyaner, dass es ihnen dennoch in neun Jahren nur dreimal gelang, Haile auf der Bahn zu schlagen:

Bei seinem allerersten WM-Rennen 1993 in Stuttgart machte er einen taktischen Fehler. 1996 hatte er einen Trainingsrückstand wegen des Gewinns der Goldmedaille in Atlanta und der Blasen an seinen Füßen, 2001 musste er sechs Monate wegen seiner Achillessehnen-Operation mit dem Training aussetzen. Trotzdem wurde er immerhin noch Dritter der Weltmeisterschaften in Edmonton. Bei seinem ersten Marathonlauf in London wollte er Erfahrung sammeln und wissen, wo er mit seinem Leistungsvermögen steht. Das war ihm wichtiger, als möglicherweise in einem taktischen Rennen durch einen starken Spurt zu gewinnen. Er wollte seine Tempoeinteilung beim Marathon und seine Energiereserven kennen lernen. Zwar wurde er wieder nur Dritter, aber er legte mit 2:06:35 Stunden das schnellste Marathondebüt aller Zeiten hin.

STICHWORT HERZFREQUENZMESSER

Sportmediziner haben lange davon geträumt, Herzmesswerte während der Belastung zu bekommen. Das ging nur im Labor auf dem Ergometer. Damit waren natürlich keine Werte bei spezifischen Belastungen zu ermitteln, wie sie während eines Laufs im Gelände oder beim Schwimmen auftreten. Diese Werte sind heute aber in der modernen Leistungsdiagnostik unerlässlich.

Einstmals, also bis ins ausgehende zwanzigste Jahrhundert, musste man seinen Puls noch mit der Hand ermitteln. Das heißt, damals hätten Sie extra stehen bleiben, die Hand an den Puls legen und zehn Sekunden lang zählen müssen. Der ermittelte Wert war dann mit sechs zu multiplizieren, bevor man den Minutenwert bestimmen konnte. Das war natürlich etwas umständlich und auch nicht so genau. Ob Sie das nun wirklich hundertprozentig genau wissen müssen, das können Sie selber entscheiden.

In unserem High-Tech-Zeitalter können Sie während des Laufens kontinuierlich Ihre Herzfrequenz kontrollieren. Überschreiten Sie die voreingestellte Belastungsgrenze, piept der Computer an Ihrem Handgelenk. Sie nehmen dann einfach einen Gang raus und laufen langsamer weiter. Wenn Sie über Wochen erfolgreich trainiert haben, wird Ihr Ruhepuls, den Sie morgens direkt nach dem Aufstehen messen, langsam sinken. Das heißt, Ihr Fitnesslevel steigt – ein erster sichtbarer Erfolg.

Auch beim Intervalltraining ist der Bordcomputer hilfreich. Er zeigt Ihnen durch einen Blick auf die Uhr oder sogar durch einen Alarmton an, wann Ihre Pulsfrequenz in der Regenerationsphase wieder auf 120 Schläge gefallen ist. Das ist dann das Zeichen, um mit der neuen Belastung zu starten. Je kürzer Ihre Regenerationszeit ist, desto besser sind Sie in Form. Aber mit etwas Übung spüren Sie das auch so.

Die modernen Herzfrequenzcomputer bestehen aus zwei Teilen: einem Sender und einem Empfänger. Der Sender ist an einem Brustgurt befestigt und mit zwei Elektroden ausgestattet. Diese messen die Aktionsspannung Ihrer Haut, ermitteln wie beim EKG die Herzfrequenz und senden sie drahtlos an den Empfänger. Der Empfänger sieht aus wie eine große Sportarmbanduhr und ist auch eine. Allerdings hat diese Uhr weitaus mehr Funktionen:

FUNKTIONEN MODERNER HERZFREQUENZMESSGERÄTE

Uhr: Damit können Sie tatsächlich die Tageszeit bestimmen, außerdem das Datum und den Wochentag. Wichtig für globalrunners: Sie können sogar zwischen den Zeitzonen umschalten.

Stoppuhr: Das ist eine sehr wichtige Funktion, die Sie für das Intervalltraining brauchen.

Wecker: Damit können Sie sich wecken lassen, damit Sie den Start beim Wettkampf nicht verschlafen. Bei manchen Modellen können Sie sieben Termine speichern.

Training: Hiermit werden die Trainingsbereiche definiert. Sie werden dann gewarnt, wenn Sie mit Ihrer Herzfrequenz über die eingestellten Grenzwerte kommen.

Speicher: Damit können Sie die Messdaten abspeichern und später auf einen Computer übertragen. Aufwändige Geräte speichern komplette Trainingssätze mit allen Informationen:

- Datum und Uhrzeit Ihres Trainingsbeginns,
- wie lange Sie trainiert haben,
- wie schnell Sie sich regeneriert haben,
- welche Grenzwerte Sie eingegeben haben und wann Sie sich überfordert, also Grenzwerte überschritten haben; oder wie lange Sie »easy going« gemacht haben,
- Ihr Intervalltraining mit Aufwärm-, Intervall- und Abkühlphase,
- Rundeninformationen, Zwischenzeiten und durchschnittliche Herzfrequenz.

Speichern können Sie die Werte alle 5, 15 oder 60 Sekunden.

Kalorien: Der Verlust von den ungeliebten überzähligen Kalorien interessiert natürlich Schlankläufer am meisten. Der Gesamtkalorienverbrauch wird auch festgehalten und in einer Summendatei abgespeichert.

Datentransfer: Die Datenflut auf dem kleinen Display Ihres Empfängers ist nicht sehr komfortabel. Deshalb können Sie mit Hilfe einer IR-Schnittstelle Ihren Herzfrequenzmonitor mit Ihrem PC verbinden und zur Analyse Ihrer Trainingsleistungen ihren großen Monitor und grafische Darstellungen verwenden.

Aufwändige Geräte messen alle fünf Sekunden und speichern so in 24 Stunden über 15 000 Messwerte. Über eine drahtlose Verbindung können Sie die Werte auf Ihren PC übertragen und sich so eine Fitnesskurve erstellen, um diese in Ihrem Lauftagebuch abzuspeichern. Ob Sie ein solch aufwändiges Gerät brauchen oder mit einer einfacheren Ausführung zurechtkommen, hängt zum einen von ihren Trainingszielen ab und zum anderen von Ihrem Verhältnis zur Technik. Fragen Sie sich einfach, ob Sie Ihren Videorecorder ohne Probleme in allen Funktionen selbst programmieren können? Oder überlassen Sie das doch lieber Ihrer zehnjährigen Tochter oder Ihrem Sohn? Wenn Sie die erste Frage mit nein und die zweite mit ja beantworten, empfehle ich Ihnen, über die Anschaffung eines teuren, komplizierten Geräts noch einmal in Ruhe nachzudenken.

Maximalpuls und Trainingsherzfrequenz – Ermitteln Sie Ihre persönlichen Werte Das Training mit einem Messgerät Ihrer Herzfrequenz (HF) basiert auf Ihrer maximalen Belastbarkeit, der HFmax. Dieser persönliche Wert markiert die Obergrenze, bis zu der Sie sich belasten dürfen, ohne gesundheitlichen Schaden zu nehmen. Diese maximale Belastungsgrenze müssen Sie zunächst ermitteln.

Dazu gibt es folgende Faustregel zur Berechnung Ihres Maximalpulses: 220 minus Ihr Lebensalter.

Falls Sie es genauer wissen möchten, können Sie auch einen Test machen: Laufen Sie 1000 Meter, so schnell Sie können und bis es Ihnen wehtut – allerdings nicht, bis Sie umfallen. Nun messen Sie Ihren Puls. Wiederholen Sie dies ein paar Mal, um das Ergebnis zu bestätigen.

Laufen Sie nun etwas langsamer, sodass Sie sich noch wohl fühlen. Messen Sie anschließend Ihren Puls. Das Ergebnis kommt Ihrem persönlichen Grenzpuls sehr nahe.

Die genaueste Methode ist natürlich, die maximal mögliche Belastung zum Beispiel vom Leistungsdiagnose-Zentrum der Deutschen Sporthochschule Köln ermitteln zu lassen. Aber auch an andern Universitäten ist dies möglich. Niedergelassene Sportmediziner verfügen meist nicht über die nötige technische Ausstattung. Auf einem Fahrradergometer können Sie Ihren Grenzpuls nicht ermitteln.

Ihr Maximalpuls ist die absolute Obergrenze, die Sie beim Training auf keinen Fall überschreiten sollten. Denken Sie aber daran, dass der Maximalpuls variiert. Es gibt Unterschiede in der Art der Belastung, und

Die maximale Herzfrequenz sagt nichts über die absolute Leistungsfähigkeit aus. Sie kann bei Sportlern gleichen Leistungsvermögens sehr unterschiedlich sein.

deshalb ist der Puls beim Radfahren anders als beim Laufen. Das Wetter und die Tageszeit spielen ebenfalls eine Rolle. Wenn Sie es wirklich ganz genau wissen wollen, müssen Sie Ihren Maximalpuls unter den gleichen Bedingungen ermitteln, wie Sie trainieren.

Ihre maximale Belastbarkeit ist aber weiterhin abhängig von Ihrem Trainingszustand und von Ihrem Lebensalter. Mit zunehmendem Alter sinkt die Belastungsgrenze. Bei Menschen, die schon lange regelmäßig laufen oder andere Ausdauersportarten betreiben, vollzieht sich dieser Prozess langsamer. Zwar kann man also seinen Maximalpuls nicht erhöhen, aber das altersbedingte Absinken der Belastungsgrenze durch Ausdauersport verzögern.

Die Berechnungsgrundlage für die Trainingsherzfrequenz gesunder Menschen ist 180 minus Ihr Lebensalter plus/minus 10 Schläge. Wenn Sie also 50 Jahre alt sind, liegt Ihre Belastungsgrenze bei einem Puls zwischen 120 und 140 Schlägen. Danach können Sie sich bei Ihrem Training richten. Sollten Sie allerdings eines Tages gewonnene Pokale zu Hause aufstellen wollen, müssen Sie die Belastungsgrenze genauer ermitteln.

Der optimale Puls liegt in dem Bereich, wo der Körper ebenso viel Laktat bildet, wie er auch abbauen kann. Dieser Bereich ist nicht fest, er schwankt. Man bezeichnet ihn als »steady state«. Mit etwas Übung spüren Sie, wenn Sie in diesen Bereich kommen.

Wenn der optimale Puls schwankt, heißt das nicht, dass der Herzschlag schwankt. Dies kennzeichnet vielmehr die Schwelle, an der Sie in den anaeroben Bereich hineinkommen. An einem Tag liegt diese Schwelle vielleicht bei 130 und an einem anderen Tag bei 145 Schlägen. Die Schwelle kann um zehn Prozent schwanken. Sie können sie aber nicht messen, sondern nur fühlen. Festmachen lässt sie sich nur anhand der Laktatwerte im Blut. Aber wer will schon beim Laufen stehen bleiben, sich Blut abnehmen und den Wert mit einem Laktatmessgerät ermitteln? Hinzu kommt, dass die Sportmediziner darüber streiten, bei welchem Wert der

Wenn Sie gelernt haben, Ihren Körper genau zu verstehen, kommen Sie gut ohne Herzfrequenzmesser aus.

»steady state« überhaupt erreicht wird. Einig ist man sich nur in der Feststellung, dass auch dieser Wert individuell variiert – schließlich fällt der Laktatwert schon im Ruhezustand bei verschiedenen Menschen sehr unterschiedlich aus.

Viele Sportler versprechen sich wahre Wunder von ihrem Herzfrequenzmesser oder Herzfrequenzmonitor. Aber obwohl man in den Industrieländern seit zehn Jahren mit diesen Hightech-Errungenschaften trainiert, wächst der Leistungsabstand zu den afrikanischen Läufern, die sich nur auf ihr Körpergefühl verlassen.

Besser als jedes Messgerät: Das Gespür für den eigenen Körper Mein bestes Messgerät für die Trainingsbelastung ist mein Körper. Ich kann mich hundertprozentig auf mein Gefühl verlassen. Ich spüre genau, welche Zeit ich auf 400, 1000 oder 2000 Meter laufe, auch ohne Stoppuhr. Das weiß ich einfach aus Erfahrung. Ich kenne auch meine Trainingsergebnisse vor bestimmten Wettkämpfen genau und weiß, wie schnell ich dann im Rennen war. Daraus ziehe ich Rückschlüsse auf meine derzeitige Form und gestalte mein weiteres Training dementsprechend. Zusammen mit meinem Trainer Dr. Woldemeskel Kostre lege ich dann die nächsten Trainingsziele fest. Für jüngere Athleten ist der Trainer besonders wichtig. Später weiß man aus Erfahrung selber, was man tun muss. Ich trainiere immer so, wie ich mich fühle.

> *»Der Sportler, der echte Sportler, weiß, was in seinem Körper abläuft. Ich bin sehr beeindruckt von Haile Gebrselassie. Er scheint von innen heraus zu laufen.«* (Emil Zátopek, »Runner's World Daily«, 23. Mai 1997)

Wenn Sie noch nicht so viel Erfahrung mit Ihrer inneren Uhr haben, ist ein Herzfrequenzmesser hilfreich für die Leistungskontrolle. Amateure können damit exakte Leistungskurven erstellen, die dann eventuell später von einem Trainer ausgewertet werden können.

Aber letztlich ist der Herzfrequenzmesser nur eine bessere Stoppuhr. Ob Sie natürlich oder computergesteuert trainieren wollen, müssen Sie für sich selbst entscheiden. Beim Training spielen der Faktor Mensch und seine Persönlichkeit eine entscheidende Rolle, die in gleichmacherischen Computerprogrammen nicht deutlich werden kann. Die mitgelieferten

Trainingsprogramme bieten außerdem meist nicht viel mehr als eine Bedienungsanleitung.

Wenn Sie wie ein Champion trainieren wollen, dann lassen Sie Ihren Herzfrequenzmonitor zu Hause und hören auf die Signale Ihres Körpers. Die biochemischen Prozesse in Ihrem Körper werden nicht nur von der Herzfrequenz beeinflusst. Ihre Tagesform hängt auch von Ihrer psychischen Verfassung, dem Wetter, der Höhenlage usw. ab.

Deshalb kann auch in der absoluten Weltklasse der Computer dem Trainer allenfalls helfen, den Sportler einzuschätzen. Ein Trainer kann ja nur eine begrenzte Anzahl von Sportlern optimal betreuen. Mit Hilfe der Technik können es mehr werden. Es gibt Leute, die glauben, dass es keine Trainingsgeheimnisse mehr gibt und der Herzfrequenz-Computer alles möglich macht. Ich bin da anderer Meinung.

Natürlich wollen wir uns in Äthiopien den Errungenschaften der modernen Sportwissenschaft nicht verschließen. Aber wir nehmen sie nicht einfach kritiklos hin, sondern vergleichen sie mit unseren eigenen Erfahrungen. Schließlich ändert sich die Gesellschaft und ihr Verhältnis zur Natur ständig. Während ich als Kind unsere neugeborenen Lämmer, Ziegen, Hunde und Katzen im Arm hielt, gingen viele Kinder in Europa mit einem kuscheligem Stofftier ins Bett. Heute nehmen sie oft einen niedlichen Gameboy.

FRAUEN UND LAUFSPORT

Zu anstrengend? – Ein Rückblick Es hat eine ganze Weile gedauert, bis Frauen in den gleichen Laufdisziplinen wie Männer starten konnten. Bei den Olympischen Spielen 1928 in Amsterdam durften Frauen erstmals an den Leichtathletikwettbewerben teilnehmen.

Lina Radke aus Deutschland gewann 1928 in Amsterdam die erste Olympische Goldmedaille über 800 Meter. 1948 in London gewann die Niederländerin Fanny Blankers-Koen, die 1999 zur »Leichtathletin des

Seiten 100/101: 10 000-Meter-Finale bei den Olympischen Spielen in Sydney: Gete Wami und Derartu Tulu ziehen locker an Paula Ratcliffe vorbei.

11

ETHIOPIA
ETHIOPIA
3
14

Jahrhunderts« gekürt wurde, gleich vier Goldmedaillen – über 100 Meter, 200 Meter, 80 Meter Hürden und 4 x 100 Meter Staffel – und stellte zwei Weltrekorde auf. Königin Juliana schlug sie für diese Leistungen zum Ritter.

In den Sechzigerjahren wurden zwar die ersten Bahnrennen für Frauen über 10 000 Meter veranstaltet, aber bei der Olympiade in Mexico City 1968 war die längste Frauendistanz noch 800 Meter. In München kam 1972 dann die 1500-Meter-Strecke dazu.

Im selben Jahr wurde auch – nach langen Diskussionen – das Startverbot für Frauen beim Boston-Marathon aufgehoben. Zu den Pionierinnen, die sich um eine Teilnahme an diesem traditionsreichen Rennen bemühten, gehörte Roberta Gibb. Obwohl sie nicht zugelassen war, startete sie 1966 inoffiziell. Sie kam nach 3:21 Stunden ins Ziel und belegte damit Platz 126. Im Laufe der nächsten zwei Jahre startete sie wieder inoffiziell. Die Läuferin Kathy Switzer versuchte es 1967 mit einem anderen Trick: Sie meldete sich unter K.V. Switzer an. Der Schwindel flog auf, aber er setzte eine Protestwelle in Gang, die schließlich 1972 zur Öffnung des Boston-Marathons für Frauen führte. Damals siegte Nina Kuscsik mit 3:20:27 Stunden.

Es dauerte 88 Jahre, bis Frauen bei den 23. Olympischen Spielen in Los Angeles 1984 einen Marathon laufen durften. Es siegte Joan Benoit mit einer Zeit von 2:24:52 Stunden. Ein Jahr später führte der Pionier der deutschen Ausdauersportbewegung, Dr. Ernst van Aaken, den ersten Frauenmarathon durch und bereitete damit für die Frauen den Weg zu olympischen Langstreckenlauf-Diziplinen. Bei der Olympiade 1984 in Los Angeles durften Frauen dann endlich 3000 Meter laufen und auch Marathon. Das erste olympische 10 000-Meter-Rennen wurde 1988

Dass Frauen auch über Strecken jenseits des Marathons erfolgreich sein können, zeigt das Beispiel der Amerikanerin Ann Trason. Die Topläuferin erzielte auf mehreren Ultramarathon-Distanzen Bestleistungen:

40 Meilen*	4:26:13	Houston	23.02.1991
50 Meilen	5:40:18	Houston	23.02.1991
100 Kilometer	7:00:47	Winschoten	16.09.1995 (WR)
100 Meilen	13:47:42	Flushing	05.05.1991

* 1 Meile = 1,609344 Kilometer

ausgetragen; Siegerin war mit 31:44:69 Minuten Olga Boldarenko aus der UDSSR.

Weibliche Kraft und Ausdauer Angeblich wollte man die Frauen vor den Anstrengungen des langen Laufes beschützen. Dabei wusste eigentlich jeder, dass Frauen genauso belastbar sind wie Männer. Die Gründe für die über lange Zeit erzwungene weibliche Abstinenz vom Laufsport sind mehr gesellschaftlicher als biologischer Natur. Eine Frau hat, bezogen auf das Körpergewicht, weniger Muskelmasse als ein Mann und damit einen höheren Fettanteil. Das ist positiv bei der Energiegewinnung für die Ausdauer. Frauen kommen auf etwa 25 Prozent und Männer auf bis zu 50 Prozent Muskeln. Dadurch bedingt sind die erreichbaren Zeiten langsamer, aber sie besitzen eine größere Ausdauer. Auch haben Frauen im Allgemeinen einen ökonomischeren Stoffwechsel. Sie sind meist beweglicher als Männer, aber ihre Bänder sind schwächer. Trainierbar ist eine Frau genauso wie ein Mann. Die Zeiten für die Frauen sind nur unerheblich langsamer und die Kilometerleistung meist etwas geringer. Dehn- und Kräftigungsübungen sind für Frauen besonders wichtig, ansonsten machen wir in unseren Trainingsprogrammen keine großen Unterschiede.

Wenn es in die extreme Ausdauer geht, sind Frauen den Männern oft überlegen. In Boston wurde 1976 ein denkwürdiger Marathon ausgetragen. Das Wetter war extrem, die Temperatur lag bei 36 °C. Von den 103 Frauen, die an den Start gegangen waren, gaben nur vier auf. Die Siegerin stellte sogar einen neuen amerikanischen Rekord in der damals noch jungen Frauendisziplin auf. Die Männer erwiesen sich dagegen als weniger widerstandsfähig: Die Hälfte der angetretenen Männer musste sich der Hitze geschlagen geben, und 52 Läufer landeten gar im Krankenhaus.

Menstruation und Schwangerschaft Normalerweise schränkt die Menstruation das Laufprogramm nicht ein. Am besten probieren Sie selbst aus, welches und wie viel Training Ihnen in dieser Zeit gut tut. Manche Frauen berichten, dass einige Menstruationsbeschwerden, zum Beispiel Unterleibskrämpfe oder das prämenstruelle Syndrom, sich beim Laufen vermindern. Da dieser Sport den Körper wieder zu seinen natür-

Dehnübung 1: Hintere Oberschenkelmuskulatur (rechtes Bein) und linker Hüftbeuger

lichen Rhythmen zurückführt, stellt sich bei einigen Frauen sogar ein aus dem Gleichgewicht geratener Zyklus wieder regelmäßig ein. Athletinnen, die sehr hart trainieren, leiden manchmal unter einem Ausbleiben der Regelblutung (Amenorrhö). Diese sollte ärztlich behandelt werden.

Wenn Sie bisher regelmäßig gelaufen sind und nun ein Baby erwarten, können Sie Ihr Training nach Absprache mit dem Arzt fortsetzen. Auch Frauen, die erst während der Schwangerschaft mit einem Fitnessprogramm beginnen wollen, können dies unter ärztlicher Aufsicht tun. Laufen Sie, solange Sie sich dabei wohl fühlen. Der beste Ratgeber ist immer noch Ihr eigener Körper. Informative Hinweise zum Thema Training nach der Babypause finden Sie im Grundlagenkapitel »Laufen macht schlank«.

Dehnübungen für Frauen mit Gete Wami Gete Wami ist eine der besten Läuferinnen der Welt. Bei den Olympischen Spielen 1996 in Atlanta erkämpfte sie sich eine Bronzemedaille. In Sydney gewann sie die Silbermedaille über 10 000 Meter und Bronze über 5000 Meter. Außerdem wurde sie viermal Weltmeisterin.

Gete trainiert am liebsten mit Männern, denn dann wird sie mehr gefordert. Ihre persönliche Bestleistung über 5000 Meter liegt bei 14:30 Minuten. Damit ist sie nur 55 Sekunden langsamer als Million Wolde bei seinem Olympiasieg in Sydney.

Dehnübung 2: Oberschenkelinnenseiten

Dehnübung 3: Oberschenkelrückseite

Dehnübung 4: Vordere Oberschenkelmuskulatur

TIPP VON HAILE

Für alle Übungen gilt das Gleiche: Auf keinen Fall dürfen Sie dabei federn. Führen Sie sie langsam und nicht mit zu viel Druck aus. Dann sind sie effektiv.

Die Dehnübungen unterscheiden sich nicht sehr von den Übungen für Männer. Doch als Frau haben Sie normalerweise eine dehnbarere Muskulatur als die Männer. Das ist allerdings nicht immer von Vorteil und kann zu Überlastungen besonders im Wirbelsäulenbereich führen. Diesen Bereich sollten Sie gezielt kräftigen und dehnen, ebenso wie die Gesäß- und Bauchmuskeln sowie die Fuß- und Beinmuskulatur.

Dehnübung 1: Sie müssen nicht bis zum Spagat herunterkommen. Auch in dieser Position werden der hintere Oberschenkel und der Hüftbeuger gedehnt. Nehmen Sie abwechselnd das rechte und das linke Bein nach vorn.

Dehnübung 2: Wenn Sie im Wald laufen, werden Sie immer wieder an Parkbänken oder Holzstapeln vorbeikommen, die Sie für Dehnübungen der Oberschenkelinnenseiten nutzen können.

Dehnübung 3: An den Zehen ziehen Sie vorsichtig und langsam. Das machen Sie ein paarmal nacheinander. Ziehen Sie aber nicht zu stark. So dehnen Sie die Oberschenkelrückseite.

Dehnübung 4: Gehen Sie in die Hocke und stützen Sie sich hinten mit den Händen am Boden ab. Nun heben Sie die Hüften an, bis Körper und Oberschenkel eine Linie bilden. Wenn Sie diese Übung machen, werden Sie sofort spüren, auf welche Muskeln sie wirkt: die vordere Oberschenkelmuskulatur.

LAUFTRAINING FÜR KINDER UND JUGENDLICHE

Kinder haben im Allgemeinen Spaß an der Bewegung und müssen nicht dazu gezwungen werden. In Äthiopien läuft die Jugend den ganzen Tag lang, aber spielerisch, eigentlich nur so nebenbei. In den westlichen Ländern jedoch wächst die Zahl der Kinder und Jugendlichen mit Übergewicht, das unter anderem auf einen Mangel an Bewegung

TIPP VON HAILE

Drängen Sie Ihr Kind nicht zum Laufen, fragen Sie einfach, ob es Lust hat, mitzukommen. Ermuntern Sie es, und – vor allen Dingen – gehen Sie mit gutem Beispiel voran!

zurückzuführen ist. In Untersuchungen hat man festgestellt, dass der Anteil der Kinder mit motorischen Störungen jedes Jahr um ein Prozent steigt.

Dabei bewegen sich Kinder nicht nur gern, sie sind auch extrem belastbar und erholen sich sehr rasch, schneller als trainierte Erwachsene. Ihr Herz ist im Verhältnis zum Körper größer als das eines erwachsenen Langstreckenläufers.

Als ich mit 16 Jahren in Addis meinen ersten Marathon lief, hatte ich vorher kein spezielles Training absolviert – außer, dass ich mein ganzes Leben lang gelaufen war. Nicht nach der Stoppuhr, sondern einfach nur so, zur Schule oder hinter Tieren her. Meine Zeit damals in 2500 Meter Höhe war 2:45:00 Stunden.

Auch heute laufen Kinder erstaunliche Zeiten, nicht nur in Äthiopien. Der Weltrekord über 10 000 Meter aus dem Jahr 2001 für Fünfjährige liegt bei 59:22 Minuten und wurde von Brandon Gagnon in den USA aufgestellt. Der zehnjährige Mike Pienta lief die gleiche Strecke in 35:43 Minuten. Mit dieser Zeit würde er immerhin auf dem 15. Platz der deutschen Damen-Bestenliste landen. Das zeigt, dass Kinder zu erstaunlichen Leistungen fähig sind. Viele Leichtathleten, zum Beispiel Nils Schumann oder auch Marion Jones, haben mit Ballsport angefangen. Das ist für Kinder wahrscheinlich interessanter als reines Lauftraining. Eine zu frühe Spezialisierung führt oft zu einem Abbruch der sportlichen Karriere.

LAUFEN HÄLT JUNG – TIPPS FÜR SENIOREN

Laufen kann man in jedem Alter, das gilt auch für Anfänger. Sie müssen allerdings etwas vorsichtiger mit sich umgehen und darauf achten, dass Sie sich nicht überfordern. Für ältere Menschen ist ein

Gesundheitstest, wie er beispielsweise vom Zentrum für Leistungsdiagnose in Köln angeboten wird, unbedingt erforderlich.

Anschließend kann es eigentlich gleich losgehen. Nehmen Sie sich am Anfang nicht so große Strecken vor. Wenn Sie erst einmal fit sind, brauchen Sie auch vor Läufen jenseits des Marathons nicht zurückschrecken. Je länger die Strecke, desto älter sind die Athleten, zumindest das Durchschnittsalter steigt.

Der Deutsche Heinrich Blümchen fing erst im Alter von 59 Jahren mit dem Laufen an. Mit 83 hatte er 68 Marathonläufe erfolgreich beendet. Einundzwanzigmal ist er gar bei 100-Kilometer-Läufen gestartet und fünfmal bei 24-Stunden-Läufen. Sein Rekord sind 170 Kilometer in einem Tag und einer Nacht. Mit 65 lief er mit 3:18:03 Stunden seinen persönlichen Marathonrekord. Die 60-jährige Anni Wentzien aus Deutschland lief 1998 mit 3:18:09 ebenfalls eine europäische Marathonbestzeit.

In den Siebzigerjahren des 20. Jahrhunderts erfasste die Jogging-Bewegung die USA. Zwischen 1974 und 1979 stieg die Zahl der Läufer von zwei Millionen auf 35 Millionen. Im gleichen Zeitraum nahm die Herzinfarktquote um 24 Prozent ab. Müssten Sie nicht eigentlich sofort aufstehen und loslaufen?

Laufen bis ins Alter hält jung, und ein bisschen können Sie dadurch sogar Ihre biologische Uhr zurückdrehen. Wenn Sie laufen, werden Sie fit, verlieren Ihr Übergewicht, und als Mann erhalten Sie sich sogar Ihre Libido länger. Viele Läufer im Seniorenalter sind mit 70 oder 80 Jahren sogar noch zeugungsfähig. Laufen hält aber auch geistig fit und ist die beste Waffe gegen einen überhöhten Cholesterinspiegel, der bekanntlich unweigerlich zur Arterienverkalkung führt. Durch Langstreckenlaufen finden Sie in jedem Fall zu einem seelischen Gleichgewicht, das über die rein medizinische Wirkung hinausgeht.

SENIOREN-WELTRANGLISTE 2001

Altersgruppe	Name (Land, Alter)	Zeit 10 000 m	Ort, Datum
50 – 54	Jose Rodriguez (Spanien, 54)	30:24,00	Sevilla, 25.02.01
60 – 64	Walter Koch (Deutschland, 61)	36:06,00	New York, 11.04.01
70 – 74	Ed Whitlock (Canada, 70)	37:23,00	Buffalo, 21.4.01
80 – 84	Warren Utes (USA, 81)	45:52,00	Flossmoor, 15.9.01

Überall gibt es Lauftreffs, auch für ältere Menschen. Gerade sie sind in Gefahr, sich zu überfordern. Deshalb ist es in jedem Fall wichtig, nicht alleine mit dem Lauftraining anzufangen. Am besten sind Sie beraten, wenn Sie es unter ärztlicher Anleitung machen. Denn gerade im Alter gibt es keine allgemein gültigen Konzepte mehr.

Trainingspraxis

1 Ihr individuelles Trainingsprogramm

Anders als bei anderen Sportarten kann beim Laufen jeder, ob alt oder jung, fit oder noch nicht, damit beginnen. Die Frage des Trainingsprogramms spielt am Anfang noch keine große Rolle. Wichtiger ist, dass man überhaupt anfängt und dass es Spaß macht. Spaß hat man aber nur dann, wenn sich mit der Zeit auch Erfolge einstellen.

ABSOLUTE BEGINNERS

Vielleicht haben Sie bisher keinen Sport gemacht und sind sich zwar bewusst, dass Sie eigentlich mehr Bewegung brauchen, wissen aber nicht so recht, wie Sie diesen Gedanken in die Tat umsetzen sollen. Ich versichere Ihnen: Laufen ist der beste Einstieg.

Damit es Spaß macht und sich bald auch Erfolge zeigen, müssen gerade am Anfang die Rahmenbedingungen stimmen. Das Laufprogramm sollte Ihren individuellen Voraussetzungen angepasst sein.

Drei Tipps für den ersten Lauf Der erste Lauf will gut vorbereitet sein. Er ist der Grundstein für Ihre Freude am Laufen, die Ihr Leben verändern wird. Die Voraussetzungen sollten also die besten sein!

1. Gutes Wetter, schöne Gegend Suchen Sie sich ein optimales Wetter aus, einen sonnigen Morgen oder einen schönen Abend. In der frischen Luft im Park oder im Wald läuft es sich besser als in der abgasgeschwängerten Atmosphäre von Großstadtstraßen. Fangen Sie mit einem ebenen Gelände an, die Hügel erobern Sie später.

2. Passend und praktisch: die Ausrüstung Am wichtigsten sind die Schuhe. Sicher braucht man bei einem ersten Schnupperlauf noch keine Super-Hightech-Produkte, aber passen müssen die Laufschuhe. Blasen hat man sich schneller gelaufen, als man denkt. Leichte Sportkleidung – besser aus Mikrofasern als aus Baumwolle – ist ebenfalls ein Muss.

Was Sie bei Ihrem ersten Lauf mit Sicherheit nicht brauchen ist ein Herzfrequenzmesser. Laufen soll ja in erster Linie Spaß machen. Es ist eine natürliche Art der Bewegungsform, die man in den hoch technisierten Ländern nahezu verlernt hat.

»Laufen pur«, ohne technische Hilfsmittel, das ist die Wiederentdeckung des eigenen Körpers und das Verstehenlernen seiner Signale. Auch die deutsche Weltklasseläuferin Uta Pippig empfiehlt, lieber einen Kompass mitzunehmen als ein kompliziertes Herzfrequenzmessgerät. (Näheres finden Sie unter »Stichwort Herzfrequenzmesser« im Kapitel »Grundlagen des Lauftrainings«)

3. In bester Gesellschaft Am Anfang oder wenn Sie nicht gern allein laufen, suchen Sie sich am besten einen gleich starken Laufpartner. Das macht nicht nur Spaß – in Äthiopien trainieren wir meist in der Gruppe –, sondern hilft auch, den eigenen inneren Schweinehund zu überwinden, wenn man mal keine Lust hat.

»Vogel fliegt, Fisch schwimmt, Mensch läuft.« (Emil Zátopek)

Lauflust statt Frust Sie haben nun Ihre Freude am Laufen entdeckt und möchten weitermachen? Glückwunsch, aber bevor Sie richtig auf den Geschmack kommen, müssen Sie erst einmal ein paar Wochen trainieren.

Dabei kommt es auf die richtige Dosierung an. Wenn Sie sich zu viel vornehmen und es nicht packen, sind Sie körperlich kaputt und enttäuscht. Das hebt nicht gerade die Motivation, denn dazu braucht es Erfolge.

Nehmen Sie sich am Anfang nicht zu viel vor. Die Ziele, die Sie sich setzen, müssen auch erreichbar sein.

Ich versuche immer, ein realistisches, erreichbares Fernziel in einer überschaubaren Zeit für mich zu definieren. Wenn Sie sich allerdings vornehmen, Weltmeister über 10 000 Meter zu werden, könnte der Weg dahin etwas zu weit sein. Besser, Sie unterteilen dieses Ziel in Teilschritte, zum Beispiel: Im nächsten Jahr will ich bei einem 5000-Meter-Volkslauf gut abschneiden, oder noch einfacher: Ich will 5000 Meter in 25 Minuten laufen können.

Die ersten Erfolge werden sich sehr schnell einstellen, wenn Sie erst mal mit dem Training begonnen haben. Eine Viertelstunde am Stück, dann eine halbe – das wird schon bald kein Thema mehr für Sie sein. Dann kommen andere Ziele wie Rundenzeiten und persönliche Streckenrekorde, die es zu erreichen gilt.

Informativ und motivierend: Das Lauftagebuch Zur Steigerung der eigenen Motivation hilft es vielen Läufern, ein Lauftagebuch zu führen. Darin kann man seine Fortschritte »schwarz auf weiß« festhalten und außerdem mit Stolz darauf zurückblicken, wie man »damals« einmal angefangen hat.

Neben dem Datum können Sie Ort, Wetter, Trainingsart, Dauer, Kilometerleistung, Tempo, persönliches Befinden, besondere Vorkommnisse und – besonders wichtig für »Schlankläufer« – das Gewicht festhalten. Manche Läufer benutzen hierzu ein besonders strapazierfähiges, ein besonders schönes etc. Notizbuch, in das sie diese Daten handschriftlich eintragen. Für alle, die sich lieber an Vorlagen orientieren, haben wir im Anhang eine Lauftagebuch-Musterseite abgebildet. Diese können Sie sich immer wieder kopieren und in einer Mappe abheften.

Macht aus Leuten Läufer: Unser Trainingsprogramm Selbst absolute Anfänger, die zehn Kilogramm Übergewicht auf die Waage bringen, bisher keinen Sport getrieben haben und nicht länger als zwei bis drei Minuten am Stück laufen können, müssen dieses Buch nicht an dieser Stelle zuklappen. Ganz im Gegenteil: In wenigen Wochen werden Sie ohne Pause fünf Kilometer laufen und sich gut dabei fühlen. Wie das geht, können Sie im Kapitel »Halbmarathon-Training« nachlesen. Dort sind auch die Trainingseinheiten für Einsteiger genau beschrieben.

WELCHE TRAININGSMETHODE? DIE MISCHUNG MACHT'S!

Die Trainingsmethoden sind heute auf der ganzen Welt ähnlich. Das Geheimnis ist die Mischung – und sie ist auch das Erfolgsrezept.

Neues ist nicht besser, nur weil es neu ist. Das Intervalltraining etwa wurde schon in den Zwanzigerjahren von dem Finnen Paavo Nurmi praktiziert. Er teilte die Langstrecken in 400-Meter-Runden, die er wiederum in Sprinteinheiten und kurze Gehpausen untergliederte. Er trainierte das ganze Jahr über zweimal täglich, im Winter machte er Skilanglauf.

Der Trainingsweltmeister war in den Fünfzigerjahren Emil Zátopek. Oft rannte die »tschechische Lokomotive« sechzigmal 400 Meter, mit nur kurzen Erholungspausen dazwischen. Sein übliches tägliches Trainingspensum, das er allerdings relativ langsam absolvierte, waren 40 Kilometer – und das in Armeestiefeln. Zátopek stellte 18 Weltrekorde auf und gewann bei der Olympiade 1952 in Helsinki die Goldmedaillen über 5000 und 10 000 Meter sowie im Marathon.

Laufen gegen Widerstand: Bei der Olympiavorbereitung 1996 ersetzte das Seil den Kraftraum.

Für Tempo und Ausdauer: Joggen Bereits 1947 propagierte Dr. van Aaken seine neue Trainingsmethode für den Ausdauer- und Gesundheitssport gegen den Widerstand der damaligen Sportwissenschaft. Er wurde so zum eigentlichen Erfinder des Joggens, das man in Deutschland zu dieser Zeit Traben nannte. Er schrieb damals: »Die Wissenschaft läuft uns immer hinterher. Sie kann nur bestätigen, was wir in der Praxis längst vorher gefunden haben.« In Äthiopien ist Joggen oder Traben allerdings die normale Art der Fortbewegung. Man musste es gar nicht erst erfinden.

Dauerlauf oder Jogging ist heute die Basis für jegliches Lauftraining. Beim Dauerlauf werden die Ausdauer und damit die aeroben Fähigkeiten trainiert. Beim langsamen Joggen übersteigt der Energieverbrauch nicht die beim Atmen vom Blut aufgenommene Sauerstoffmenge, die von den Muskeln zur Energieerzeugung benötigt wird. Deshalb übersäuert der Körper auch nicht.

Das Training zielt darauf ab, dass Ihr Körper möglichst große Mengen an Sauerstoff aufnehmen, transportieren und verarbeiten kann. Das Aufnehmen geschieht in der Lunge, der Transport durch das Blut und die Umsetzung durch die Muskeln. Lange Dauerläufe in gemäßigtem Tempo erhöhen Ihre maximale Sauerstoffaufnahmefähigkeit. Sie trainieren im aeroben Bereich, also mit Sauerstoff.

Doch diese Speicherkapazität lässt sich nicht einfach durch eine Erhöhung der Kilometerzahl gleichmäßig steigern. Ab einem bestimmten Niveau flacht die Kurve der Leistungszunahme wieder ab.

Ihr Körper braucht dann neue Trainingsreize. Als nächste Stufe folgt deshalb der Dauerlauf mit erhöhtem Tempo. Die Geschwindigkeit ist so

VON HAILE

Vermeiden Sie falschen Ehrgeiz und Gruppenzwang. Die meisten Amateure neigen dazu, zu schnell zu laufen, besonders die ganz ehrgeizigen unter ihnen, die sich leicht selbst überschätzen.

Auch wenn Sportler in Gruppen zusammen laufen, gibt es oft Probleme. Das individuelle Leistungsvermögen ist meist unterschiedlich. In der Regel wird in der Gruppe zu schnell gelaufen. Was für den einen zu schnell ist, ist für den anderen zu langsam. Beides ist schlecht.

WIE SIE IHR INDIVIDUELLES OPTIMALES LAUFTEMPO BESTIMMEN

- Wenn Sie sich beim Laufen noch flüssig unterhalten können, ist Ihre Geschwindigkeit auf keinen Fall zu hoch. An dieser Tatsache können Sie sich zunächst einmal orientieren.
- Regulieren Sie Ihren Puls durch Ihre Atmung.
- Solange Sie locker atmen und vier Schritte pro Atemzug machen können, also vier Schritte lang ein- und vier Schritte ausatmen, sind Sie im aeroben Bereich unterwegs und können das noch lange durchhalten.
  Wird Ihr Atem kürzer und Sie schaffen nur noch drei Schritte pro Atemzug, laufen Sie im gemischt aeroben/anaeroben Bereich. Das ist so etwa der Bereich, wo die optimale Fettverbrennung und der Trainingseffekt einsetzen. Ihre Muskeln werden kräftig durchblutet, und die Milchsäure wird abtransportiert.
  In diesem Bereich müssen Sie Ihr Wohlfühltempo finden. Wenn Sie langsam anfangen zu keuchen und nur noch zwei Schritte pro Atemzug möglich sind, dann haben Sie vermutlich Ihr Wohlfühltempo überschritten und nutzen nun Ihre anaeroben Energien. Lange werden Sie das nicht durchhalten können. Wenn Sie es aber 15 bis 20 Minuten schaffen, dann ist dieser Tempodauerlauf ein gutes Training für Straßenläufe.
- Sind Sie ein Technikfreak und können natürlichen Messmethoden nichts abgewinnen, weil Sie alles ganz genau wissen wollen? Sie können auch beim Laufen auf Ihr Handy nicht verzichten, und es stört Sie nicht, wenn es dauernd bei Ihnen piept. Dann ist ein Herzfrequenzmonitor genau das Richtige für Sie.

gewählt, dass Ihr Körper die Energie nicht mehr nur aus dem aeroben Bereich bezieht, sondern zusätzlich Energie, die ohne Sauerstoff, also aus dem anaeroben Bereich, gewonnen wird, bereitstellen muss. Auch dieses Tempo können Sie lange durchhalten.

Schwellentraining Wenn Sie Tempodauerläufe machen, gewinnt Ihr Körper die Energie aus dem anaeroben Bereich (ohne Sauerstoff). Sie überschreiten den Bereich der so genannten aerob-anaeroben Schwelle.

Wenn Sie nun gleichmäßig schnell über dieser Schwelle laufen, produziert Ihr Körper mehr Laktat, als er abbauen kann. Ihr Laktatspiegel steigt langsam an, bis Ihre Muskeln übersäuern und Sie den Lauf abbrechen müssen, weil Sie Schmerzen haben.

Die aerob-anaerobe Schwelle ist bei den Menschen verschieden. Am effektivsten ist es, wenn Sie genau an dieser Schwelle trainieren, also knapp darunter. Überschreiten Sie sie, sind Sie übertrainiert, und Ihre Leistung lässt nach.

Auch bei Weltklasseläufern ist diese Belastungsschwelle unterschiedlich, was vom Trainer berücksichtigt werden muss. In der äthiopischen Nationalmannschaft kann nicht jeder Top-Ten-Läufer das Trainingsprogramm von Haile Gebrselassie mitgehen, ohne sich überzutrainieren.

»Laufen lernt man vornehmlich durch Laufen.« (Ernst van Aaken)

Die Bestimmung der richtigen Laufgeschwindigkeit über das Gefühl erfordert viel Erfahrung und Disziplin. Um Ihr ganz persönliches Tempo herauszufinden, hören Sie aufmerksam in Ihren Körper hinein. So mache ich das jedenfalls.

Wenn Sie es ganz genau wissen wollen, können Sie das für Sie richtige Tempo auch durch einen sportmedizinischen Test ermitteln lassen, wie er zum Beispiel im Zentrum für Leistungsdiagnostik an der Sporthochschule Köln durchgeführt wird.

DAS RICHTIGE TEMPO

Der langsame Dauerlauf

Dauer: 30 bis 60 Minuten
Tempo: langsam
Richtwert: 75 Prozent der maximalen Herzfrequenz

Wer langsam läuft, kommt auch zum Ziel. Das richtige Tempo hängt von Ihrem Leistungsniveau und Ihrem Trainingsziel ab. Das Training von Neueinsteigern besteht zunächst aus sehr ruhigen, sehr langsamen Dauerläufen. Trainingsziel ist es zum Beispiel, 30 Minuten am Stück laufen zu können.

Aber auch, wenn Ihr Leistungsvermögen deutlich höher ist, werden Sie den langsamen Dauerlauf zur Vorbereitung auf schnelle Läufe oder zur Regeneration nach kraftraubenden Anstrengungen wie Meisterschaften nutzen. Große Leistungssprünge sind durch so einen langsamen Lauf natürlich nicht zu erwarten, doch gibt es keinen Trainingseffekt ohne Regeneration. Deshalb sind diese langsamen Läufe ein unverzichtbarer Bestandteil eines jeden Trainings. Sie werden zwischen einem und zwei Drittel Ihres gesamten Wochentrainings ausmachen.

Der ambitionierte Dauerlauf

Dauer: 30 bis 45 Minuten
Tempo: etwas langsamer als Ihr Wettkampftempo
Richtwert: 80 Prozent der maximalen Herzfrequenz

Sie sind ehrgeizig und wollen etwas erreichen? Bei Wettbewerben gut abschneiden oder mindestens persönliche Bestzeiten herauslaufen? Sie streben eine feststellbare Leistungssteigerung an? Sie interessieren sich auch sonst für Ihren Sport und leben danach?

Dann sind Sie ein ambitionierter Läufer und kein reiner Freizeitsportler mehr, dem es in erster Linie um Gesundheit und Spaß geht.

Als ambitionierter Läufer müssen Sie Ihre Trainingsstrecke lang genug und das Tempo hoch genug wählen, um einen Trainingseffekt zu erzielen. Außerdem sollten Sie mindestens eine Dreiviertelstunde laufen. Was lang und schnell genug für Sie ist, hängt von Ihrem Leistungsniveau ab, außerdem vom Wetter, der Jahreszeit, Ihrer aktuellen Verfassung, Ihrem Alter, dem Gelände usw.

Wenn Sie schon Rennen gelaufen sind, dann haben Sie Orientierungspunkte für Ihre schnellen Trainingseinheiten. Mehr als zwei davon sollen Sie aber nicht machen, da Ihr Körper Zeit für die Regeneration braucht. Bei schnellen Einheiten greifen Sie Ihre Kohlenhydrat- und Fettspeicher an, und Ihr Körper braucht gut zwei Tage, um diese wieder zu füllen.

Der Tempodauerlauf

Dauer: 15 bis 20 Minuten
Tempo: etwas schneller als Ihr Wettkampftempo
Richtwert: 85 Prozent der maximalen Herzfrequenz

Der Tempodauerlauf ist für Profis eine Selbstverständlichkeit. Aber auch ambitionierte Amateure, die hin und wieder an Wettbewerben teil-

Seiten 120/121: Haile Gebrselassie und Worku Bekila beim langsamen Dauerlauf

adidas

nehmen wollen, können diese hervorragende Trainingsmethode nutzen, um ihre Schnelligkeit zu erhöhen.

Den besten Trainingseffekt erzielen Sie, wenn Sie den Tempodauerlauf mindestens 15 Minuten durchhalten können – falls Sie es schaffen, auch etwas länger. Ihre Geschwindigkeit sollte in jedem Fall höher sein als Ihr Wettkampftempo. Sie trainieren dabei bereits über der Schwelle vom aeroben zum anaeroben Bereich. Das versetzt Sie in die Lage, im Wettkampf auch einmal eine Tempoverschärfung mitgehen zu können oder sogar selber herbeizuführen.

Der Sprint Sprinten beim Langstreckenlauf – das klingt für Sie vielleicht erst einmal widersinnig. Doch die Welt ändert sich, und die Konkurrenz wird immer härter. Ein guter Langstreckenläufer muss heutzutage auch ein ausgezeichnetes Sprintvermögen besitzen, wenn er an der Weltspitze mitmischen will. Viele Rennen werden erst auf den letzten Metern entschieden, da bis kurz vor dem Ziel taktisch gelaufen wird. Die Goldmedaille in Sydney über 10 000 Meter habe ich mit dem minimalen Vorsprung von nur sechs hundertstel Sekunden vor Paul Tergat gewonnen.

Ein Spurt kann sehr lang oder auch nur kurz sein. Auf beides muss man sich vorbereiten. Bei 700 Metern vor dem Ziel kann es mit dem Endspurt losgehen. Ich starte aber meist ab 300, manchmal sogar auch erst 180 Meter vor dem Ziel. Wann ich anfange zu spurten, hängt von meinen Gegnern und vom Rennverlauf ab.

Beim Sprint laufen Sie natürlich voll im anaeroben Bereich. Die Sprintstrecken, die Sie trainieren müssen, sind kurze 100-Meter-Strecken bis hin zu langen 800-Meter-Teilstücken.

STÄRKT MUSKELN UND AUSDAUER: KRAFTTRAINING FÜR LÄUFER

Kraft und Ausdauer, beides brauchen Sie beim Langstreckenlauf. Wenn Sie nur laufen, kommt die Kraft zu kurz. Selbst wenn Sie hartes Bergtraining machen, können Sie nicht alle Muskelgruppen, die Sie brauchen, gezielt trainieren. Im Fitnesscenter gibt es aber eine ganze

Reihe von Übungsgeräten, mit denen Sie Ihr Lauftraining in dieser Hinsicht unterstützen können.

Gewichte Als Langstreckenläufer brauchen Sie keine Muskelpakete, die eines Bodybuilders würdig wären. Es ist wichtig, dass Sie mit geringen Gewichten trainieren – auch wenn man Sie deshalb belächeln mag.

In Ihren Übungsserien machen Sie 30 bis 40 Wiederholungen. Dann legen Sie eine kurze Pause ein, bevor Sie wieder mit 30 bis 40 Wiederholungen starten. Solche Serien sollten Sie drei- bis viermal hintereinander ausführen.

Ihr Ziel ist eine Stärkung der Kraftausdauer, nicht der Maximalkraft. Der Kraftzuwachs stellt sich dabei nur langsam ein, bildet sich dafür aber auch weniger rasch zurück.

Um Ihre Schnellkraft zu erhöhen, müssen Sie allerdings doch in den Bereich des Bodybuilding vordringen. Da ist es mit geringen Gewichten nicht mehr getan. Schnellkraft heißt, dass Sie in der Lage sind, explosiv loszuspurten. Das erreichen Sie mit Gewichten, die Ihnen nur zehn bis zwölf Wiederholungen ermöglichen. Zwischen den Serien müssen Sie lange Pausen zur Regeneration einlegen.

Die entsprechenden Geräte haben den Vorteil, dass sie fehlerhafte Bewegungen vermeiden. Denn Sie können nur geführte Bewegungen ausüben. Sie müssen noch zusätzlich eine freie Hantel balancieren, was bei schwereren Gewichten nicht immer einfach ist, besonders, wenn Sie bis an die Grenzen Ihrer Belastbarkeit gehen.

Wichtig ist weiter, dass Sie nicht nur Ihre Beine stärken, sondern auch die Bauch- und Rückenmuskulatur, die Ihren Rumpf stabilisiert und die Wirbelsäule unterstützt.

Geräte Für ein effektives Krafttraining hat es sich bewährt, die verschiedenen Muskelgruppen an unterschiedlichen Geräten zu trainieren.

An jedem Gerät führen Sie jeweils 30 Sekunden lang intensiv Ihre Übungen durch. Dann legen Sie 45 Sekunden Pause ein und wechseln dabei das Gerät.

An jedem Gerät versuchen Sie, die maximale Anzahl von Wiederholungen zu machen. Durch dieses Training gewinnen Sie Schnellkraft, denn es steigert Ihre Maximalkraft und Ihre Kraftausdauer.

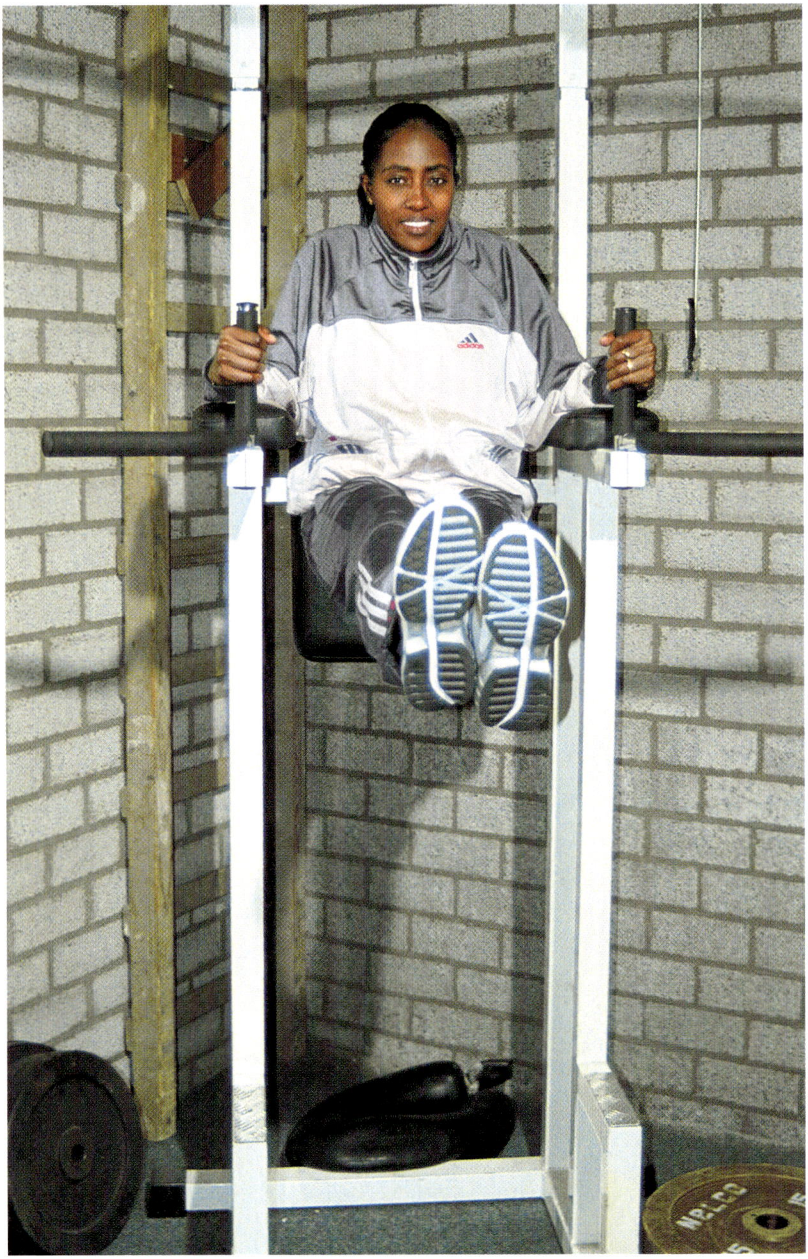

Bauch und Rücken sollten Sie in jedem Fall zusätzlich trainieren. Anfänger müssen sich bei den Geräten unbedingt durch einen fachkundigen Fitnesstrainer beraten lassen.

Dieser Übungsablauf ist allerdings sehr anstrengend und nur leistungsorientierten Läufern zu empfehlen. Wenn Ihre Ziele nicht so hoch gesteckt sind, führen Sie die Kraftübungen so aus, wie Sie es können. Lassen Sie sich auf jeden Fall von einem Fitnesstrainer beraten.

Wie oft in den Kraftraum? Sie müssen nicht jeden Tag Krafttraining machen. Zweimal pro Woche ist normalerweise ausreichend. Selbst leistungsorientierte Läufer müssen nicht öfter als dreimal pro Woche in den Kraftraum. Da Ihre Kraftausdauer, wenn sie erst mal erworben ist, auch nicht so schnell wieder schwindet, reicht es, alle drei Monate vier Wochen Fitnessstudio einzuplanen. Viele Studios lassen sich jedoch nur auf Jahresverträge ein. In diesen Fällen lohnt sich ein Preisvergleich oder die Anschaffung eines preiswerten Kombigerätes, wenn Sie die räumlichen Möglichkeiten dazu haben.

TIPP VON HAILE

Achten Sie unbedingt darauf, dass die Geräte auf Ihre Größe, also auf Ihre Winkelverhältnisse, eingestellt sind.

Für das Krafttraining gilt dasselbe wie für das Lauftraining: Bei immer den gleichen Übungen gewöhnen sich Ihr Körper und Geist an die Belastung, und der Trainingseffekt lässt nach.

Abwechslung ist auch hier die Lösung. Lassen Sie beispielsweise auf eine vierwöchige Trainingseinheit mit vielen Wiederholungen zur Stärkung der Kraftausdauer ein dreiwöchiges Training folgen, das aus intensivem Krafttraining mit hohen Gewichten besteht. Dieser Ablauf eignet sich hervorragend für die Vorbereitung auf die Wettkampfsaison bis Juni. Dann sind Sie rechtzeitig fit.

BLEIBEN SIE LOCKER: DEHNEN UND STRETCHEN

Wenn Sie irgendwo einen äthiopischen Läufer treffen, wundern Sie sich nicht, wenn er manchmal seltsame Bewegungen macht. Dehn- und Lockerungsübungen sind für uns genauso wichtig wie das Laufen selbst. Deshalb machen wir sie ständig, nicht nur beim Training.

Welche Art von Sport Sie auch treiben oder treiben wollen – Ihre Beweglichkeit spielt dabei immer eine Hauptrolle. Die Sehnen sind sozusagen die Fäden einer Marionette. Die Sehne ist mit dem Knochen verwachsen und verbindet diesen mit dem Muskel. Immer wenn sich der Muskel zusammenzieht, entsteht Zug an der Sehne und damit eine Bewegung im Gelenk.

Durch das Training erhöhen Sie Ihre Muskelkraft. Und je stärker Ihr Muskel trainiert ist, desto größer ist die Zugwirkung an der Sehne. Besonders bei explosionsartigen Bewegungen wie Springen ist die Sehne einer extremen Belastung ausgesetzt.

Vielleicht haben Sie schon einmal ein Auto mit einem Stahlseil abgeschleppt. Wenn man zu schnell anfährt und das Seil nicht ausreichend vorgespannt war, dann knallt es regelrecht, und oft reißt das Seil. Verwenden Sie dagegen ein gewöhnliches Hanfseil, werden die plötzlich entstehenden Kräfte vom Seil absorbiert. Der Grund: Ein Hanfseil ist elastisch, es dehnt sich.

Genau das geschieht in Ihrem Körper, wenn Sie schnell laufen. Während beim Gehen immer ein Fuß Stützkontakt mit dem Boden hat, sind beim Laufen zeitweise beide Füße in der Luft. Eigentlich springen Sie permanent. Was das für Ihre Sehnen bedeutet, können Sie sich vielleicht vorstellen. Ihre Muskeln und Sehnen können das nur aushalten, wenn sie elastisch sind.

Einseitige Trainingsbelastungen führen manchmal zu einer Verkürzung der Muskulatur. Dadurch wiederum werden die Bänder und Sehnen der benachbarten Muskelgruppen übermäßig beansprucht. Durch ausgewogenes Stretching erreichen Sie, dass sich die normale Grundspannung in der Muskulatur wieder einstellt. Damit beugen Sie nicht nur möglichen Verletzungen vor. Wenn Ihre Muskeln durch das Training dicker und auch kürzer geworden sind, weil sie sich aufgebläht haben, dann ist auch der Zugweg kürzer. Dadurch wird die Zugkraft an der Sehne abgeschwächt.

Die Dehnübungen wirken hauptsächlich auf die Muskulatur ein, da Muskeln die größte Elastizität besitzen. Allerdings haben nicht alle Menschen von Natur aus die gleichen Dehnfähigkeiten. Denken Sie daran, wenn Sie die Übungen ausführen, und versuchen Sie nicht, alles genau nachzumachen.

Warm-up und Cool-down Dehnen können Sie Ihre Muskulatur nur, wenn sie etwas aufgewärmt ist. Machen Sie deshalb vor jedem Training unbedingt ein Warm-up-Programm. Manche Läufer sparen sich das Aufwärmen. Sie laufen langsam los und glauben, Sie würden dann automatisch warm. Aber das ist ein Irrtum.

Mindestens 15 bis 25 Minuten sollte Ihr Warm-up dauern. Es kann aber auch viel länger sein. Vor wichtigen langen Rennen wie etwa einem Halbmarathon fange ich schon eine Stunde vorher an, mich sorgfältig aufzuwärmen.

Zunächst trabe ich so langsam, dass mich alle andern Athleten auf dem Aufwärmplatz überholen. Nach einiger Zeit fange ich dann an, mit seltsamen Bewegungen meine Muskulatur zu lockern. Das halte ich

VON HAILE

Beginnen Sie jedes Training mit einem Warm-up und ein paar Dehnübungen. Sie sind genauso wichtig wie das Lauftraining selbst.

Kein Training ohne ausgiebiges Warm-up!

für sehr wichtig. Probieren Sie es beim nächsten Training einfach mal aus. Wenn Sie glauben, dass Sie komisch aussehen, wenn Sie hüpfend und Arme und Beine schlenkernd durch die Gegend laufen, trösten Sie sich damit, dass es bei mir auch nicht besser aussieht. Spötter ignorieren Sie einfach.

Vor Wettkämpfen sollten Sie zusätzlich noch ein paar Steigerungsläufe machen, im Wettkampftempo oder ein bisschen schneller.

Bereiten Sie sich beim Warm-up auch mental auf das Rennen vor. Konzentrieren Sie sich, und sammeln Sie geistig Kraft. Das Warm-up darf natürlich nicht so anstrengend ausfallen, dass Sie im Rennen nicht mehr genügend Energie haben. Aber Sie können sich damit schon mal anregen und in die richtige positive Stimmung bringen.

Genauso wichtig wie das Warm-up am Anfang ist der Cool-down zum Abschluss des Trainings. Wenn Sie richtig trainiert haben, müssen Sie langsam wieder herunterkommen. Das Auslaufen gehört zur Regeneration, und die ist so wichtig wie das Training selbst. Verbinden sollten Sie es immer mit Dehnübungen, um zu verhindern, dass die Muskulatur sich verkürzt und die normale Muskelgrundspannung sich schnell wieder einstellt. Auf diese Art beugen Sie schmerzhaften Muskelverhärtungen vor.

Stretching Nachdem Sie beim Warm-up schon leicht ins Schwitzen gekommen sind, ist Ihre Muskulatur bereit für die Dehnung. Dabei müssen Sie darauf achten, die Muskeln nicht zu überdehnen. Wenn Sie ein leichtes Ziehen verspüren, ist es richtig. Aber es darf in keinem Fall wehtun. Führen Sie die Übungen langsam aus, und halten Sie jede Position etwa 20 Sekunden lang. Wippen Sie nicht, um die Dehnung zu verstärken, denn dann laufen Sie Gefahr, sich zu verletzen.

Sie sollten sich nur dann in Rennkleidung aufwärmen, wenn es richtig warm ist. Besser ist ein Warm-up im Trainingsanzug. So kommen Sie leichter ins Schwitzen und können Ihre Körpertemperatur länger halten. So bleiben auch Ihre Muskeln länger geschmeidig. Zwischen Warm-up und Wettkampf liegt in der Regel so viel Zeit, dass Sie sonst rasch wieder abkühlen.

Beindehnung 1 – Um effektiv zu dehnen, müssen Sie leicht an den Fußspitzen ziehen und mit der andern Hand das Kniegelenk fixieren. Diese Dehnübung, bei der viele Muskeln am Bein gedehnt werden, gehört zum Standardprogramm.

Beindehnung 2 – Diese Übung ist eine Variation zur Übung 1. Auch hier wird die ganze hintere Beinmuskulatur gedehnt.

Dehnung der Gesäßmuskulatur – Gedehnt wird das Bein, indem Sie es über das andere stellen. Fassen Sie nun mit der Hand an den Oberschenkel des unten liegenden Beins und drehen den Körper in die entgegengesetzte Richtung.

Dehnung der Hüfte und Lendenwirbelsäule – Neben der Lendenwirbelsäule und der Hüfte wird bei dieser Übung auch der hintere Oberschenkel gedehnt.

Dehnung Gesäßmuskulatur – kurze Adduktoren links und rechts

Relaxen ist ebenso wichtig wie die sportliche Belastung.

Gedehnt werden nur die Muskeln, die Sie zum Laufen brauchen, allerdings nicht zu lang und nicht zu oft. Sonst fehlt ihnen die Spannung zum Laufen.

KOORDINATIONSSCHULUNG

Beim Laufen müssen fast alle Muskeln des Körpers bewegt werden. Natürlich nicht irgendwie, sondern koordiniert. Deshalb ist es wichtig, dass Sie die Bewegungsabläufe regelmäßig bewusst trainieren, damit Sie Ihre Kraft auch optimal in eine Vorwärtsbewegung umsetzen können. Die Koordinationsübungen werden Ihnen helfen, mehr Bewegungsgefühl zu entwickeln und überflüssige Bewegungen zu vermeiden. Dadurch verbessern Sie unwillkürlich Ihren Laufstil: Sie werden schneller und kommen weiter.

Deshalb stehen solche Übungen im Trainingsplan aller Spitzenathleten. Ich mache sie drei- bis viermal pro Woche, vor meinem eigentlichen Lauftraining. Auch wenn Sie meinen Laufstil nicht kopieren wollen oder können, helfen Ihnen diese Koordinationsübungen dabei, Ihren eigenen Stil zu verbessern. Darüber hinaus stabilisieren sie die Gelenke und beugen somit Verletzungen vor.

Fußgelenksübungen Probieren Sie vor Ihrem nächsten Training nach dem Aufwärmen einmal Folgendes: Laufen Sie auf der Stelle und halten den Oberkörper aufrecht. Dabei schauen Sie geradeaus. Laufen Sie locker und entspannt. Halten Sie dabei die Arme im rechten Winkel und schwingen sie parallel.

Setzen Sie die Füße mit dem Ballen zuerst auf und rollen sie bis zur Ferse ab. Führen Sie diese Bewegung bewusst und vollständig aus. Am Anfang sollten Sie sehr langsam üben, damit Sie den genauen Bewegungsablauf verinnerlichen. Später versuchen Sie, die Frequenz zu steigern, während Sie sich dabei aber nur sehr langsam von der Stelle bewegen. Auch diese Übung sollten Sie etwa 20 Sekunden lang ausführen.

Die Fußgelenksübung fördert die funktionelle Fußstabilität. Sie hilft Ihnen, das Mittelfußlaufen zu trainieren, das Sie beim Marathon ein-

So setzen Sie den Fuß zuerst mit dem Ballen auf und rollen ihn dann bis zur Ferse ab.

setzen sollten. Der Fuß wird dabei – wie beim Berglaufen – mit dem Ballen zuerst aufgesetzt.

Sprintübung Beim Endspurt müssen Sie die Knie höher heben und kräftig durchlaufen. Dadurch benutzen Sie Muskelgruppen, die Sie im Rennen weitgehend geschont haben. Auch diese Bewegung und die Muskeln müssen Sie trainieren, wenn Sie am Ende noch etwas nachlegen wollen, um vielleicht ein Rennen auf den letzten Metern doch noch für sich zu entscheiden.

Die Körperhaltung ist ähnlich wie bei der Fußgelenksübung: Kopf und Rumpf sind aufrecht, die Augen schauen geradeaus. Verkrampfen Sie dabei nicht Ihre Schultern. Wichtig ist auch, dass Sie die Hüfte gestreckt halten und nicht »sitzen«.

Nun heben Sie die Knie bis in Hüfthöhe. Die Arme schwingen kräftig mit – beim Spurt brauchen Sie eine gute Unterstützung durch die Arme. Bewegen Sie sich so zunächst auf der Stelle. Dann steigern Sie langsam Ihre Schrittweite, bis Sie in einen kleinen Sprint übergehen. Trainiert wird die Koordination von Armen und Beinen.

Die Sprintübung

Übung zur Beckenstabilisierung

Beckenstabilisierung Beim Laufen ist ein stabiles Becken sehr wichtig. Dies trainieren Sie, wenn Sie die Knie über die Waagerechte hinaus hochheben, die Arme dabei seitwärts schwingen und mit dem Kopf nach hinten sehen. Anfangs wird Ihnen diese Übung vermutlich nicht ganz leicht fallen, und Sie haben möglicherweise auch Mühe, das Gleichgewicht zu halten. Aber sie ist wirklich gut. Sie müssen die Bewegung auch nicht sehr schnell machen. Mit der Zeit werden Sie merken, dass Ihnen die Übung immer leichter fällt, und spüren, wie sich Ihre Körperbeherrschung verbessert. Gefördert werden Koordination und Mobilität sowie Stabilität und Rhythmus.

Viele Läufer, selbst Profis, vernachlässigen ihren Rücken. Dabei spielt er beim Laufen eine ganz wichtige Rolle, um den Oberkörper stabil halten zu können. Diese Übung beugt außerdem den Beschwerden vor, die der Büroalltag nach sich zieht. Sie stärkt die Rückenmuskulatur, die wegen des vielen Sitzens auf Stühlen mit Rückenlehne zu wenig beansprucht wird.

Elastizität Zur Steigerung der Elastizität Ihrer Sehnen und Muskeln heben Sie die Knie über die Waagerechte hinaus an. Die Arme bewegen Sie dabei gegenläufig.

Übung 1: Ziehen Sie also Ihr rechtes Knie an, so hoch Sie können. Dabei heben Sie – parallel zum Knie – den linken Arm rechtwinklig an. Den rechten Arm schwingen Sie gestreckt nach hinten. Im Lauf unterstützen Sie so Ihre Vorwärtsbewegung. Dann setzen Sie um auf das andere Bein. Diese Übung müssen Sie nicht sehr schnell ausführen. Es ist eine Übung für die Hüfte und das Fußgelenk, Sie bekommen dadurch mehr Laufstabilität.

Elastizität – Übung 1

Elastizität – Übung 2

Übung 2: Nun halten Sie Ihre rechte Hand über Ihren Kopf und versuchen, mit Ihrem linken Fuß dagegenzutreten. Achtung: Wenn Sie noch nicht gut trainiert oder schon etwas älter sind, müssen Sie sehr behutsam vorgehen. Sie sollten sich beim ersten Versuch dabei festhalten, um nicht das Gleichgewicht zu verlieren. Auch sollten Sie nicht zu fest treten, da Sie sich leicht die Sehnen zerren können. Dies ist eine hervorragende Übung zur Förderung der Elastizität, Koordination und Beweglichkeit.

Gazellenlauf Wenn Sie richtig laufen, dann fliegen Sie eigentlich. Nur ganz kurz berührt Ihr Fuß den Boden, um den Körper wieder in eine neue Flugphase zu katapultieren. Durch Gazellenläufe trainieren Sie den Bodenabstoß und die Balance während der Flugphase.

Einen solchen Sprunglauf (»Hopserlauf«) beginnen Sie langsam und kontrolliert. Ihren Oberkörper halten Sie gerade und nach vorne geneigt.

Gazellenlauf

Während Sie sich kraftvoll mit Ihrem linken Bein vom Boden abstoßen, reißen Sie zum Schwungholen Ihren linken Arm ganz nach oben und heben das rechte Knie bis zur Waagerechten. Ihren rechten Arm schwingen Sie dabei zur Unterstützung der Vorwärtsbewegung mit einer kraftvollen Bewegung nach hinten.

Die Sprünge sollten Sie möglichst weit ausführen, und Ihre Füße sollten während des Fluges entspannt sein. Bei dieser Übung trainieren Sie auch, Ihren Körperschwerpunkt beim Aufsetzen genau zu treffen. Sie können dabei auch in einen kleinen Spurt übergehen.

Seilspringen Seilspringen ist eine hervorragende Übung zur Stärkung der Muskulatur. Besonders für mich, da ich Wettbewerbe bis 10 000 Meter auf dem Vorderfuß laufe. Da muss die ganze Kraft durch die Muskeln und Sehnen aufgefangen werden.

Achten Sie darauf, locker und leicht zu springen und den Körper dabei aufrecht zu halten. Wenn Sie können, dann unterhalten Sie sich dabei ein wenig und springen, so lange Sie können. Wenn ich die Übung ausführe, dann springe ich im Schnitt ungefähr 1000 Mal. Seilspringen ist sehr gut für die Koordination, die Stabilität und den Rhythmus.

BASISTRAINING FÜR ALLE

Wir in Äthiopien nutzen die Wintermonate für dieses Training, denn zu dieser Zeit finden in Europa keine Laufwettbewerbe statt. Außerdem ist es von November bis März bei uns trockener als in der Regenzeit zwischen Juli und September. Wir überprüfen unseren Leistungsstand dann regelmäßig bei den Cross-Weltmeisterschaften im März in Europa. Alle unsere Athleten, ob sie 800 Meter laufen oder Marathon, nehmen an diesem Training teil. Es steigert ganz allgemein die Ausdauer und ist deshalb auch für Sie bestens geeignet.

In Äthiopien ist diese Art von Training normal. Wir laufen beim Basistraining überwiegend in Gelände mit unterschiedlichem Charakter. In unserem Bergland ist es sogar heute noch schwierig, flache Strecken und glatte Straßen zu finden.

STICHWORT: FARTLEK
Das »Fartlek« (Fahrtspiel) stammt aus der schwedischen Trainingslehre, in der diese abwechslungsreiche und interessante Trainingsmethode für Mittel- und Langstreckenläufer ab ca. 1930 eingesetzt wurde: Auf abwechslungsreichem, natürlichem Gelände (Waldboden, leicht profilierte Strecke) entwickelt sich ein Spiel mit dem Tempo: Auf kurze, schnelle Intervalle folgen Passagen, in denen man langsamer trabt oder geht.

Unser zwei- bis dreimonatiges Ausdauertraining setzt sich aus drei Modulen zusammen:

1. Fartlek
2. Bergtraining
3. Geschwindigkeitstraining in der Bahn

Dieses kombinierte Basistraining verbessert Ihr Stehvermögen, die Kraftausdauer und die Geschwindigkeit.

Im Mittelpunkt steht das so genannte Fartlek-Training, bei dem das Tempo in Intervallen variiert wird. Laufen Sie zwei- bis dreimal in der Woche – am besten im Wald auf weichem Boden.

Das Bergtraining einmal pro Woche ist sehr effektiv und steigert sowohl die aerobe als auch die anaerobe Ausdauer. Ihre Muskeln und Sehnen werden gestärkt. Auch Ihre Trittsicherheit auf unebenem Gelände wird trainiert, unter anderem, weil Sie die Schrittlänge dem Untergrund anpassen müssen.

An einem Tag in der Woche machen Sie ein Geschwindigkeitstraining in der Bahn. Damit sich Ihr Körper an die Bahn gewöhnt und Sie ein Gefühl für die Rundenzeiten bekommen, laufen Sie zunächst ein paar Runden. Wenn ein Wettbewerb am Samstag stattfindet, verschiebt sich die Aufteilung ein wenig, denn Sie sollen ja wirklich ausgeruht in den Wettkampf gehen.

Geschwindigkeitstraining in der Bahn Damit Sie ein Gefühl für Rundenzeiten bekommen, laufen Sie zunächst Runden ohne Spikes und ohne Zeitnahme. Dadurch gewöhnen Sie auch Ihre Muskeln langsam an die Bahn, und die Verletzungsgefahr sinkt.

Ihre Rundenzeiten Hailes Trainingsziel im Intervalltraining liegt bei einer 5000-Meter-Rundenzeit von 60:75 Sekunden bzw. bei einer 10 000-Meter-Rundenzeit von 63:00 Sekunden. Nehmen Sie dies als Orientierung für Ihre eigenen Zeiten.

Ihr Trainingsplan

Montag **Fartlek**
10 Minuten Warm-up
1:20 Stunden lockerer, leichter Waldlauf
10 Minuten Cool-down

Dienstag **Trainingspause**

Mittwoch **Sehr hartes Bergtraining**
10 Minuten Warm-up
3 x 400 Meter bergauf; wenn die Herzfrequenz wieder bei 120 ist, geht es weiter: 400 Meter bergab traben, dann dasselbe mit 3 x 500 Meter, dann 3 x 600 Meter
Zum Abschluss: 15 Minuten Cool-down

Donnerstag **Fartlek**
10 Minuten Warm-up
1:30 Stunden lockerer, leichter Waldlauf
10 Minuten Cool-down

Freitag **Fartlek**
10 Minuten Warm-up
1:30 Stunden lockerer, leichter Waldlauf
10 Minuten Cool-down

Samstag **Bahntraining**
10 Minuten Warm-up
Bahnrunden 400 Meter – 5 x 2000 Meter
10 Minuten Cool-down

Sonntag **Trainingspause**

Montag **Fartlek**
10 Minuten Warm-up
2:30 Stunden lockerer, leichter Waldlauf
10 Minuten Cool-down

Dienstag **Fartlek**
10 Minuten Warm-up
1:20 Stunden lockerer, leichter Waldlauf
10 Minuten Cool-down

Mittwoch **Sehr hartes Bergtraining**
10 Minuten Warm-up
4 x 150 Meter bergauf, mit maximalem Tempo. Wenn die Herzfrequenz auf 120 gefallen ist, 150 Meter bergab traben. Anschließend 4 x 300 Meter bergauf
15 Minuten Cool-down

Vor Wettbewerben wird das Bergtraining langsam gesteigert von 3 x auf 4 x in der nächsten Woche bis zu 8 x 100 bis 150 Meter mit Erholungszeiten von 4 bis 6 Minuten.

Diese kurzen schnellen Strecken sind extrem hart zu laufen. Achten Sie deshalb unbedingt auf Ihren Puls!

Donnerstag **Dauerlauf**
10 Minuten Warm-up
35 Minuten lockerer Dauerlauf auf Gras
10 Minuten Cool-down

Freitag **Fartlek**
10 Minuten Warm-up
2:50 Stunden lockerer, leichter Waldlauf
10 Minuten Cool-down

Samstag **Bahntraining**
10 Minuten Warm-up
5 x 1000 Meter; Rundenzeiten nehmen
10 Minuten Cool-down

Sonntag **Trainingspause**

Hailes typisches kurzes Intervalltraining:

- Rundenzeiten von 58 bis 62 Sekunden mit einer Pulsrate von 178 bis 180
- nach 2 Minuten Erholung liegt der Puls wieder bei 120
- dann kommt eine neue 400-Meter-Runde

Der Trainingsaufbau

- 50:50 aerobes – anaerobes Training für 5000 Meter:
  3 x 1000 Meter plus 2000 Meter; Erholung (3 bis 4 Minuten)
  Die Zeit wird nur einmal genommen; sie spielt keine so große Rolle.
- 10 000-Meter-Läufer trainieren mit ihren Rundenzeiten von 2000 Metern:
  5 x 2000 Meter; Erholung (3 bis 4 Minuten), Puls bei 120

Der Wert liegt bei 64 Sekunden im Mittel mit einer Variation von 2 Sekunden. Der Sinn der Übung besteht darin, eine konstante Rundenzeit zu erreichen.

Ein Beispiel für typisches aerobes-anaerobes Training in der Bahn für 10 000-Meter-Läufer:

- 4 x 400 Meter, 4 x 600 Meter, 4 x 800 Meter, 4 x 1000 Meter

Dann drei Tage später die umgekehrte Reihenfolge:

- 4 x 1000 Meter, 4 x 800 Meter, 4 x 600 Meter, 4 x 400 Meter

Ausgeglichen läuft's besser! Läufer sind keine Maschinen, und sicher haben auch Sie noch andere Interessen. Ihre Familie und Ihre anderen sozialen Kontakte sollten Sie weiterhin pflegen. Den psychischen Aspekt dürfen Sie nicht vernachlässigen, nicht einmal in der Vorbereitung auf einen wichtigen Wettbewerb. Viele Rennen werden verloren, nur weil Läufer Probleme mit ihrem Partner haben. Ein ambitionierter Läufer zu sein bedeutet, sich neben dem Beruf auch noch einem zeitaufwändigen Sport zu widmen. Viele Partner fühlen sich dadurch vernachlässigt. Und wenn der Haussegen schief hängt, ist das auch nicht gerade vorteilhaft für die mentale Vorbereitung.

Versuchen Sie, Ihren Partner zum Mitmachen zu animieren. Wenn Sie für Anfängerschwierigkeiten Verständnis aufbringen und nicht

Dr. Woldemeskel Kostre mit Halbmarathon-Weltmeisterin Birhane Adere, Weltrekordler Hailu Mekonnen und Doppel-Weltmeister Kenenisa Bekele

immer gleich davonrennen, bekommt er oder sie vielleicht auch Spaß an Ihrem Hobby. Zum Beispiel beim leichten Sonntagstraining und bei den Trainingseinheiten am Montag und Donnerstag könnte Ihr Partner oder Ihre Partnerin mitlaufen, wenn Sie nicht ohnehin schon gemeinsam trainieren.

Eine andere Möglichkeit, den anderen teilhaben zu lassen, besteht darin, ihn zum eigenen Trainer zu machen. Wenn Sie ihn oder sie darum bitten, bei der Einhaltung der Trainingseinheiten unnachgiebig zu sein, bekämpfen Sie gleichzeitig auch Ihren eigenen inneren Trainingsteufel. Erklären Sie es Ihrem Partner oder Ihrer Partnerin stichhaltig und überzeugend, wenn Sie etwas nicht können.

Laufen regt nicht nur den Kreislauf an. Machen Sie es zu einem gemeinsamen Erlebnis, dann werden beide stimuliert. Wenn es gut geklappt hat, werden Sie ja vielleicht mit etwas Besonderem belohnt – und das wirkt ausgesprochen motivationsfördernd.

SUPER-POWERTRAINING

Dieses 72-Tage-Training ist ein echtes Powertraining: Es ist für alle Athleten geeignet, die sich auf große Wettbewerbe vorbereiten wollen. Es war ein Teil von Hailes Trainingsprogramm und ist damit garantiert erfolgserprobt.

Die Grundlage Ihrer körperlichen Fitness wird durch das Ausdauertraining gelegt. Sie müssen also lange Läufe im aeroben Tempo machen. Um einen nennenswerten Trainingseffekt zu erreichen, müssen diese Läufe länger als elf Minuten andauern. Das Verhältnis von aerobem zu anaerobem Training ist abhängig von der Strecke, die Sie laufen möchten. Bei einem Training, das auf einen Wettkampf ausgerichtet ist, nimmt der Anteil der anaeroben Trainingseinheiten zu, je näher der Termin des Rennens rückt.

GESAMTTRAININGSLEISTUNG FÜR 800- BIS 10 000-METER-LÄUFER

800-Meter-Läufer

Tage	Männer	Frauen
72	978,26 km	913,04 km
6	81,52 km	76,09 km
1	13,54 km	12,68 km

1500-Meter-Läufer

Tage	Männer	Frauen
72	1239,13 km	1108,70 km
6	103,26 km	92,39 km
1	17,21 km	15,40 km

5000-Meter-Läufer

Tage	Männer	Frauen
72	1956,52 km	1434,78 km
6	163,04 km	119,57 km
1	27,17 km	19,93 km

10 000-Meter-Läufer

Tage	Männer	Frauen
72	2217,39 km	1826,09 km
6	184,78 km	152,17 km
1	30,80 km	19,93 km

Dies ist nur die Struktur des Trainings. Die exakten Trainingseinheiten würden den Rahmen dieses Buches sprengen. Sie finden sie auf unserer *globalrunners*-Homepage.

Aufbau des Powertrainings Während der insgesamt 72 Tage des Powertraining-Programms werden die verschiedenen Bereiche gezielt und intensiv trainiert:

1.	**Körperliche Fitness**	**39 Tage**
	• Aerobes Training	18 Tage
	• Anaerobes Training	12 Tage
	• Wettkampf-Speed-Training	9 Tage
2.	**Spezielles Wettkampftraining**	**26 Tage**
	• Aerobes Training	12 Tage
	• Anaerobes Training	8 Tage
	• Wettkampf-Speed-Training	6 Tage
3.	**Trainingspausen**	**7 Tage**

Das Training ist so gestaltet, dass nach anstrengenden Tagen Erholungsphasen eingeschoben sind. Sonntags ist meist trainingsfrei; sollten Sie dennoch trainieren wollen, um nicht aus dem Rhythmus zu kommen, setzen Sie bitte nur ein sehr leichtes Training an:

Montag	leichtes Training
Dienstag	mittleres Training
Mittwoch	hartes Training
Donnerstag	leichtes Training
Freitag	mittleres Training
Samstag	hartes Training
Sonntag	Trainingspause, ab und zu lange, langsame Regenerationsläufe

HOT SPOTS FÜRS HÖHENTRAINING

Zur Vorbereitung der Olympiade in Mexico bauten die Franzosen in Font Romeu in den Pyrenäen ein Leistungszentrum, das auf mexikanische Höhenverhältnisse abgestellt war. Die Schweizer zogen in St. Moritz nach. Deutsche Ruderer trainierten auf dem 2000 Meter hoch gelegenen Silvretta-Stausee im Montafon, die Schweden zogen bis ins äthiopische Hochland, wo der zweifache Marathon-Sieger Abebe Bikila trainierte.

Seit den Olympischen Spielen 1968 gehört Höhentraining bei vielen Spitzenathleten zum festen Programm. Damals kamen viele Läufer unvorbereitet zu den Spielen und kippten einfach um. Für viele Langstreckenläufer mussten Sauerstoffzelte aufgebaut werden. Die Läufer aus Kenya und Äthiopien hatten allerdings kein Problem. Mamo Wolde siegte beim Marathon mit mehr als drei Minuten Vorsprung.

Den Höheneffekt nutzen natürlich viele Flachländer inzwischen auch, indem sie vor wichtigen Wettbewerben in der Höhe trainieren. Nach etwa drei Wochen haben sie unsern Vorteil ausgeglichen. Umgekehrt wirkt es sich auch auf uns aus, wenn wir vier oder fünf Wochen in Europa sind: Unser »Höhenvorteil« verflüchtigt sich dann.

Wenn Sie in der Höhe trainieren wollen, muss Ihr Körper mehr rote Blutkörperchen produzieren. Dazu braucht er Eisen. Wenn Sie nach Äthiopien kommen, brauchen Sie sich darüber keine Gedanken zu machen. Unsere traditionelle Küche ist sehr eisenhaltig, und außerdem gibt es reichlich tropische Früchte zu kaufen. Wenn Sie jedoch in Europa oder den USA ein Höhentraining machen wollen, sollten Sie in jedem Fall zusätzlich ein Eisenpräparat und Vitamine zu sich nehmen. Außerdem müssen Sie mehr trinken.

Eine neuere Erfindung zum Thema Höhentraining sind Zelte, in die Stickstoff eingepumpt wird, um eine Sauerstoffverknappung herbeizuführen und so die Höhe zu simulieren. Dahinter steckt die Idee, auf der einen Seite mehr rote Blutkörperchen zu produzieren und dabei genauso hart zu trainieren wie im Flachland. Die Leute versprechen sich dadurch noch eine größere Leistungssteigerung. Ich habe vom Erfolg dieser Hightech-Methode allerdings noch nichts gemerkt.

Höhentraining bringt nicht jedem einen Vorteil. Der medizinischen Forschung zufolge gibt es Sportler mit so starken Herzen, dass ihre Lungen schon im Flachland nicht genügend Sauerstoff transportieren können. Ihnen hilft Höhentraining nicht weiter.

Europa

St. Moritz Das ist der beliebte Trainingsort in den Alpen. Dort finden Sie im Sommer wie im Winter die passenden Sportanlagen, doch die

Preise sind natürlich entsprechend. Jeder andere Skiort mit einer Höhenlage von 1800 Metern erfüllt die gleichen Voraussetzungen. Wichtig ist aber, dass es ein Hochtal ist. Denn dann können Sie sicher sein, dass Sie hoch gelegene Flachstrecken laufen können. Hanglagen sind ungeeignet. Für Läufer, die Übungsleiter für das Höhentraining brauchen,

HAILES HÖHENTRAINING

Meistens trainiere ich in Entoto, einem etwa 3000 Meter hoch gelegenen Trainingsgebiet. Die Gegend sieht aus wie ein europäisches Mittelgebirge. Rund 1000 Kilometer vom Äquator ist in dieser Höhe noch alles grün. Darüber beginnt der afroalpine Lebensraum mit vielen Nadelhölzern und Eukalyptus.

Die Temperaturen sind perfekt zum Laufen. Morgens ganz früh kann es um 0 Grad sein. Um diese Zeit trainiere ich, wenn ich im Frühjahr nach Europa muss, um mich an die dortigen Temperaturen zu gewöhnen. Wenig später, wenn die Sonne richtig hervorkommt, ist es 20 Grad und wärmer.

Höhentraining ist für die Langstreckler sehr wichtig: Über 1000 Meter herrscht Sauerstoffmangel. Der Körper passt sich der Höhe an und bildet mehr rote Blutkörperchen, die bei der aeroben Energiegewinnung eine bedeutende Rolle spielen.

Die Höhenlage ist für alle äthiopischen Läufer natürlich ein Vorteil. Wenn wir nach Europa auf Meereshöhe kommen, haben wir es sehr leicht. Aber nicht alle Athleten können diesen Vorteil auch für sich nutzen. Manche laufen in 2500 Metern Höhe sehr gut, können sich aber nicht mehr besonders steigern, wenn sie herunterkommen. Bei den meisten Läufern ist das allerdings anders. Wir rechnen mit einem deutlichen Geschwindigkeitszuwachs, wenn wir auf Meereshöhe laufen, vorausgesetzt natürlich, wir haben die gleiche physische Kondition wie in der Höhe.

Allerdings gibt es Athleten im Flachland, die eine größere Zahl an roten Blutkörperchen haben als ich. Obwohl ich in der Höhe lebe, sind meine Blutwerte also nicht außergewöhnlich.

Wenn Europäer zu uns kommen und mit uns in 3000 Metern Höhe trainieren, haben sie es in den ersten zwei bis drei Wochen sehr schwer. Ihr Körper muss sich erst an die Höhe gewöhnen. Bis dahin sind sie sehr kurzatmig, weil sich die Atemfrequenz der verminderten Sauerstoffaufnahme anpasst. Um Sauerstoff zu sparen, produziert der Körper auch mehr Energie auf anaerobem Weg, also ohne Sauerstoff. Deshalb sind die Trainingseinheiten in großer Höhe viel intensiver als im Flachland. Man könnte es auch so ausdrücken: In der Höhe erreicht man mit weniger mehr.

Wir halten es nicht für entscheidend, immer in der größten Höhe zu trainieren. Wir fahren etwa viermal die Woche nach Entoto, an den anderen Tagen trainieren wir rund um Addis, das ca. 500 Meter niedriger liegt. So trainieren wir immer zwischen 2450 und 3000 Metern. Aber in Äthiopien ist natürlich alles Höhentraining.

gibt es spezielle Angebote von zahlreichen Sportreiseveranstaltern. Auf unserer *globalrunners*-Homepage finden Sie eine Link-Sammlung.

Font Romeu in den Pyrenäen Nicht jeder möchte in den teuren Alpendörfern laufen. Sie können natürlich auch – wie Paula Radcliffe oder Gabriela Szabo – einfach in die Pyrenäen fahren. Die Bedingungen sind die gleichen, doch die Orte sind weniger überlaufen. Sie müssen sich dort allerdings lange genug aufhalten, damit der Höheneffekt sich auch einstellt. In Font Romeu gibt es ein Sportleistungszentrum, wo sich Athleten aus den verschiedensten Disziplinen treffen.

Äthiopien

Wenn Sie sich entschließen, ein Höhentraining in Äthiopien zu machen, lohnt es sich natürlich, auch andere Trainingsgebiete zu besuchen und damit ein wenig vom Land kennen zu lernen. Laufen kann man bei uns überall, Autofahren nicht immer. Zumindest brauchen Sie einen Geländewagen.

Addis Abeba Unser Haupttrainingsgebiet ist die Umgebung von Addis Abeba. Die Stadt selbst liegt in einem Tal auf einer Höhenlage von 2450 Metern. Rund 2,6 Millionen Einwohner leben hier. In Addis Abeba gibt es zahlreiche Hotels in jeder Preislage. Das Sheraton zählt zu den besten Hotels der Welt, aber man findet auch reichlich billige Privatpensionen.

Die Trainingsgebiete befinden sich auf den Plateaus der umgebenden Berge in Höhen um 3000 Meter. Felder und Eukalyptuswälder prägen die Landschaft. Organisierte Trainingsreisen nach Äthiopien gibt es im Moment noch nicht. Aktuelle Informationen und weiterführende Hinweise finden Sie auf unserer *globalrunners*-Homepage.

Bahir Dar und die Nilfälle Die am Tana-See gelegene Stadt Bahir Dar ist die schönste im ganzen Land. Der See ist die Quelle des Blauen Nils, und ganz in der Nähe befindet sich mit dem »Tis Isat« (»Rauch des Feuers«) das eindrucksvollste Schauspiel am ganzen Nil: Mehr als 45 Meter hoch und auf einer Breite von 400 Metern stürzt der Wasserfall mäjestätisch den Abgrund hinunter.

Seiten 150/151: Äthiopien wird geprägt durch seine Hochebenen. Immer wieder eröffnen sich atemberaubende Ausblicke ins Rift Valley.

Auch in Bahir Dar finden Sie schöne und preiswerte Hotels in einer malerischen Landschaft. Der See liegt auf einer Höhe von 1788 Metern. Nach dem Training können Sie mit Papyruskanus zu den zahlreichen Inseln übersetzen, und es gibt natürlich auch Nilpferde im Nil.

Lalibella Im 12. Jahrhundert ließ König Lalibella hier ein einzigartiges Labyrinth aus Tunneln, Gängen, Krypten, Grotten und Galerien anlegen. Elf Kirchen wurden als Monolithen aus dem Fels gebrochen.

Lalibella liegt 2600 Meter hoch und ist in Äthiopien ein Wallfahrtsort. Wer nach Äthiopien kommt, sollte dort unbedingt hinreisen.

Langano-See, Shalla-See und Abijatta-See Die drei völlig unterschiedlichen Seen liegen in einer Höhenlage von 1560 Metern nebeneinander mitten im Rift Valley. Hier sieht es aus, wie man sich Afrika im Allgemeinen vorstellt. Schirmakazien und Kakteen prägen das Gesicht der Trockensavanne. Der Abijatta-Shalla-Nationalpark wurde für die vielen Flamingos, Strauße, Marabus, Pelikane und Fischadler usw. gegründet. Sie sind die größten der über 800 Vogelarten in Äthiopien.

Die Hotels liegen alle am Langano-See, wo man sich nach dem Lauf durch die Savanne am Swimmingpool entspannen kann.

USA

Boulder, Colorado Das amerikanische Laufparadies Boulder liegt in Colorado am Fuß der Rocky Mountains. In 1800 Metern Höhe ist die Luft klar und sauber, und das Wetter ist im Sommer wie Winter fast immer perfekt zum Laufen. Viele Weltklasseläufer kommen zum Training nach Boulder, wenn sie nicht gleich dort leben wie Uta Pippig. Amerikanisch perfekt, gibt es fast 100 Meilen angelegte Laufwege, Laufseminare und Sport Shops, daneben natürlich auch alles, was eine amerikanische Stadt sonst zu bieten hat.

Flagstaff, Arizona Das zweite amerikanische Laufmekka ist Flagstaff in Arizona, das in 2000 Metern Höhe in einer waldreichen Umgebung liegt. Bekannt ist Flagstaff wegen seiner Nähe zum Grand Canyon, der natürlich immer eine Reise wert ist.

Laufurlauber sollten sich ein Hotel suchen, das möglichst weit von der Eisenbahn entfernt liegt. Das ist nicht ganz einfach, denn die Bahnstrecke verläuft mitten durch den Ort, und an jedem Bahnübergang hupen die 180 Züge, die täglich durch Flagstaff fahren.

2 Fitness und Ernährung

Über die richtige Ernährung im Sport wird so viel geschrieben, dass man leicht den Überblick verliert. Immer wieder hört man von neuen Erkenntnissen, die uns dann als ultimative Ernährungsratschläge präsentiert werden.

Ich verbrauche täglich beim Training um die 2000 Kalorien zusätzlich, und die muss ich wieder ersetzen. Deshalb achte ich natürlich darauf, was ich esse, damit mein Körper all die Stoffe bekommt, die er für die Trainingsbelastung und eine schnelle Regeneration braucht. Eine normale gesunde Mischkost ist da ausreichend. Kohlenhydrate sind für Läufer allerdings besonders wichtig.

Es kommt nicht darauf an, ob man jeden Tag Fleisch isst oder einen bestimmten Ernährungsplan einhält. Ich weiß, was ich brauche, und ich mache mir keine Gedanken über die Mengen. Ich habe ein einfaches Prinzip, an das sich jeder halten kann: Wenn ich hungrig bin, esse ich, bis ich satt bin. Wenn ich keinen Hunger habe, dann esse ich auch nichts.

Die Menschen in den Industrienationen haben leider völlig andere Essgewohnheiten. Sie essen, weil es Zeit zum Mittag- oder Abendessen ist. Manchmal ist das Essen auch eine gesellschaftliche oder berufliche Verpflichtung. Dieses unnatürliche Verhalten bringt man sogar schon den Kindern bei.

ÄTHIOPISCHE BIOPOWER

Injera Unser Nationalgericht heißt *injera.* Das sind graue weiche Fladen aus Sauerteig, die aus *teff,* einem nur in Äthiopien vorkommenden Getreide, zubereitet werden. Sie sehen zwar so ähnlich aus wie französische Crèpes, schmecken jedoch ganz anders. *Injera* ist die Basis für jedes äthiopische Essen: Man bedeckt einen großen Teller mit den Fladen und verteilt dann darauf die Zutaten – Fleisch, Kartoffeln, Gemüse und Salate. Gegessen wird mit den Fingern. Man reißt ein Stück Fladen ab und greift sich damit dann die Zutaten. Es gilt als Zeichen besonderer Zuneigung, sich gegenseitig zu füttern.

Injera enthalten sehr viel Eisen, was für Läufer wichtig ist, da es ja zur Bildung der roten Blutkörperchen gebraucht wird. Alles, was wir essen,

Haile Gebrselassie mit seiner Frau Alem. In Äthiopien ist es Tradition, mit den Fingern zu essen.

ist gesund und stammt meist aus biologischem Anbau. Große Farmen, auf denen Dünge- und Pflanzenschutzmittel eingesetzt werden, gibt es nur sehr wenige. Unser Fleisch ist hervorragend, denn es stammt von glücklichen Hühnern und Rindern, die ohne Hormonzugaben den ganzen Tag frei herumlaufen und ausschließlich Gras fressen.

Vitaminpower Unser Lebenselexier – eine wahre Vitaminbombe – heißt *spries*. Es besteht aus mehreren Schichten tropischer Fruchtsäfte, die so dickflüssig sind, dass man sie löffeln kann. Eine köstliche Kombination ist zum Beispiel Papaya, darüber eine Schicht Avocado und dann noch Granatapfel und Mango. Gekrönt wird das Ganze durch einen Schuss Sirup. Dieser Vitamincocktail schmeckt nicht nur gut, sondern ist auch besonders reich an den Vitaminen A, B6 und C, Pantothensäure und Biotin. Zudem führt er dem Körper Magnesium, Kalium und Kupfer zu. Avocado enthält allerdings sehr viel Fett. Sportler sollten das in ihrem Ernährungsplan berücksichtigen.

Wenn man als Läufer regelmäßig einen solchen Fruchtcocktail zu sich nimmt, braucht man mit Sicherheit keine Vitamintabletten. Wir in Äthiopien halten ohnehin nicht viel von Chemie, wir vertrauen lieber auf die Natur.

Das größte Problem in den Industrieländern sind die vielen Kalorien, die vor allem in aufbereitetem Mehl und Zucker verzehrt werden, also auch als Süßigkeiten. Läufer sollten so wenig Süßes wie möglich essen. Wenn man bedenkt, wie weit man mit der Energie einer Tafel Schokolade laufen könnte beziehungsweise wie lange man laufen muss, um die Kalorien wieder abzutrainieren, wird rasch klar, warum.

Schokolade ist bei uns in Äthiopien den Reichen vorbehalten. Viele Kinder haben noch nie Schokolade gegessen. Das gilt übrigens erstaunlicherweise auch für Westafrika, obwohl der Kakao dort zu den Hauptanbauprodukten gehört. Aber es wird fast alles als Rohstoff nach Europa exportiert.

Kollo: Die kleine Mahlzeit Natürlich haben wir auch unsere kleinen Snacks. *Kollo* heißt diese Mischung aus gerösteten Gerstenkörnern, Erdnüssen, Sonnenblumenkernen und Kichererbsen. Das ist beste Vollkornkost und schmeckt ausgezeichnet.

Diese Früchte enthalten je 100 g:

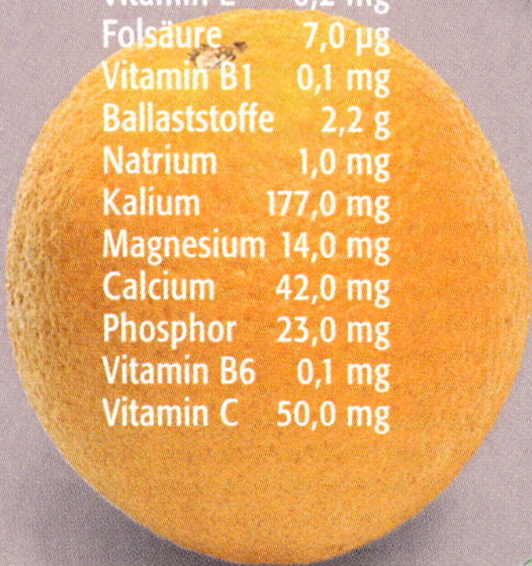

ORANGE

Energie	47,1 Kcal
Wasser	85,7 g
Eiweiß	1,0 g
Eisen	0,4 mg
Zink	0,1 mg
Vitamin A	15,0 µg
Carotin	0,1 mg
Vitamin E	0,2 mg
Folsäure	7,0 µg
Vitamin B1	0,1 mg
Ballaststoffe	2,2 g
Natrium	1,0 mg
Kalium	177,0 mg
Magnesium	14,0 mg
Calcium	42,0 mg
Phosphor	23,0 mg
Vitamin B6	0,1 mg
Vitamin C	50,0 mg

PAPAYA

Energie	12,9 Kcal
Wasser	94,5 g
Eiweiß	0,5 g
Eisen	0,4 mg
Zink	0,1 mg
Vitamin A	93,0 µg
Carotin	0,6 mg
Vitamin E	0,7 mg
Magnesium	41,0 mg
Calcium	21,0 mg
Phosphor	16,0 mg
Ballaststoffe	1,9 g
Natrium	3,0 mg
Kalium	211,0 mg
Vitamin C	82,0 mg

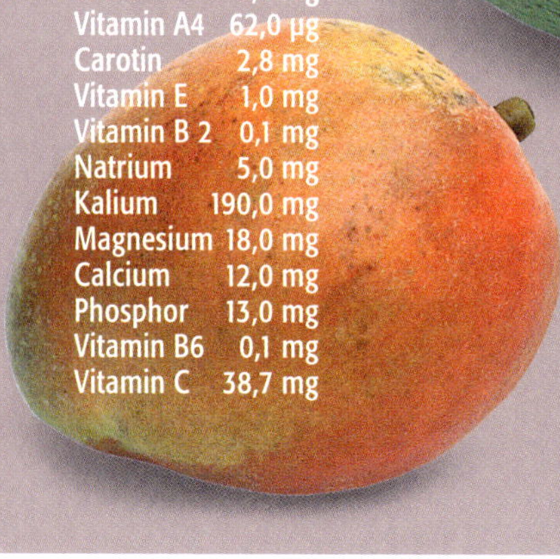

MANGO

Energie	60,3 Kcal
Wasser	83,4 g
Eiweiß	0,6 g
Eisen	0,4 mg
Vitamin A4	62,0 µg
Carotin	2,8 mg
Vitamin E	1,0 mg
Vitamin B 2	0,1 mg
Natrium	5,0 mg
Kalium	190,0 mg
Magnesium	18,0 mg
Calcium	12,0 mg
Phosphor	13,0 mg
Vitamin B6	0,1 mg
Vitamin C	38,7 mg

AVOCADO

Energie	217,5 Kcal
Wasser	69,5 g
Eiweiß	1,9 g
Fett	23,5 g
Zink	0,4 mg
Vitamin A	12,0 µg
Carotin	0,1 mg
Vitamin E	1,3 mg
Folsäure	30,0 µg
Ballaststoffe	3,3 g
Natrium	3,0 mg
Kalium	503,0 mg
Magnesium	29,0 mg
Calcium	10,0 mg
Phosphor	38,0 mg
Eisen	0,6 mg
Vitamin B1	0,1 mg
Vitain B2	0,2 mg
Vitamin B6	0,5 mg
Vitamin C	13,0 mg

Tsegereda Abebe genießt einen Vitamincocktail *(spries)* im Olympic Cafe von Haile Gebrselassie.

Ich selbst mache mir nicht besonders viel aus Süßigkeiten, und das ist für mich als Läufer ein Vorteil. Ich glaube auch, dass Geschmack etwas Anerzogenes ist. Wenn Sie gerne Süßigkeiten essen, können Sie sich trotzdem langfristig auf gesündere Kost umstellen. Das ist allerdings nicht ganz einfach. Wichtig ist, dass Sie nie das Gefühl haben, auf etwas verzichten zu müssen, denn dann klappt es mit der Umstellung nicht. Sie müssen sich immer klar machen, dass Sie etwas dabei gewinnen – nämlich Energie und Gesundheit.

Bula Eine weitere Spezialität der äthiopischen Biopower heißt *bula*. Es wird aus dem Stamm der Enset-Staude gewonnen. Enset wird auch »falsche Banane« genannt, denn die Stauden sehen den Bananen zum Verwechseln ähnlich. Enset wächst nur in Äthiopien und ist eine wichtige Nahrungsgrundlage für etwa zehn Millionen Menschen. Von der Wurzel bis zu den Blättern wird jeder Teil dieser Staude genutzt. Obwohl erst nach sieben Jahren geerntet werden kann, ergibt ein Hektar weit mehr

Enset wird nicht auf großen Plantagen, sondern ausschließlich von einzelnen Bauern angebaut.

Als Verpackungsmaterial für die rohe *bula*-Masse dienen die Blätter der Enset-Staude.

Kilokalorien als Mais, Süßkartoffeln oder Bohnen. Außerdem ist die Enset-Pflanze sehr resistent gegen Trockenheit. Aus diesem Grund wird der Anbau von Enset durch Kleinbauern, wie mein Vater einer war, auch von einigen Hilfsorganisationen gefördert. (Sie können *bula* bei uns bestellen: www.globalrunners.de.)

Bula ist reich an Kohlenhydraten und Mineralien. Es wird vom Organismus rasch aufgenommen, ohne ihn zu belasten. Das ist für Athleten besonders wichtig. Es ist sehr bekömmlich und scheint auch für Allergiker geeignet zu sein. *Bula* wird pulverisiert und schmeckt hervorragend im Müsli.

Nicht nur ich, alle äthiopischen Läufer essen fast täglich *bula*. Vielleicht ist es so etwas wie unser Zaubertrank. Wir kochen es mit Milch und mit äthiopischer Butter. Das ist sicher nicht jedermanns Geschmack, da die Butter gewürzt und geräuchert wird. Es geht aber auch ohne Butter. Ich habe ein spezielles Rezept für ein leckeres Frühstück entwickelt, das Ihnen bestimmt auch schmecken wird:

VON HAILE

Zwei Esslöffel *bula*-Pulver mit Wasser zu einer Paste verrühren. 0,2 Liter frische Milch erhitzen und die Paste sowie einen Esslöffel 100-prozentigen Bienenhonig hineinrühren. Haferflocken, Rosinen und Bananen in eine Müslischale füllen, *bula* hinzugeben und das Ganze mischen.

»RUNNER'S DIET« – AM BESTEN VON ALLEM ETWAS

Läufer brauchen – wie schon gesagt – keine komplizierte Diät. Wichtig ist eine gesunde, abwechslungsreiche Mischkost mit vielen Kohlenhydraten. Das klingt doch beruhigend, denn es gibt bekanntlich kaum etwas, das schwerer zu verändern ist als die Essgewohnheiten – jeder, der einmal eine Schlankheitskur gemacht hat, kann ein Lied davon singen. Aber ein bisschen müssen Sie Ihre Ernährung wahrscheinlich doch umstellen, indem Sie Süßigkeiten und Fett reduzieren. Besonders, wer auf Kantinenessen angewiesen oder sehr viel unterwegs ist, wird Schwierigkeiten haben, seine Ernährung optimal zu gestalten. Manch einer kann sich auch einfach nicht gegen den Rest der Familie durchsetzen und wird sozusagen zu BigMac und Sahnetorte gezwungen.

Kohlenhydrate: Energiespender Nummer eins An erster Stelle bei den Energielieferanten für Langstreckenläufer stehen die Kohlenhydrate. Sie sichern die Leistungsfähigkeit über längere Zeiträume. Vor Wettkämpfen müssen die Kohlenhydratspeicher gut vorbereitet und ausreichend gefüllt sein, weil der Organismus unter der intensiven Wettkampfbelastung weniger Kohlenhydrate in den muskulären Glykogenspeicher aufnimmt als ohne Belastung. Bei Ausdauerwettbewerben von über einer Stunde müssen Sie aber in jedem Fall Kohlenhydrate in Form von Getränken zu sich nehmen, um zumindest den Leberglykogenspeicher wieder aufzufrischen. Wenn Sie Ihrem Körper zu wenig Kohlenhydrate zur Verfügung stellen, leeren sich die Speicher, und es kommt zu einem Blutzuckerabfall. Das merken Sie zum Beispiel daran, dass Sie ein Hunger- oder Schwindelgefühl überkommt. Vielleicht denken Sie auch plötzlich: »Das schaffe ich nie bis ins Ziel!« Die Kraft lässt ganz einfach nach.

Wenn Sie regelmäßig trainieren, wachsen Ihre Glykogenspeicher in der Muskulatur um bis zu 60 Prozent. Auch die Speicherkapazität in der Leber kann sich verdoppeln. Mit derartig großen Rücklagen ausgestattet, können Sie bis zu 120 Minuten laufen, ohne nachzutanken.

Essen können Sie während eines Wettkampfs natürlich nicht. Sorgen Sie deshalb vor, indem Sie reichlich Kohlenhydrate zu sich nehmen. Ein paar Stunden vor dem Wettkampf – damit der Körper ausreichend Zeit

VON HAILE

Sportgetränke sind nicht nur flüssige Kohlenhydratlieferanten, sondern enthalten auch andere Stoffe, die Sie während der Belastung verbrauchen.

zur Verdauung hat –, können Sie Ihre Kohlenhydratspeicher mit Pasta, Reis, Brot, Kartoffeln oder Müsli auffüllen. Wenn Sie allerdings einen Marathon laufen, brauchen Sie wahrscheinlich eine zusätzliche Ration in flüssiger Form, um ans Ziel zu kommen.

Fett für die Ausdauer Unser Körper braucht Fett: als Energiedepot, zur Wärmeisolierung und als Polster. Ohne Fett könnten die Hormone ihre Funktion nicht erfüllen, und auch bei der Verdauung kommt es zum Einsatz. Fett ist der Energielieferant für die geringen, aber lang andauernden Belastungen. Wenn Sie also sehr langsam laufen, aber mindestens 45 Minuten lang, verbrennen Sie Fett. Theoretisch könnten Sie mit 10 Kilogramm Fett 500 Kilometer weit laufen. Sie können Ihren Fettstoffwechsel trainieren, indem Sie Ihre Trainingsdauer auf über zwei Stunden ausdehnen. Damit können Sie dann auch extreme Dauerbelastungen überstehen.

Zu viel Fett verlängert allerdings die Regeneration und schwächt damit den Trainingseffekt ab. Generell gilt für Sportler: Achten Sie darauf, dass Ihre Nahrung nicht mehr als 25 Prozent Fett enthält. Halten Sie sich bei Fleisch, Wurst, Käse, Kuchen, Schokolade und zuckerhaltigen Getränken ein bisschen zurück.

Auch mit Ölen sollten Sie sparsam umgehen. Für Salate nehmen Sie am besten Walnuss- oder Leinöl, zum Anbraten Raps- oder Olivenöl. Wegen der wichtigen Omega-3-Fettsäuren ist es empfehlenswert, mindestens zweimal in der Woche Fisch zu essen.

Proteine: Nicht nur für Bodybuilder Proteine oder Eiweiße sind die Grundbausteine der Muskelzellen, des Immunsystems, der Sehnen und der Haut. Sie steuern alle biochemischen Prozesse im Körper und sind, chemisch betrachtet, aus Aminosäuren aufgebaut. Da unser Körper nicht alle wichtigen Aminosäuren selbst produziert, müssen wir zusätzlich einige mit der Nahrung aufnehmen. Deshalb sollte jeder – und für Sportler gilt das natürlich besonders – auf eine gesunde vielfältige Ernährung achten.

Proteine werden beim Sport vor allem für die Muskelbildung benötigt, weshalb Bodybuilder reines hochwertiges Eiweißpulver zu sich nehmen. Als Langstreckenläufer brauchen Sie keine schweren Muskelpakete und damit auch nicht so viel Eiweiß. Pro Kilogramm Körpergewicht sind etwa zwei Gramm Protein täglich ausreichend.

Zur Energiegewinnung werden die Aminosäuren nur bei extrem langen Belastungen herangezogen. Bei einem Marathonlauf verbrennt man eine ganze Menge Eiweiß – etwa 40 Gramm. Das heißt, man baut seine mühsam erworbene Muskelmasse rasant ab. Und im Gegensatz zu den Kohlenhydratspeichern, die sich verhältnismäßig schnell wieder anfüllen, dauert das beim Eiweiß unter Umständen Monate. Das ist die Hauptursache für die langen Regenerationszeiten beim Marathon.

DIE PROTEINWERTIGKEIT VON NAHRUNGSMITTELN (IN %)

Fleisch	95
Fisch	94
Vollmilch	88
Käse	85
Sojabohnen	84
Reis	70
Weizen	56
Mais	54

Es gibt pflanzliches und tierisches Eiweiß, wobei das tierische Eiweiß eine höhere Wertigkeit besitzt. Die Wertigkeit gibt an, wie viel Prozent körpereigenes Eiweiß aus dem zugeführten Eiweiß gebildet werden kann.

Glücklicherweise kann man die Eiweiße kombinieren, was für die Vegetarier unter Ihnen von Interesse ist. Durch die Kombination von Bohnen und Mais (101 Prozent) erreicht man zum Beispiel die gleiche biologische Wertigkeit wie bei Vollei (100 Prozent). So bekommen wir auch in der Fastenzeit, wenn alle tierische Nahrung verboten ist, hochwertiges Protein.

Das ABC der Vitamine Wenn Sie viel Sport treiben, reichen die Vitaminmengen, die Sie mit Ihrer Nahrung aufnehmen, nicht mehr aus – Ihr Körper verlangt nach mehr. Durch den großen Energieumsatz bei der sportlichen Belastung und über den Schweiß verlieren Sie viele wichtige Vitamine, die Sie unbedingt ersetzen müssen.

Ihr Tagesbedarf, der je nach Vitamin unterschiedlich ist, hängt von verschiedenen Faktoren ab. Beispielsweise braucht man als Sportler über doppelt so viel an Vitamin A wie ein Untrainierter, an Vitamin C die fünf- bis achtfache Menge, etwa 300 bis 500 Milligramm. Zum Vergleich: Hundert Gramm Papaya enthalten 82 Milligramm Vitamin C. Beim Höhentraining braucht man sogar noch mehr.

Sie können Ihren erhöhten Vitaminbedarf natürlich durch Vitamintabletten abdecken. Es schadet nichts, aber es ist doch etwas widersinnig, wenn Sie auf gesunde Ernährung achten und Biokost bevorzugen und dann gleichzeitig chemisch hergestellte Vitamine schlucken. Nehmen Sie die Vitamine, die Sie brauchen, lieber in Form von Obst, Gemüse und Salat zu sich. Diese Nahrungsmittel enthalten zusätzlich eine ganze Menge sekundärer Pflanzenstoffe, die gesund sind und Ihr Immunsystem stärken.

Nahrungsergänzungen – Zusatzkraftstoff für Sportler? Natürlich gibt es auch spezielle Nahrungsergänzungspräparate für Sportler – Pulver, Drinks und Riegel, die Sie vorher oder nachher, während des Laufens oder vor intensivem Training, zum Beispiel für Wettkämpfe, zu sich nehmen können. Ob Sie so etwas einsetzen wollen, müssen Sie selbst entscheiden. Darüber, welche Bausteine Ihr Körper zur Fitness braucht und wie Sie diese durch Ihre Ernährung abdecken können, gibt es eine ganze Reihe informativer Bücher, zum Beispiel »Ernährung und Training fürs Leben – 20 Bausteine für Ihre Fitness«, das der Biologe und Sportwissenschaftler Dr. Wolfgang Feil und der Orthopäde Dr. Thomas Wessinghage, der frühere Weltklasseläufer, gemeinsam verfasst haben.

Ein Problem der Nahrungsergänzungen ist die Reinheit. Nicht jeder Hersteller erfüllt die Produktionsauflagen, und Leistungssportler, die den Dopingkontrollen unterliegen, können so ungewollt ein Problem bekommen. Bei einem Test von über 600 Proben waren 15 Prozent der überprüften Nahrungsergänzungsmittel mit unerlaubten Substanzen belastet. Verantwortungsbewusste Hersteller lassen ihre Produkte deshalb regelmäßig vom Institut für Biochemie an der Deutschen Sporthochschule Köln, das vom IOC offiziell als Labor für Dopinganalytik anerkannt ist, überprüfen. Bevor Sie also Nahrungsergänzungen zu sich nehmen, sollten Sie – besonders als Leistungssportler – sicherstellen, dass die Produkte auf unerwünschte Zusatzstoffe getestet sind.

Die individuelle Ernährungsanalyse Wenn Sie unsicher sind und das Gefühl haben, Sie könnten Ihre Leistung noch optimieren, oder Ihre Regeneration geht Ihnen zu langsam, dann kann natürlich auch

Wer viel trainiert, muss auch gut essen.

ein Ernährungsproblem vorliegen. Aufschluss darüber gibt Ihnen eine Ernährungsanalyse.

Im Hochleistungssport ist eine Ernährungsanalyse ein hilfreiches Instrument, um Informationen über den Ernährungsstatus und damit über die Energiezufuhr von Athleten zu bekommen. Normalerweise wird dabei über einen Zeitraum von sieben Tagen die Menge und Art der verzehrten Lebensmittel möglichst genau notiert und dann analysiert. Aber auch leistungsorientierte Amateure sowie »Schlankläufer« sollten eine Analyse machen. Ausdauersportler brauchen außer einer optimalen Kohlenhydratversorgung genügend Eisen, Magnesium und Kalium. Alles, womit Sie Ihren Körper auf natürlichem Weg versorgen, müssen Sie nicht mehr in Form von Nahrungsergänzungen zuführen.

Wenn Sie regelmäßig Nahrungsergänzungen zu sich nehmen, rechnen sich die Ausgaben für eine Ernährungsanalyse in jedem Fall. Vielleicht tun Sie ja auch schon zu viel des Guten. Ein Zuviel an Vitaminen und Mineralien schadet zwar nichts, aber es nützt auch nichts. Und da die Nahrungsergänzungen teuer sind, können Sie möglicherweise Geld sparen und Risiken vermindern.

Leistungssportler, die der Dopingkontrolle unterliegen, müssen besonders vorsichtig mit Nahrungsergänzungen umgehen. Das Leistungsdiagnosezentrum der Deutschen Sporthochschule Köln hilft Ihnen natürlich auch in dieser Hinsicht weiter.

Denn wer zu wenig Kohlenhydrate zu sich nimmt, bekommt ein chronisches Glykogendefizit. Dies führt langfristig zu einem schlechten Trainingszustand und damit zu Leistungseinbußen. Umgekehrt führt eine schnelle Regeneration der Kohlenhydratspeicher langfristig zu einer Steigerung der Speicherkapazität.

Ernährungstipps für Vegetarier Viele Menschen werden mit zunehmendem Alter gesundheitsbewusster, treiben Sport wegen der Gesundheit und achten deshalb verstärkt auch auf ihre Ernährung. Viele lehnen die chemischen Zusätze ab und essen nur noch Biokost. Gleichzeitig kaufen sie aber Nahrungsergänzungen.

Wenn Sie auf eine rein vegetarische Ernährung setzen, achten Sie in jedem Fall schon mehr auf Ihre Ernährung als der Durchschnitt der Bevölkerung. Sicher haben Sie Ihre eigenen subjektiven Erfahrungen, doch gibt es bis heute keine wissenschaftlichen Daten darüber, ob eine vegetarische Ernährung entsprechende Vorteile bringen könnte. Wesentlich mehr Studienergebnisse verweisen jedoch auf einen Zusammenhang zwischen vegetarischer Ernährung und Gesundheit.

Vegetarische Ernährung bedeutet jedoch mehr, als nur auf Fleisch oder Milchprodukte zu verzichten. Ein unausgewogener vegetarischer Speiseplan birgt ein potenzielles Risiko für ein mittelfristiges Nährstoffdefizit. Die Folge ist ein Leistungseinbruch. Sie trainieren und trainieren, aber es tut sich nichts.

Das heißt: Der Nährstoffmix muss stimmen!

Denn unabhängig von der Lebensmittelauswahl benötigt Ihr Organismus, um gesund und leistungsfähig zu bleiben, eine ausreichende Versorgung mit allen Nährstoffen. Wenn Sie also auf Fleischprodukte und Milchprodukte verzichten, müssen Sie auf andere Lebensmittel ausweichen, um auf die notwendige Menge an Nährstoffen zu kommen. Besonders, wenn Sie Vegetarier sind, kann eine Ernährungsanalyse hilfreich sein. Aktuelle Informationen hierzu finden Sie auf unserer *globalrunners*-Homepage.

KRAFT TANKEN DURCH TRINKEN

Langstreckenläufer müssen sehr viel trinken. Das klingt vielleicht banal, aber leider wird dieser Grundsatz nicht immer beachtet. Dabei verliert der Körper beim Laufen über den Schweiß oft große Mengen an Wasser, und damit gerät der lebenswichtige Elektrolythaushalt aus dem Gleichgewicht.

Je höher Ihr Gewicht ist, desto mehr schwitzen Sie. Wenn Ihnen der Schweiß heruntertropft, verlieren Sie mehr als 1,5 Liter Wasser pro Stunde. Deshalb ist es immens wichtig, bei langen Läufen zu trinken, und zwar nicht nur im Wettkampf, sondern auch schon im Training. Reines Leitungswasser ist meist nicht genug. Als Getränk eignet sich Mineralwasser ohne Kohlensäure oder ein Sportdrink, der mit Elektrolyten und Kohlenhydraten angereichert ist.

Neben der ausreichenden Menge spielt auch der Zeitpunkt der Flüssigkeitsaufnahme eine wichtige Rolle. Trinken Sie frühzeitig, nicht erst, wenn der Durst kommt. Er ist ein erstes Anzeichen der Hitzeerschöpfung, und dann ist es zu spät.

Wie man beim Marathon nicht in die Durstfalle läuft Durchtrainierte Spitzensportler trinken bei Marathonläufen und niedrigen Temperaturen wenig und auch schon mal gar nichts. Sie kommen mit Ihren Körpervorräten aus. Denn je besser man trainiert ist, desto weniger schwitzt man.

Beim Marathon sollten Sie bereits nach 5000 Metern anfangen zu trinken, auch wenn Sie sich noch fit fühlen. Damit verhindern Sie, dass Sie in die Durstfalle laufen. Ein Marathonläufer, der 70 Kilogramm wiegt und sich bei einer Außentemperatur von 15 °C voll belastet, verliert 1,2 Liter Flüssigkeit pro Stunde. Bei 30 °C sind es schon 1,8 Liter pro Stunde und manchmal sogar noch mehr, die er ausschwitzt. Untersuchungen haben ergeben, dass der Magen unter intensiver Ausdauerbelastung nur 0,8 bis 1 Liter Flüssigkeit pro Stunde in den Organismus abgeben kann. Wenn Sie aber beispielsweise 1,2 Liter pro Stunde ausschwitzen, verlieren Sie mehr, als Sie durch Trinken ausgleichen können. Das führt dann irgendwann zur Dehydration und damit zum Leistungszusammenbruch. Nähere Einzelheiten zur Hitzeerschöpfung finden Sie im Kapitel »Verletzungen und Beschwerden beim Laufen« im Abschnitt »Trainingspraxis«.

Bei einem 70 Kilogramm schweren Menschen machen 1,8 Liter bereits zwei Prozent seines Körpergewichts aus. Aber nicht nur der Wasserhaushalt, auch der Kohlenhydratvorrat kann beim Marathon durch geschicktes Trinken nachgefüllt werden. Durch ein paar Schlucke von einem Maltodextrin-haltigen Getränk kann man sich auf den letzten Kilometern noch etwas Zusatzenergie verschaffen.

Unter anstrengenden sportlichen Belastungen ist es die Regel, dass die Körpertemperatur auf 39 bis 40 °C ansteigt. Bei Marathonläufen in großer Hitze kann es sogar zu Temperaturen über 40 °C kommen. Auch deshalb müssen Sie beim Marathon reichlich Flüssigkeit zu sich nehmen und sich bei Hitze zusätzlich abkühlen, indem Sie sich einfach etwas Wasser über den Kopf schütten.

Bei außergewöhnlichen Anstrengungen und hohen Temperaturen braucht der Körper Abkühlung von innen und außen.

3 Wenn der Körper SOS funkt

VIELE VERLETZUNGEN SIND EINFACH VERMEIDBAR

»Sport ist Mord« – mit diesen Worten kommentieren Leute, die keinen Sport treiben, gern die vielfältigen Verletzungen, die Profi- und auch Hobbysportlern drohen. Dennoch ist es natürlich Unsinn, keinen Sport zu treiben, um diesen Gefahren aus dem Weg zu gehen. Im Vergleich zu anderen Sportarten gehört Laufen sicherlich zu den ungefährlicheren. Trotzdem kann es zu schwerwiegenden Verletzungen des Bewegungsapparats kommen. Welchen Belastungen Füße und Beinmuskulatur bei einem 10 000-Meter-Lauf ausgesetzt sind, haben wir ja bereits beschrieben. Aber wer viel trainiert, läuft auch Gefahr, sich zu überlasten. Das gilt für jeden Sport. Viele Verletzungen wären allerdings zu vermeiden gewesen. Die Hauptursachen sind falscher Ehrgeiz, Fehlbelastungen und Unwissenheit.

Eine Verletzung ist meist schmerzhaft und kann langfristige Folgen für den Sportler haben. Vorsicht ist deshalb kein Zeichen von Schwäche, sondern eher von Weitsicht und Eigenverantwortung. Wer lange keinen Sport mehr getrieben hat, muss – insbesondere in fortgeschrittenem

Alter – seinen Körper bewusst und mit aller Vorsicht behandeln. Kommt es dennoch zu einer Verletzung, sollten Sie unbedingt die Regenerationszeit einhalten.

DER BESTE RATGEBER: IHR EIGENER KÖRPER

Wenn Sie Sport treiben, bewegen Sie sich schneller als im normalen Leben. Die Kräfte, die auf die einzelnen Sehnen, Muskeln und Gelenke einwirken, sind weitaus stärker. Aus diesem Grund gibt es eigentlich

YOUR BODY IS YOUR FRIEND

Regel 1: Zwingen Sie sich zu nichts, wenn Sie sich nicht fit fühlen. Entwickeln Sie keine Schuldgefühle deshalb, sondern gönnen sich ruhig einen Tag Pause, bevor Sie das Training wieder aufnehmen. Vergessen Sie nie: Laufen soll Spaß machen!

Regel 2: Schützen Sie sich bei schlechtem Wetter durch geeignete Kleidung. Besonders wichtig an kühlen Tagen sind Warm-up und Dehnübungen vor dem Training.

Regel 3: Trainieren Sie bei großer Hitze nicht zu intensiv. Wenn es zu warm ist, drohen Gefahren wie Hitzschlag oder Wasserverlust durch übermäßiges Schwitzen. Sie verlieren dann mehr als 1 $^{1}/_{2}$ Liter Wasser pro Stunde, bei großer Hitze sogar noch weit mehr. Wassermangel kündigt sich meist mit Kopfschmerzen an. Der Hitzschlag ist dann nicht mehr weit.

Regel 4: Auch bei hoher Luftfeuchtigkeit müssen Sie sehr aufpassen. Die Haut wird weich und scheuert sich wund.

Regel 5: Trainieren Sie nur in gut passenden Laufschuhen, die Ihre Sehnen und Muskeln optimal stützen.

Regel 6: Ein sauberer Laufstil trägt maßgeblich dazu bei, Fehlbelastungen zu vermeiden. Vergessen Sie deshalb nie, Ihre Koordinationsübungen zu machen.

Regel 7: Wenn Sie vom letzten Training noch Schmerzen haben, ist das ein Alarmsignal! Sie sollten unbedingt eine Regenerationspause einlegen.

Regel 8: In Zeiten besonderer beruflicher Anspannung verzichten Sie lieber auf hartes Training. Lockere Regenerationsläufe sind dann das Beste für Sie. Sammeln Sie beim Laufen Kraft für den Alltag.

Regel 9: Wenn Sie beim Laufen plötzlich unter Atemnot leiden, übermäßig schwitzen oder sonstige Beschwerden bekommen, brechen Sie das Training umgehend ab.

Regel 10: Nehmen Sie sich nicht zu viel vor, besonders wenn Sie mit anderen trainieren, die besser sind als Sie. Falscher Ehrgeiz macht krank.

Seiten 170/171: Haile versucht den Stundenweltrekord zu brechen, verletzt sich aber.

adidas

ANTON ENGELS – INTERVIEW MIT DEM PHYSIOTHERAPEUTEN

Profisportler laufen über 200 Kilometer pro Woche – durch die extreme Dauerbelastung kommt es häufig zu Verletzungen. Deshalb spielt ein guter Physiotherapeut für jeden Leistungssportler eine wichtige Rolle.

Haile Gebrselassie wird seit 1999 von dem Niederländer Anton Engels physiotherapeutisch betreut.

Betreust du außer Haile noch andere Läufer, Anton?

Mit Läufern habe ich schon sehr lange zu tun. Genau genommen seit dem Rotterdam-Marathon 1985. Damals traf ich Jos Hermens, und seitdem arbeite ich für die Athleten seines Unternehmens, der Global Sports Communication. Daneben bin ich Therapeut der Niederländischen Leichtathletik-Nationalmannschaft und des Deutschen Champion-Tennis-Teams. Außerdem unterrichte ich Trainer des Deutschen Fußballbundes in Physiotherapie. Bei der Olympiade in Sydney und den Weltmeisterschaften in Edmonton war ich für die äthiopische Nationalmannschaft tätig. Seit 1999 kümmere ich mich intensiv um Haile, der damals erste Beschwerden mit seiner Achillessehne hatte.

Was kann der Physiotherapeut in einem solchen Fall tun?

Haile hatte in diesem Jahr sehr viele unterschiedliche Strecken gelaufen und dadurch vermutlich seine Sehne überstrapaziert. Wir hofften damals, dass sich das Problem erledigen würde, wenn er sich schonte. Mit ihm zusammen habe ich spezielle Dehnübungen und ein Krafttraining entwickelt. Beides hat sich außerordentlich gut bewährt und gehört heute zu seinem normalen Trainingsprogramm. Dieses Programm gibt es übrigens auf CD-Rom.

Hailes Muskelfaserriss: Sekunden vor dem Zusammenbruch

Was ist anders bei diesem Ansatz?
Das Programm von Haile ist auf seine individuelle Persönlichkeit zugeschnitten. Ich war inzwischen häufig in Addis Abeba und habe bei Haile gewohnt. Umgekehrt hat er nach seiner Operation ein paar Wochen bei mir zu Hause zur Rehabilitation verbracht. So sind in dieses Trainingsprogramm afrikanische und europäische Denkweisen eingeflossen. Ich habe ihm Übungen vorgeschlagen, und Haile hat sie in sein Programm aufgenommen, wenn er davon überzeugt war, dass sie gut für ihn sind.

Wie war der Erfolg?
Ich würde sagen, sehr gut. Als das Problem mit der Sehne nicht besser wurde, flog ich mit Haile zu den besten Ärzten in der ganzen Welt. Eine Operation wollten wir unbedingt vermeiden, denn die Olympiade stand ja vor der Tür. Viele Athleten finden nach einer solchen Operation den Weg nicht mehr zurück auf das Siegerpodest. Aber Haile gewann in Sydney, entgegen allen Erwartungen.

Auch nach der Operation war er extrem schnell wieder fit. Sein dritter Platz bei den Weltmeisterschaften in Edmonton nach nur drei Monaten Training und dann zwei Monate später der Gewinn der Halbmarathon-Weltmeisterschaft sind der eindrucksvolle Beweis.

Wo gibt es aus deiner Sicht Unterschiede zu europäischen Läufern?
Unter physiotherapeutischen Aspekten trainieren Afrikaner mehr für ihre Ausdauer und auch für die Stabilität ihrer Fußgelenke. In Afrika läuft man sehr viel Cross, also auf unebenem Boden, während europäische Läufer immer auf glatten Wegen laufen. Haile macht übrigens nur wenig Dehnübungen für die Wade. Seine Sehne ist deshalb etwas verkürzt. Das ist auch sinnvoll, denn so hat er mehr Sprungkraft im Bein.

Der Physiotherapeut Anton Engels ist sofort zur Stelle und leistet erste Hilfe.

auch keine kleinen Probleme beim Langstreckenlauf: Unter der sportlichen Belastung, besonders während eines Wettkampfs, kann die kleinste Kleinigkeit dramatische Auswirkungen haben.

Denken Sie nur an Hailes Erfahrungen in Atlanta: Eine simple kleine Blase am Fuß kostete ihn die zweite Medaille und hätte fast seinen Traum vom Olympiasieg zerstört. Kein Arzt würde Sie vermutlich wegen einer simplen Blase krankschreiben, aber wenn Sie damit laufen müssen, leiden Sie tatsächlich Höllenqualen.

Deshalb ist es sehr wichtig, dass Sie auf Ihren Körper hören. Diskutieren Sie nicht mit ihm. Wenn Sie Schmerzen haben oder sich nicht wohl fühlen, ist ein extra Tag Pause immer die beste Lösung. Falls es trotzdem schlimmer wird, dann lassen Sie sich untersuchen, bevor Sie mit den nächsten harten Trainingseinheiten weitermachen.

ACHTEN SIE AUF WARNSIGNALE DES KÖRPERS

1. Stadium: Sie haben schon beim Warm-up leichte Schmerzen, die jedoch verschwinden, wenn Sie erst mal warm sind.

2. Stadium: Sie haben vor und nach dem Training leichte Schmerzen, die auch am nächsten Tag nicht ganz abklingen. Sie spüren es gleich morgens nach dem Aufstehen. Dann geht es aber weg.

3. Stadium: Sie haben auch während der Belastung Schmerzen, die allerdings nicht so stark sind, dass Sie nicht mehr trainieren können.

4. Stadium: Die Schmerzen sind ununterbrochen da, auch wenn Sie nicht trainieren.

5. Stadium: Es kommt zu einem Sehnen- oder Muskelfaserriss.

Was ist zu viel – was ist zu wenig? Als Freizeitsportler laufen Sie generell Gefahr, sich zu verletzen, weil Sie nicht genügend trainiert sind. Profisportler bewegen sich immer auf einem schmalen Grad zwischen Verletztsein und Nichtverletztsein: Trainieren sie zu wenig, dann wirkt sich das auf ihre Leistung aus. Zu viel Training wiederum erhöht die Verletzungsgefahr.

Meist passt eine Verletzung nicht in den Wettkampfkalender, und dann müssen Kompromisse gemacht werden. Das heißt, der Sportler startet in der Regel zu früh mit dem Training und nimmt dann auch zu früh wieder an Wettbewerben teil. Die medizinisch sinnvollen Regenerationspausen werden von den wenigsten Athleten eingehalten. Auf diese Weise werden viele Verletzungen verschleppt und verschlimmern sich.

Manchmal bedeutet dies das Ende der sportlichen Karriere. Bestenfalls erreicht der Athlet nicht mehr die Platzierungen, die man von ihm erwartet, was der Karriere auch nicht förderlich ist. In den sportlichen Biografien vieler berühmter Läufer gibt es oft lange Verletzungspausen. Auch Haile macht da keine Ausnahme.

Das ausgewogene Maß zwischen Training, Regeneration und Karriereaspekten zu finden ist eine schwierige Aufgabe für den Athleten, die er zusammen mit seinem Trainer und medizinischen Betreuer lösen muss. Doch die Gesundheit ist das größte Kapital jedes Menschen, nicht nur eines Sportlers.

Bei seinem Weltrekordversuch in Hengelo erreichte Haile das fünfte Stadium. Es kam zu der Verletzung, weil er nicht auf die frühen Warnsignale seines Körpers reagiert hatte. Leider nehmen auch die meisten anderen Sportler ihre Beschwerden erst im dritten oder vierten Stadium ernst. Erst dann gehen sie zum Arzt oder legen zumindest eine längere Trainingspause ein.

Je später Sie auf die Warnsignale reagieren, desto länger dauert der Heilungsprozess. Ein Muskelfaserriss setzt einen Läufer für sechs bis acht Wochen außer Gefecht. Die Saison ist dann meist für ihn gelaufen.

Wichtig: Die Ursachenforschung Die Beschwerden, unter denen man als Läufer manchmal leidet, können verschiedene Ursachen haben. Erst wenn man sie kennt, kann man auch gezielt dagegen vorgehen. Dies sind die häufigsten Ursachen:

1. Trainingsart und der Umfang wurden verändert
- zu intensives Training
- zu langes Training

2. Untergrund
- zu unebener Untergrund
- zu harter Untergrund, zum Beispiel Straße
- immer auf einer Straßenseite laufen. Das kann zu Problemen führen, denn die Straße hat eine Neigung, und so läuft man eigentlich schief. Die Folge sind Fehlbelastungen.

3. Schuhe
- zu geringe Dämpfung (zum Beispiel Spikes, ältere Schuhe)

- schlechter Schuh; die Fersenkappe drückt auf die Achillessehne
- Wechsel der Schuhmarke oder des Schuhtyps

4. Funktionelle Störungen Beschwerden, die durch Muskeldisbalancen, Koordinationsprobleme, Blockaden in den Gelenken und auch der Wirbelsäule usw. entstehen, müssen von einem Arzt oder Physiotherapeuten abgeklärt und behandelt werden.

5. Anatomische Abweichungen Diese müssen vom Arzt abgeklärt werden. Haile hatte einen Fersensporn, also eine Verdickung des Fersenhöckers, der ständig in seine Achilles-sehne drückte. Hervorgerufen werden diese Fersensporne, die sehr groß werden können, oft durch schlechte oder zu harte Fersenkappen im Schuh. Erste Hilfe bei beginnenden Beschwerden sind offene Schuhe und eine spezielle Dehngymnastik.

6. Medizinische Ursachen Hierunter fallen verschiedene internistische oder zahnmedizinische Probleme. Auch traumatische Geschehnisse wie Überdehnung können eine Rolle spielen.

Wann zum Arzt? Es gibt also eine ganze Reihe möglicher Ursachen für Ihre kleinen oder auch großen Beschwerden, die Sie selbst oft nicht allein herausfinden können. Ein Sportmediziner oder ein Physiotherapeut hilft Ihnen weiter. Mit der folgenden Liste können Sie Ihren Besuch beim Fachmann vorbereiten oder gegebenenfalls auch schon vorab etwas unternehmen.

Die Stadien einer Verletzung

1. Stadium: Meistens reicht es in dieser Phase, die ein erstes Warnsignal ist, wenn Sie ein paar Tage mit dem Training aussetzen. Vielleicht müssen Sie es aber auch nur reduzieren. Sie können auch alternativ trainieren, das heißt, ohne die schmerzende Struktur zu belasten. Hierzu eignet sich beispielsweise Aquajoggen.

2. Stadium: Nun wird es schon ernster. Morgendliche Steifheit oder Schmerz sind ein Zeichen für absolutes Trainingsverbot. Alternativ-

VON HAILE

Suchen Sie frühzeitig, also schon bei den ersten Zeichen einer Verletzung, einen Fachmann auf.

training (ohne Belastung der schmerzhaften Strukturen) ist natürlich erlaubt. Auch leichte Trainingsformen wie Wandern sind oft noch möglich.

Maßnahmen:

- 3 – 5 x täglich die schmerzende Stelle mit Eis kühlen
- das Trainingsprogramm aussetzen, bis die morgendliche Steifheit absolut verschwunden ist

3. Stadium: Hier gilt weitgehend Sportverbot. Möglich sind Alternativtraining, das die schmerzenden Strukturen nicht belastet, und leichte Trainingsformen wie Wandern.

Maßnahmen:

- 3 – 5 x täglich die schmerzende Stelle mit Eis kühlen
- das Trainingsprogramm aussetzen, bis die Beschwerden völlig abgeklungen sind; Das kann ein bis zwei Wochen dauern
- eventuell Entzündungshemmer in Form von Kapseln oder Salben

4. Stadium: In diesem Stadium gilt absolutes Sportverbot, mit Ausnahme von Alternativtraining, das die schmerzenden Strukturen nicht belastet, zum Beispiel Aquajoggen.

Maßnahmen:

- spezifische physiotherapeutische Behandlung

5. Stadium: Oft ist nun eine Operation unumgänglich.

VERLETZUNGEN UND BESCHWERDEN

Neben folgenreichen und langwierigen Verletzungen wie einem Riss der Achillessehne, einem Knochenbruch bei einem Sturz oder einem Muskelfaserriss gibt es eine ganze Reihe von Beschwerden, die als Folge einer Überbelastung durch Laufen auftreten. In jedem Jahr müssen 50 Prozent der Läufer verletzungsbedingt pausieren.

Dabei ist ein Großteil der Verletzungen eigentlich vermeidbar. Übergewicht, eine schwache Muskulatur, ein schlechter Laufstil oder falsches Schuhwerk führen oft zur Überbelastung einzelner Strukturen des Körpers. Daraus entstehen Reizerscheinungen, die sehr schmerzhaft sein können.

ERSTE HILFE BEI SPORTVERLETZUNGEN

Eine geeignete erste Hilfe ist eine wichtige Voraussetzung für eine schnelle Genesung. Sie sollten zunächst versuchen, eine eventuelle Blutung mit einem Druckverband zu stoppen. Zur Schmerzlinderung und gegen die Schwellung legen Sie dann einen Eisverband an, also eine in Eiswasser und Alkohol getränkte Bandage. Der Alkohol verhindert, dass die Unterkühlung zu stark wird. Die Bandage wickeln Sie für zwei Stunden um das Bein. Achten Sie darauf, dass der Wickel nicht zu stramm sitzt und die Durchblutung im Bein abschnürt. Anschließend muss unbedingt ein Arzt aufgesucht werden!

Im Folgenden finden Sie einen Überblick über die häufigsten Verletzungen und Beschwerden im Laufsport.

Achillessehne Die Achillessehne ist eine sehr starke und 1,5 Zentimeter dicke Sehne in einem Gleitgewebe, in dem die Sehne sich bewegt. Sie überträgt die Kraft vom Wadenmuskel auf das Fersenbein. Dadurch wird sie extrem belastet. Beim Hochsprung etwa wirken Kräfte von bis zum 15-fachen des Körpergewichts auf die Sehne ein. Beim Laufen muss explosionsartig Kraft entfaltet und bei der Landung wieder abgefangen werden. Dabei wird die Sehne Kräften ausgesetzt, die beim Langstreckenlauf über 1000 Tonnen Gewicht entsprechen.

Aus diesem Grund kommt es oft zu Überbelastungen und Reizungen. Probleme mit der Achillessehne gehören heute zu den häufigsten Beschwerden von Läufern. Meist ist das Gleitlager betroffen. Wird die Belastung fortgesetzt, kann sich das Gleitgewebe entzünden oder auch verhärten. Daran reibt sich die Sehne dann regelrecht auf und verliert ihre Festigkeit. In diesem Endstadium ist eine Operation meist unvermeidbar.

Dazu kommt es aber in der Regel nur, wenn die Sehne über längere Zeit extrem belastet wurde und der Sportler nicht genügend Zeit für die Regeneration aufgebracht hat. Die neuen Behandlungsmethoden in der Sportmedizin zielen deshalb auch nicht so sehr auf die Ent-

Erst Druck, dann Kälte.
Vorsicht! Bei Verdacht auf Knochenbrüche oder bei ausgerenkten Gelenken natürlich kein Druck. Dies würde den Schaden nur vergrößern.

zündungserscheinungen ab, sondern mehr auf die Unterstützung der Regeneration.

Die meisten Probleme mit der Achillessehne entwickeln sich langsam und müssen nur operativ behoben werden, wenn sie nicht frühzeitig behandelt werden. Bei einer Reizung der Achillessehne reichen eine Behandlung mit Eis oder eine mehrtätige Trainingspause oft aus, um die Beschwerden abklingen zu lassen. Wenn Sie jedoch zu spät reagieren, kann sich daraus eine sehr schmerzhafte langwierige Sache mit einer langen Regenerationszeit entwickeln.

Hailes Achillessehne Im Winter machen wir Basistraining und laufen fast nur Cross. Die Hallensaison in Europa beginnt im Januar. Aber eine Halle gibt es in Äthiopien nicht. Aus diesem Grund bereiten wir uns draußen auf unserer einzigen Laufbahn vor. Ich laufe dann einfach mehr Kurven, denn in der Halle ist die Runde kürzer, und die Kurven sind enger.

Im Winter 1999 trainierte ich wie wild. Ich lief auch die 5000 und 10 000 Meter, und über 2000 und 5000 Meter stellte ich neue Weltrekorde auf. Aber das war nicht gut, die Strecken sind doch sehr unterschiedlich. Ich bekam auch gleich meine Quittung dafür. Mein Körper rebellierte dagegen, und meine Achillessehne machte mir immer wieder Probleme. Schließlich besprach ich mit Jos, meinem Manager, die Möglichkeit, nicht in Sydney zu starten und mich operieren zu lassen. Für Jos war das zwar ein Schock, aber meine Gesundheit ging auch für ihn vor.

STICHWORT: ACHILLESFERSE
Als Redewendung bedeutet »Achillesferse« den wunden Punkt, die schwache Stelle. Der Begriff stammt aus der antiken griechischen Mythologie: Durch ein Bad im Unterweltfluss Styx hatte die Meergöttin Thetis ihren Sohn Achill, den tapfersten der griechischen Helden, unverwundbar gemacht. Er hatte nur eine schwache Stelle, und zwar die Ferse, an der ihn Thetis festgehalten hatte. Achill fiel durch den trojanische Helden Paris, dessen Pfeil seine Ferse durchbohrte.

Der äthiopische Vize-Minister für Sport, Ato Melaku Petros, war ebenfalls sehr enttäuscht und sagte, das ganze Land setze große Hoffnungen in mich. Als er meinen Ausreiseantrag wegen der Operation unterschrieben hatte und mich zur Tür begleitete, sagte er plötzlich: »Ich weiß, du bist verletzt, aber ich bin sicher, dass du gewinnst, du musst nur laufen.« Das klang so überzeugend, dass ich auch anfing, wieder an mich zu glauben und meinen Entschluss wieder umwarf. Petros hatte genau den richtigen Moment erwischt, um meine Selbstzweifel wegen der Verletzung zu zerstreuen. Ich antwortete: »Alles klar, ich brauche das Papier nicht mehr, ich fahre mit der Mannschaft.« Meinen Start in Sydney habe ich also in erster Linie ihm zu verdanken.

In den ersten Tagen in Sydney trainierte ich nicht, sondern spazierte nur in Slippern – Sportschuhe konnte ich nicht anziehen – an den Trainingsplätzen entlang. Mein Physiotherapeut Anton Engels tat alles, um mich so fit wie möglich zu machen. Natürlich wussten nur meine Teamkollegen von meiner Verletzung. Doch im Halbfinale fiel es auf, und alle Reporter fragten, was mit mir los sei. Wir erklärten, das sei alles nur Taktik. Die kenyanischen Manager durchschauten allerdings unser Ablenkungsmanöver und dachten, ihre Läufer hätten diesmal leichtes Spiel. Vor dem Rennen ging ich mit meinem Freund Assefa Mezgebu auf eine etwas abseits gelegene Wiese und lief mich dort, wo uns keiner sehen konnte, ein wenig auf dem Gras warm.

Am Start versuchte ich mein Handicap zu überspielen. Als der Startschuss fiel, lief ich los. Zuerst spürte ich jeden Schritt, doch nach der fünften Runde waren meine Schmerzen wie weggeblasen. Ich spürte nichts mehr. Vermutlich waren es wieder die Endorphine. Das Stadion war an diesem Tag bis auf den letzten Platz gefüllt. Es war der Tag von Cathy Freeman und von Marion Jones.

Und es war mein Tag. Die 112 000 Zuschauer hatten mich in Euphorie versetzt. Ich ging natürlich davon aus, dass sie alle für mich schrieen. Nie hatte zuvor ich eine solche Kulisse gehabt. Keiner wusste, dass ich verletzt war. Vier Jahre hatte ich darauf gewartet, meinen Titel zu verteidigen. Olympia ist nicht einfach ein Rennen mit vielen Zuschauern, Olympia ist Geschichte. Milliarden verfolgen die Spiele im Fernsehen, es ist ein phantastisches Erlebnis, man könnte danach süchtig werden. Ich wünschte, jeder könnte wenigstens einmal im Leben einen solchen Moment erleben. Also habe ich alles vergessen – die vielen Menschen, meine Verletzung, mein Land – und es einfach nur genossen zu laufen. Als ich zum Spurt ansetzte, um Paul Tergat zu überholen, war ich mir ganz sicher, dass ich es schaffen würde.

Es wurde so knapp wie eine 100-Meter-Entscheidung: Mit nur sechs Hundertstelsekunden gewann ich die Goldmedaille. Als nach dem Sieg die Anspannung von mir abfiel, stellten sich auch die Schmerzen gleich wieder ein. Die Ehrenrunde brachte ich humpelnd hinter mich.

Welche Behandlungsmöglichkeiten gibt es? Die neuen Behandlungsmethoden in der Sportmedizin zielen nicht so sehr auf die Entzündungserscheinungen, sondern mehr auf die Unterstützung der Regeneration:

- eine längere Entlastung, um die Sehne zu schonen, durch im Fersenbereich erhöhte Einlagen, und zwar auf beiden Seiten, damit man nicht hinkt
- drei- bis fünfmal täglich Eis
- Massage der Wade zur Entlastung der Sehne
- Dehnübungen
- Histamineiontoforese. Diese Behandlungsform ist noch nicht sehr verbreitet, aber sehr wirkungsvoll. Dabei wird mit Hilfe eines elektrischen Stroms ein durchblutungsfördernder Stoff eingeführt. Diese Therapie wird nur von Ärzten oder Physiotherapeuten durchgeführt.
- Alternativtraining wie Aquajoggen oder Rad fahren

Sobald sich die Beschwerden etwas gelegt haben, muss mit leichten Übungen zur Verbesserung der Stabilität und Belastbarkeitserhöhung der Achillessehne begonnen werden. Haile hat solche Übungen nach seiner Achillessehnen-Operation mit großem Erfolg eingesetzt. Bewährt haben sich dabei besonders der Einbeinstand, der Zehenstand, das Zehenlaufen und das Laufen auf wackeligem Untergrund.

Wann kann man wieder trainieren? Es müssen deutliche Zeichen der Besserung erkennbar sein:

- die morgendliche Steifheit und der Schmerz verschwinden langsam,
- die Schwellung klingt ab, und
- die Flexibilität der Sehne stellt sich wieder ein.

Nun kann man die Belastung ganz allmählich wieder steigern. Wenn möglich, starten Sie am besten auf einem Laufband. So laufen Sie gleichmäßig auf einem ebenen Untergrund, und das Band unterstützt Sie beim Laufen. Sie können sich beim Laufen auch abstützen und die Belastung des Fußes auf diese Weise reduzieren.

Unten finden Sie ein Beispiel für eine allmähliche Wiederaufnahme und Steigerung des Trainings über drei Wochen:

1. Tag: 10 Minuten wandern
2. Tag: 15 Minuten wandern
3. Tag: 25 Minuten wandern
4. Tag: 40 Minuten wandern

5. Tag: Pause

6. Tag: 35 Minuten wandern; zwischendurch 3 x 2 Minuten langsam joggen
7. Tag: 45 Minuten wandern; zwischendurch 4 x 2 Minuten langsam joggen
8. Tag: 45 Minuten wandern; zwischendurch 3 x 3 Minuten langsam joggen
9. Tag: 45 Minuten wandern; zwischendurch 5 x 2 Minuten langsam joggen

10. Tag: Pause

11. Tag: 45 Minuten wandern; zwischendurch 1 x 2 Minuten, 1 x 3 Minuten, 1 x 2 Minuten, 1 x 3 Minuten langsam joggen
12. Tag: 45 Minuten wandern; zwischendurch 5 x 3 Minuten langsam joggen
13. Tag: 45 Minuten wandern; zwischendurch 3 x 6 Minuten langsam joggen
14. Tag: 45 Minuten wandern; zwischendurch 6 x 4 Minuten langsam joggen
15. Tag: 45 Minuten wandern; zwischendurch 1 x 4 Minuten, 1 x 6 Minuten, 1 x 4 Minuten, 1 x 6 Minuten, 1 x 4 Minuten langsam joggen

16. Tag: Pause

17. Tag: 5 x 6 Minuten
18. Tag: 8 x 4 Minuten
19. Tag: 3 x 10 Minuten
20. Tag: 3 x 12 Minuten
21. Tag: 1 x 10 Minuten, 1 x 12 Minuten, 1 x 10 Minuten

Usw. So wird das Programm allmählich weiter ausgebaut und gesteigert.

Achtung: Sollten die morgendliche Steifheit oder die Schwellung wieder auftreten, dann müssen Sie in Ihrem Programm wieder zwei Tage zurückgehen. Wenn also beispielsweise nach dem achten Tag Beschwerden auftreten, pausieren Sie am neunten Tag. Am nächsten Tag können Sie mit dem Programm vom sechsten Tag wieder einsteigen.

Fußsohlenentzündungen In der Fußsohle befinden sich Sehnen, die insbesondere beim Vorfußlauf gefordert sind. Bei Menschen mit Senkfuß sind sie besonders starken Zugbelastungen ausgesetzt. Unsere Füße stecken fast das ganze Leben in Schuhen, deshalb sind die Sehnen, die die Zehen beugen, meist verkürzt.

Maßnahmen:
Vorbeugend wirken Dehnübungen und Einlagen.

Schienbein und Knochenhautentzündung An der inneren Schienbeinkante treten häufig Schmerzen auf, die durch Fehlbelastungen aufgrund eines Knick- oder Senkfußes entstehen. Auch ein schlechter Laufstil oder falsches Schuhwerk können dafür verantwortlich sein.

Maßnahmen:
Abhilfe schaffen Dehnübungen und Gymnastik. Sie können auch versuchen, die Trainingsschuhe zu wechseln oder Einlagen zu tragen.

Das Läuferknie

- **Knieaußenseite:** Wenn die Gesäßmuskulatur nicht stark genug ist, kann es zu einer Überreizung an der Außenseite des Oberschenkels kommen. Dort verläuft ein starker Sehnenstrang, der durch Schleimbeutel abgepolstert wird. Eine Überlastung, die eine Verhärtung nach sich zieht, ist die Ursache für Schmerzen.

Maßnahmen:
Das beste Mittel gegen diese Beschwerden sind Dehnübungen und die Kräftigung der überbeanspruchten Muskelgruppen.

- **Kniescheibenschmerzen:** Die Kniescheibe ist für die Druckverteilung der Oberschenkelmuskulatur auf das Kniegelenk verantwortlich. Immer wieder kommt es zu plötzlichen punktuellen Belastungen unterhalb der Kniescheibe am Sehnenansatz.

Maßnahmen:
Auch hier besteht die einzig wirksame Therapie in Dehnübungen und einer Kräftigung der entsprechenden Muskelgruppen.

Muskelprobleme

- **Muskelkater:** Die erste Stufe der Muskelverletzung ist der Muskelkater, den man im Allgemeinen nicht als Verletzung bezeichnet. Die meisten Menschen nehmen einen Muskelkater, da er sich als Folge einer größeren körperlichen Anstrengung einstellt, nicht ohne einen gewissen Stolz zur Kenntnis. Tatsächlich entsteht er jedoch durch Mikroverletzungen der Muskelfasern, die besonders durch ungewohnte Dehnungen wie zum Beispiel beim Bergablaufen hervorgerufen werden.

Maßnahmen:
Hilfreich bei Muskelkater sind Kühlung und Eis- oder Wechselbäder. Ein leichtes Bewegungstraining – ganz langsam laufen und dabei Lockerungs- und Dehnübungen machen – ist das beste Mittel.

- **Muskelverhärtung:** Wenn Sie lange gelaufen sind, besonders auf harter Straße, dann fühlen sich Ihre Muskeln hart an. Diese Muskelverhärtung ist jedoch kein positiver Trainingseffekt, sondern ein krankhafter Befund. Ihre Muskeln haben auch ohne Anspannung eine erhöhte Grundspannung.

Maßnahmen:
Massage, Wärme und Wechselbäder. Auch Dehnübungen können – wie immer – Abhilfe schaffen.

- **Muskelkrampf:** Einzelne Muskelgruppen, die überlastet werden, können durch sehr schmerzhafte Krämpfe darauf reagieren.

Maßnahmen:
Die beste Vorbeugung ist ein guter Trainingszustand. Ebenfalls vorbeugend wirkt Magnesium. Besonders, wenn Sie zu Krämpfen neigen, sollten Sie es als Nahrungsergänzung zu sich nehmen. Wenn der Krampf da ist, helfen nur Muskeldehnungen, bis der Schmerz nachlässt.

- **Muskelzerrung:** Auf der nächsten Stufe kommt es dann zur Muskelzerrung, die eine Folge der Überdehnung einzelner Muskelfasern ist. Eine Zerrung ziehen Sie sich schnell zu, wenn Sie nicht ausreichend aufgewärmt sind und dann Ihre Muskeln stark beanspruchen.
- **Muskelfaserriss:** Dies ist schon eine sehr schwerwiegende Verletzung. Sechs bis acht Wochen werden Sie in jedem Fall brauchen, bis Sie wieder in vollem Umfang trainieren können.

Ein Muskelfaserriss fühlt sich an, als wenn Ihnen jemand mit dem Messer ins Bein sticht. Sie müssen Ihren Lauf umgehend abbrechen. Die Rissstelle schwillt an und blutet.

Maßnahmen:
Nach den oben beschriebenen Erste-Hilfe-Maßnahmen müssen Sie unbedingt einen Arzt aufsuchen!

- **Muskelriss:** Kommt es zum Äußersten, also einem regelrechten Muskelriss, bei dem große Teile des Muskels gerissen sind, muss der Muskel genäht werden. Nach einer solchen Operation ist die Saison in jedem Fall für Sie gelaufen.

Assefa Mezegebu. Der Stand auf einem Bein gehört zum festen Programm.
So wird die Stabilität des Fußgelenks verbessert.

Maßnahmen:
Die Erste-Hilfe-Maßnahmen sind die gleichen wie beim Muskelfaserriss. Auch in diesem Fall muss natürlich so rasch wie möglich ein Arzt hinzugezogen werden.

Lende und Leiste Schmerzen an der Leiste sind meist auf Probleme mit den großen Muskeln innen am Oberschenkel zurückzuführen, die ihren Ansatzpunkt im Leistenbereich haben. Sie tragen dazu bei, das Standbein zu stabilisieren. Übungen zur Stabilisation, also das Stehen auf einem Bein und die Kräftigung der Beckenmuskulatur, sind für Läufer außerordentlich wichtig.

Maßnahmen:
Diese Stabilisationsübungen können Sie eigentlich überall machen. Wenn Sie irgendwo warten müssen, stellen Sie sich einfach nur auf ein Bein. Vorbeugend wirken darüber hinaus auch Dehnübungen.

Sehnenzerrung und Sehnenriss Plötzliche unkontrollierte Bewegungen oder Fehlbelastungen können wie beim Muskel auch an der Sehne zu Verletzungen einzelner Fasern führen. Die Behandlung ist dann auch die gleiche wie bei der Muskelzerrung.

Ist eine Sehne degenerativ vorgeschädigt, weil sie sich in Folge einer Verhärtung des Gleitgewebes langsam aufgerieben hat, kann sie leicht bei einer plötzlichen Belastung reißen. Das macht natürlich eine sofortige Operation erforderlich.

Hitzeerschöpfung Es gibt verschiedene Stadien der Hitzeerschöpfung beim Sport. Ursache ist immer der starke Wasser- und Elektrolytverlust, besonders bei hohen Außentemperaturen. Die Körpertemperatur kann bis 41 °C ansteigen, und es kommt zu Störungen im Zentralnervensystem.

- **Leichte Hitzeerschöpfung:** Schweißverlust etwa 1,5 Liter (2 Prozent des Körpergewichts). Anstieg der Körpertemperatur auf 39 bis 40 °C. Starke Schweißbildung. Gänsehaut, heftiger Durst und Müdigkeit.
- **Schwere Hitzeerschöpfung:** Schweißverlust etwa 2 bis 4 Liter (3,6 Prozent des Körpergewichts). Der Sportler bricht die Belastung ab. Anstieg der Körpertemperatur auf 40 bis 40,5 °C. Starke Schweißbildung. Kopfschmerzen, motorische Unruhe.

- **Schwerste Hitzeerschöpfung:** Schweißverlust über 4 Liter (6 bis 8 Prozent des Körpergewichts). Der Sportler bricht zusammen. Anstieg der Körpertemperatur auf über 41 °C. Versagen der Schweißbildung. Trockene Haut, Brechreiz, Kopfschmerzen, Apathie, Desorientierung.

(Nach Neumann und Schüler, Ernährung im Sport, Meyer&Meyer 2000)

Erste Hilfe:

- flach hinlegen und sofort abkühlen.
- Die Körpertemperatur messen.
- Wenn der Sportler ohnmächtig geworden ist, sollte er, nachdem er das Bewusstsein wiedererlangt hat, Flüssigkeit und Glukose zu sich nehmen.

Sorgen Sie unbedingt dafür, dass ein Arzt aufgesucht wird, auch wenn der Zustand des Sportlers sich bessert.

Blasen und Wundscheuern Diese kleinen, aber sehr unangenehmen Beschwerden sollten nicht unterschätzt werden. Wenn Sie daran leiden, sollten Sie das Training einstellen, bis sie abgeklungen sind. Wenn Sie schwitzen, wird die Haut feucht und weich. An Stellen, wo sie sich reibt – bei übergewichtigen Läufern besonders zwischen den Beinen an der Innenseite der Oberschenkel oder an den Nähten des BHs, wird die Haut wund.

Maßnahmen:

Schützen Sie die gefährdeten Stellen mit Vaseline oder Talkum. Achten Sie bei der Auswahl Ihrer Sportkleidung und -unterwäsche darauf, dass sie möglichst wenige störende Nähte hat. Tragen Sie immer Socken in Ihren Sportschuhen, um Blasen zu vermeiden.

Wettkampf

1 Fit im richtigen Moment – Die Vorbereitung auf den Wettkampf

Es ist nicht ganz einfach, immer genau an dem Tag, wo es darauf ankommt, fit zu sein. Doch wenn man sich auf dieses Ziel konzentriert, ist das schon möglich. Damit der Druck vor einem wichtigen Wettkampf nicht zu groß wird, sollten Sie Ihre Wettkampfziele genau festlegen und einen detaillierten Plan für jeden Tag entwerfen.

Legen Sie eine Liste an, in der Sie die Besonderheiten des entsprechenden Wettbewerbs notieren:

- Wann und wo findet er statt?
- Wer ist dabei?
- Kennen Sie Ihre Gegner?
- Welche Taktik wählen Sie?
- Sind es 10 000 Meter, 5000 Meter, oder ist es ein Marathon?
- Wie sind Ihre Gegner in Form? Was wissen Sie über andere Rennen, die sie gelaufen haben?

Darüber hinaus müssen Sie sich fragen: Wie ist meine eigene Form? Sind Sie körperlich und auch psychisch gut vorbereitet?

Wenn Sie dann am Wettkampftag alles gegeben haben, vielleicht sogar eine persönliche Bestzeit gelaufen sind, dann können Sie mit sich zufrieden sein, selbst wenn Sie das Rennen nicht gewonnen haben. Mehr war dann einfach nicht drin.

Damit Sie diesen Ablauf mit Selbstvertrauen, Freude und Befriedigung erleben können, müssen Sie sich natürlich auch erreichbare Ziele setzen. Wenn Sie als Laufanfänger planen, in zwei Jahren Weltmeister zu werden, gehen Sie bestimmt oft frustriert nach Hause. Oder Sie suchen sich, ehrgeizig wie Sie sind, eine andere Sportart aus, für die Sie besonders geeignet sind und wo es weniger Konkurrenz gibt.

Also, wenn ich gerne Basketball spielen würde, könnte ich sicher viel Spaß dabei haben. Aber mit 1,64 Meter hätte ich keine Chance, an den Ball zu kommen. Air Jordan allerdings würde beim 10 000-Meter-Lauf sicher auch überrundet.

PLANEN SIE IHRE LÄUFERKARRIERE

Wenn Sie anspruchsvolle Wettkampfziele anstreben, ist es wichtig, dass Sie schon früh mit der Planung beginnen. Lange vor der Saison müssen die individuellen Ziele feststehen, damit Sie rechtzeitig in Topform sind.

Spitzenleistungen wie bei Weltmeisterschaften oder Olympischen Spielen sind in der Regel keine Zufallsprodukte, sondern das Ergebnis langfristiger sorgfältiger Planung. Manchmal beginnt die Vorbereitung schon Jahre vorher. Der Trainingsaufbau richtet sich nach dem Ziel: Gibt es nur einen Saisonhöhepunkt wie Olympische Spiele oder mehrere wie bei der Golden League, wo bis zu sieben Wettbewerbe gewonnen werden müssen?

Bei den Olympischen Spielen ist die Wettkampfplanung klar: Bereits vier Jahre vorher weiß der Athlet, in welcher Woche und wo er in Topform sein muss. Bei der Golden League ist das anders. Um an den großen Gewinn zu kommen, muss ein Athlet alle Wettbewerbe seiner Disziplin gewinnen. Das heißt, ich musste meine Form über einen langen Zeitraum konservieren und an so unterschiedlichen Orten wie Rom, Brüssel, Oslo, Monaco, Zürich, Berlin oder Moskau unter Beweis stellen. Für Langstreckenläufer kommt noch die zusätzliche Hürde der unterschiedlichen Strecken dazu. Bei 3000 Metern trifft man auf andere Konkurrenten als bei 5000 oder 10 000 Metern.

Ein weiteres Problem bei diesen Wettbewerben ist die Reihenfolge der Wettkämpfe. Erst musste ich 10 000 Meter laufen und ein paar Tage später 3000 Meter. Für 3000 Meter braucht man Speed, für die 10 000 Meter Ausdauer. Normalerweise macht man das umgekehrt. Man bereitet sich mit einem kurzen Speedlauf auf einen 10 000-Meter-Wettkampf vor.

Als Langstreckenläufer bei der Golden League zu gewinnen ist sehr schwer. Inzwischen hat man die Austragungsorte wieder geändert. Das Problem ist die Regenerationszeit. Zwischen zwei Wettkämpfen muss man als 10 000-Meter-Athlet wenigstens zwei Wochen zur Regeneration haben. Will man danach eine kürzere Strecke laufen, ist die Regenerationszeit natürlich kürzer. Aber ideal ist ein Monat, bis man wieder voll fit ist.

Das ist auch das Problem bei den Weltmeisterschaften und Olympia. Da gibt es die Qualifikation und das Finale. Läufer, die schon in den ersten Rennen an ihre Grenze gehen mussten, sind dann im Finale tot. Das ist der Grund, warum Athleten ihre Fans im Endlauf oft enttäuschen.

Bei der Weltmeisterschaft 1995 war mein Halbfinallauf nicht sehr schnell. Josephat Machuka aus Kenya lief in seinem Halbfinale jedoch einen WM-Rekord. Im Finale fehlte ihm dann die Kraft, und er wurde nur Fünfter. Für mich war das gut.

Wenn jemand unbedingt die Qualifikation gewinnen will, soll er es tun, denn nur der Platz ist wichtig. Aber man muss trotzdem vorsichtig sein und auf einen sicheren Platz unter die ersten acht laufen. Denn gerade die schwächeren Läufer haben im Vorlauf die Möglichkeit, sich einem größeren Publikum zu präsentieren, und geben alles. Was zählt, ist für sie der Moment, wenn alle Kameras auf sie gerichtet sind. Dann stehen sie für einen Moment im Rampenlicht der Welt.

Die sinnvolle Wettkampfplanung bezieht natürlich all diese Faktoren mit ein: Vorbereitungszeit, Jahreszeit, Ort, Klima, Konkurrenten, eventuell Preisgeld etc. Auch die Veranstaltung selbst spielt eine Rolle. Hengelo zum Beispiel ist finanziell nicht sehr interessant, aber es macht Spaß, da zu laufen. Die Zuschauer sind einfach super. Deshalb habe ich dort auch einige meiner Weltrekorde gelaufen. Geld ist eben nicht alles.

Wenn man älter wird, dann lässt der Speed nach, und das ist normal. Als Athlet muss man sich damit abfinden und auf andere Strecken wechseln, wo man mehr leisten kann, beispielsweise beim Marathon. Ausdauerleistungen kann man länger erbringen als Speed. Ich könnte heute meinen Weltrekord nicht mehr brechen. Aber es gibt natürlich Ausnahmesituationen.

Als Dieter Baumann sein schnellstes Rennen und mit 12:54 Minuten über 5000 Meter Europarekord lief, war er schon 32. Er wurde damit allerdings nur Fünfter. Ich lief damals Weltrekord, und Daniel Komen wurde Zweiter. Dieter Baumann wurde wohl richtig mitgezogen. Als er Olympiasieger wurde und in seiner besten Form war, konnte er solche Zeiten nicht laufen. Es kommt eben immer auch auf die Konkurrenz an, wie schnell man wirklich laufen kann. Bob Kennedy wurde in seinem schnellsten Lauf ebenfalls nur Fünfter. Dabei sind diese beiden die einzigen weißen Läufer, die jemals unter die 13 Minuten gekommen sind. Ein Athlet, der beständig Spitzenzeiten erreicht, ist besser als einer, der nur einmal mitgezogen wird und so einen Supererfolg feiern kann.

Doch dass man mit dem Alter Geschwindigkeit einbüßt, ist einfach natürlich, und damit muss man sich als Athlet abfinden. Jüngere werden nach mir kommen und meine Rekorde brechen, so wie ich die meiner Vorgänger gebrochen habe. Die Messlatte liegt jetzt zwar höher, ist deshalb aber nicht unerreichbar.

Als Profi muss man zunächst sein großes Ziel festlegen, die kleineren Ziele kommen später hinzu. Der Sieg bei einer Olympiade ist das höchste Ziel. Das macht den Sportler berühmt und steigert seinen Marktwert bei den Meetings. Es hat also absolut Vorrang.

Deshalb gibt es natürlich auch eine Wettkampfplanung für die gesamte Karriere, die sich an der körperlichen Leistungsfähigkeit des einzelnen Athleten orientiert. Das kann zum Beispiel so aussehen:

WETTKAMPFPLANUNG

1. Ziel: mit 22 Jahren 5000 Meter bei Olympischen Spielen und Weltrekord über 3000 Meter

2. Ziel: mit 26 Jahren 10 000 Meter bei Olympischen Spielen und Weltrekord über 5000 Meter

3. Ziel: mit 30 Jahren Marathon bei Olympischen Spielen und Weltrekord über 10 000 Meter

Von nun ab Marathon.

Das sind Trainingsziele, die natürlich nicht jeder erreicht. Doch der Aufbau des Lauftrainings ist generell darauf abgestimmt.

Das heißt, mit 30 Jahren trainiere ich völlig anders als damals mit 22. Das Training der jüngeren Athleten ist heute auch anders als früher, in der obersten Leistungsklasse wird es ganz individuell auf die Athleten abgestimmt. Nur das Basistraining ist gleich geblieben.

Als Amateur müssen Sie neben den Wettkämpfen noch andere Dinge im Auge behalten. Zum Beispiel kann Ihr Urlaub mit den Kindern immer nur in den Schulferien stattfinden, die nicht jedes Jahr in der gleichen Zeit liegen. Auch berufliche Veränderungen oder das Wetter können Ihre optimale Vorbereitung behindern. Sie müssen sich Ihre Trainingszeit vermutlich irgendwie abzwacken. Wir Profis leben nur für das Training. Seinem Rhythmus ordnet sich alles andere unter.

Spezialfall Marathonvorbereitung Die großen Marathons finden entweder im Frühjahr – in London, Rotterdam, Boston – oder im

HAILE GEBRSELASSIES WETTKAMPFKALENDER 1998

Datum	*Ort*	*Strecke*	*Zeit*	*Platz*
25. Januar	Karlsruhe	3000 m	7.26.15	1.
1. Februar	Stuttgart	1500 m	3.31.76	1.
8. Februar	Gent	1500 m	3.33.27	1.
15. Februar	Birmingham	3000 m	4.52.86	1.
20. Februar	Stockholm	3000 m	7:31,70	1.
1. Juni	Hengelo	**10 000 m**	**26:22,75 WR**	**1.**
13. Juni	Helsinki	**5000 m**	**12:39,36 WR**	**1.**
9. Juli	Oslo	3000 m	7:27,42	1.
14. Juli	Rom	5000 m	13:02:63	1.
8. August	Monte Carlo	3000 m	7:25,54	1.
12. August	Zürich	5000 m	12:54,08	1.
28. August	Brüssel	3000 m	7:25,09	1.
1. September	Berlin	5000 m	12:56,52	1.
5. September	Moskau	3000 m	7:50,00	1.

Herbst – zum Beispiel in New York oder Berlin – statt. Ein Marathon verbraucht alle Ihre Energiereserven. Deshalb müssen Sie eine Regenerationszeit von vier Wochen einplanen, bevor Sie wieder mit dem neuen Aufbautraining beginnen können. Mehr als zwei Marathons und zwei Halbmarathons zur Vorbereitung sind kaum zu schaffen – zumindest nicht, wenn Sie im Wettkampf bis an Ihre Grenzen gehen.

In der letzten Phase der Vorbereitung auf einen Marathon, also zwei Wochen vor dem Wettkampf, wird nicht mehr viel trainiert. Diese Zeit sollten Sie zur aktiven Regeneration nutzen, um am Tag X wirklich in Topform zu sein.

Eine wichtige Rolle bei der Planung spielt hier auch der Veranstaltungsort. Wenn Sie weit reisen und dabei unter Umständen auch Zeit- oder Höhenunterschiede überwinden müssen, brauchen Sie unbedingt etwas Zeit zur Akklimatisierung. Das gilt natürlich auch für private oder berufliche Reisen. Wenn der Wettkampf an Ihrem Heimatort stattfindet, Sie aber erst zwei Tage zuvor aus den USA zurückgekehrt sind, werden Sie vermutlich nicht in Topform sein, auch wenn Sie die ganze Zeit in Amerika trainiert haben.

Eine exakte Regel dafür, wie lange vorher Sie anreisen müssen, um beispielsweise am New-York-Marathon teilnehmen zu können, gibt es nicht. Die Menschen reagieren unterschiedlich auf Zeitverschiebungen und Klimaveränderungen. Als Richtwert können Sie für jede Stunde Zeitverschiebung einen Eingewöhnungstag rechnen.

Ein Marathon oder Straßenlauf in New York, Boston oder Washington ist natürlich immer ein Erlebnis. Aber für mich hat eigentlich jedes Rennen, sei es in Afrika, Amerika oder Europa, seine besonderen Reize. Sportliche Leistungen können ohnehin nicht absolut gesehen werden. Immer kommt es auf die besonderen Bedingungen an, unter denen sie erbracht wurden.

An dem Halbmarathon, der am 6. April 2002 in Berlin stattfand, nahmen über 10 000 Läufer teil. Die ersten 13 waren Kenyaner. Die Siegerzeit von Peter Chebet betrug 1:01:19 Stunden. Platz 271 ging an den 22-jährigen deutschen Läufer Dominik Vorbach. Er erzielte mit 1:23:59 Stunden eine gute Zeit für einen Amateur. Eine Verbesserung um drei Prozent hätte ihn schon unter die ersten 200 Läufer gebracht. Aber wäre das wirklich so viel beeindruckender gewesen?

CATCH YOUR DREAM: IHR RENNEN

Mentale Vorbereitung Nach der langen Vorbereitung auf einen Wettkampf überkommt manche Läufer plötzlich die Angst, dass sie ihren eigenen Ansprüchen nicht genügen könnten.

Zu dieser Gruppe gehören Sie natürlich nicht. Bei Ihnen steigt die Vorfreude, je näher der Termin rückt.

- Sie haben sich rechtzeitig mental auf die Konkurrenz eingestellt.
- Ihr Ziel haben Sie so gesteckt, dass es für Sie erreichbar ist. Das beruhigt Sie, und Sie haben deshalb keine Angst zu versagen.
- Ihr Training war gut, und Sie fühlen sich fit.
- Sie verspüren eine positive Erregung und freuen sich darauf, endlich Ihre eigenen Grenzen auszuloten. Das macht Sie gelassen und gleichzeitig gespannt darauf, es den Anderen zu zeigen.

Diese Gespanntheit sollte Sie schon mindestens einen Tag vorher erfassen. Konzentrieren Sie sich auf das Rennen und gehen die Strecke, wenn es ein Straßenrennen ist, schon einmal ab. Wenn Sie ein paar Tage früher angereist sind, können Sie – falls der Verkehr es zulässt –, vielleicht auch Teilstücke laufen.

Bei dieser frühzeitigen geistigen Einstimmung reagiert Ihr Organismus umgehend auf die bevorstehende Leistungsanforderung. Ihr Hungergefühl lässt nach, der Blutdruck steigt, und vielleicht können Sie auch nicht mehr ruhig sitzen. Alle Systeme des Organismus sind auf Leistung programmiert: Sie stehen unter Strom. Lassen Sie wichtige Teilstücke vor Ihrem geistigen Auge Revue passieren. Stellen Sie sich vor, Sie gewinnen Etappe für Etappe ihres Laufs. Wenn es dann wirklich so weit ist, müssen Sie nur noch das ausführen, was Sie sich während der Vorbereitung schon x-mal vorgestellt haben. Denken Sie bewusst an die positiven Dinge.

Das ist jedenfalls die Art, wie ich mich auf ein Rennen vorbereite. Wenn ich laufe, dann habe ich nie Angst, sondern ich brenne darauf, es mir wieder einmal zu zeigen. Ich will lachen und gewinnen, denn gewinnen macht Spaß. In einem Rennen kann zwar immer nur einer gewinnen, aber allen soll es Spaß machen zu laufen.

Die Olympiade ist für die meisten Sportler das größte Ziel, denn ein Milliardenpublikum sieht sie. Dann stehen sie für einen Moment im Blickpunkt der Welt. Immer wieder gibt es Läufer, die diesen Moment auskosten wollen, auch wenn sie keine Chance haben zu siegen. Läufer, die gleich zu Beginn des Rennens ein so großes Tempo vorlegen, dass sie es niemals bis zum Ende durchhalten können. Aber für ein paar Runden führen sie, und alle Kameras sind auf sie gerichtet. Auch wenn am Ende keiner mehr von ihnen spricht, haben sie ihren persönlichen Erfolg errungen. In ihrem Heimatland ist man vielleicht genauso stolz auf sie, als wenn sie eine Medaille errungen hätten. Dabei sein ist eben alles.

»Wer geht schon trotz aller Konzentration lächelnd und so locker an den Start? Seine Welt ist nicht aus den Angeln zu heben.«
(Jos Hermens über Haile Gebrselassie)

Deshalb müssen Sie sich persönliche Ziele setzen. Wenn Sie diese erreichen, dann haben auch Sie gewonnen, selbst wenn Sie nicht auf dem Treppchen stehen. Bei großen Volksläufen gibt es Altersklassen. Versuchen Sie, in Ihrer Klasse nach vorne zu kommen. Sie können auch Teil einer Mannschaft werden, zum Beispiel, wenn das Unternehmen, bei dem Sie beschäftigt sind, am Firmenmarathon in Frankfurt teilnimmt. Vielleicht gewinnen Sie dann doch im Team, wenn es zum Einzelerfolg nicht ganz reicht.

Wenn Sie sich erreichbare Ziele setzen und diese auch verwirklichen können, belohnen Sie sich selbst mit Ihrem Stolz und Ihrer Freude.

Der Tag der Entscheidung Die folgenden Tipps sorgen für einen reibungslosen Countdown:

1. Kohlenhydratspeicher auffüllen Ihr Wettkampftag beginnt eigentlich schon einen Tag vorher. Rennen werden oft am Vormittag gestartet, und wenn Sie eine lange Wettkampfstrecke laufen wollen, müssen Sie sich auch hinsichtlich der Ernährung darauf einstellen.

Wichtigster Energielieferant bei Langstrecken sind die Kohlenhydrate. Achten Sie deshalb darauf, Ihre Kohlenhydratspeicher rechtzeitig zu füllen. Am besten nehmen Sie diese Kraftnahrung schon am frühen

Abend vor dem Wettkampftag zu sich. Auf diese Weise bleibt dem Körper genügend Zeit zur Verdauung. Am andern Morgen sind Ihre Kohlenhydratspeicher dann randvoll.

2. **Früh aufstehen, rechtzeitig losfahren** Wenn der Wettkampf am Morgen stattfindet, sollten Sie früh aufstehen. Ihr Organismus braucht Zeit, um auf Touren zu kommen. Planen Sie gegebenenfalls ausreichend Anfahrtszeit ein, damit Sie sich vor dem Rennen noch konzentrieren können.

3. **Ein leichtes Frühstück** Das typische Hotelfrühstück, also Toastbrot mit Honig oder Marmelade, ist gut geeignet, allerdings ohne Butter. Gegen ein oder zwei Tassen Kaffee ist auch nichts einzuwenden. Wenn Sie zusätzlich frischen Mangosaft trinken, können Sie sogar der Muskelübersäuerung etwas entgegenwirken. Mango ist sehr basenstark und enthält viele Vitamine. Natürlich können Sie auch ein mit Chrom angereichertes Sportgetränk zu sich nehmen.

4. **Lockern und Dehnen** Dann sollten Sie sich ein wenig auflockern: etwa 15 bis 30 Minuten langsamer regenerativer Dauerlauf, ein paar Steigerungsläufe und zum Abschluss ein paar Stretchübungen.

Falls das Rennen erst am Nachmittag stattfindet, sollten Sie in jedem Fall noch etwas ruhen. Aber Sie müssen rechtzeitig wieder auf den Beinen sein, um Ihren Organismus in Schwung zu bringen. Zwei Stunden sind dafür eine gute Zeit. Vor dem Start machen Sie natürlich ein Warm-up wie am Morgen.

Wenn Sie sich einen Volksmarathon ansehen, werden Sie nur wenige Amateure beim Stretching beobachten können. Machen Sie es anders!

5. **Zeit für die Organisation vor Ort einplanen** Als Amateur müssen Sie sich meist selbst um Ihre Startnummer kümmern und sich zunächst mit der Organisation und dem Platz vertraut machen. Bei Volksläufen mit vielen tausend Startern kann das sehr lange dauern. Auch diese Zeit sollten Sie von Anfang an einplanen. Eine Stunde vorher müssen Sie da sein, um sich anzumelden, umzuziehen, den Chip für die Zeitmessung am Schuh zu befestigen und Ihre Trinkflasche abzugeben, wenn Sie eine spezielle Mischung haben.

6. **Vor dem Start** Halten Sie sich warm. Sie werden eine ganze Weile auf den Start warten und sozusagen in den Startlöchern stehen. Gehen Sie noch einmal zur Toilette. (Sonst geht es Ihnen wie einem Läufer beim New York Marathon 2001: Eine Fernsehkamera lief mit, als er ungefähr

nach der Hälfte der Strecke mit fast unverminderter Geschwindigkeit in ein aufgestelltes Toilettenhäuschen rannte. Ob und wie er das Rennen fortsetzte, ist leider nicht überliefert.)

Dann geht es zum Start. Auch das dauert bei zwanzig- oder mehr tausend Läufern ganz schön lange. Nachdem der Startschuss gefallen ist, startet Gruppe für Gruppe. Die letzte Gruppe setzt sich vielleicht erst in Bewegung, wenn die Spitzenläufer schon 10 Kilometer gelaufen sind. Eine halbe Stunde und mehr kann es dauern, bis Sie wegkommen.

Dann müssen Sie versuchen, Ihre Betriebstemperatur zu halten, indem Sie auf der Stelle laufen und ein paar Dehnübungen machen. Auch sollten Sie bis zuletzt ein warmes Shirt oder eine Jacke anbehalten. Viele Läufer postieren kurz hinter dem Start einen Bekannten, der die Sachen in Empfang nimmt. Andere, die keine Helfer haben, ziehen einfach abgetragene Kleidung an, die sie nach dem Start wegwerfen.

Bei kurzen Rennen nutzen Sie die Zeit vor dem Start am besten, um sich auf das Rennen zu konzentrieren. In dieser Zeit sollten Sie sich auch Ihre Gegner noch einmal genau ansehen.

7. Wenn es endlich losgeht Versuchen Sie, so rasch wie möglich Ihren Rhythmus zu finden. Das ist nicht ganz einfach, denn um einen herum drängeln und rempeln Läufer und bringen Sie so aus dem Tritt. Lassen Sie sich dadurch nicht beirren. Nach ein paar Kilometern zieht sich der Pulk auseinander. Die Energiebündel vom Anfang des Rennens haben ihr Pulver dann oft schon verschossen und fallen zurück.

Wie Sie erfolgreich taktieren Auch auf Ihre Taktik im Wettkampf müssen Sie sich mental gut vorbereiten. Bei allen großen Rennen wie Weltmeisterschaften oder Olympiaden kommt es nicht auf die Zeit, sondern nur auf die Platzierung an. Bei Meetings ist das anders, da werden die Zeiten honoriert.

Um zu wissen, wie das Rennen läuft, achten Sie auf die Rundenzeiten. Entscheidend sind die letzten Runden. Nun müssen Sie Ihre Gegner genau im Auge behalten, vor allem diejenigen, die hinter Ihnen laufen. Sie müssen Ihren Gegner lesen können (nicht nur den Kopf, auch die Fitness, die Art, wie er sich bewegt, usw.). Sie müssen unterscheiden lernen, ob jemand herauslaufen will und es wirklich ernst meint oder ob er Ihnen nur eine Falle stellt.

Eine entscheidende Voraussetzung für Ihre Taktik ist eine richtige Selbsteinschätzung. Sie müssen Ihre Stärken und Schwächen kennen. Es ist zum Beispiel nicht ungefährlich, auf den Endspurt zu setzen, wenn man kein starkes Finishing hat.

Bei Straßenläufen sollten Sie die Strecke kennen und wissen, wo die für Sie kritischen Punkte liegen. Denken Sie darüber nach, wo Sie am besten angreifen könnten und wo Sie unbedingt Kräfte sparen müssen.

Natürlich können Sie nicht alles im Voraus planen. Aber eine perfekte Vorbereitung ist die beste Grundlage für eine erfolgversprechende Spontanentscheidung.

Wenn sich ein Ausnahmeathlet verkalkuliert ... Im Jahr 1999 versuchte Haile Gebrselassie, den Hallenweltrekord über 1500 Meter zu brechen, verpasste jedoch den richtigen Zeitpunkt zum Sprinten. Er gewann zwar das Rennen, stellte aber keinen neuen Weltrekord auf und verlor damit etwa 25 000 Euro Preisgeld.

Das war nicht das erste Mal, dass ihm ein solcher Geldsegen entging: 1996 blieb er eine Sekunde unter dem Weltrekord über zwei Meilen.

DER TRAINER DR. WOLDEMESKEL KOSTRE ÜBER DIE OLYMPISCHEN SPIELE 2002 IN SYDNEY:

In Sydney hatten wir drei äthiopische Läufer im Endlauf: Million Wolde, den Trainingsschnellsten, unseren Nachwuchsläufer Dagne Alemu und Fita Bayissa, den Stärksten und Erfahrensten der drei. Ich wusste, dass zwei der anderen Läufer schneller waren als unsere. Deshalb gab ich die Anweisung, dass immer einer den führenden Läufer jagen und dann wieder abbremsen sollte. Dabei wechselten sie sich ab. Million Wolde als Trainingsschnellster sollte versuchen durchzulaufen, und die andern würden ihn unterstützen. Es wurde ein extrem langsames Rennen – weit langsamer als die Qualifikationszeit von 13,20 Minuten. Doch gleichzeitig lief Million Wolde mit 53,83 Sekunden die schnellste letzte Runde der Olympischen Geschichte. Er war – für alle überraschend – schon 400 Meter vor dem Ziel losgespurtet und gewann mit einer Siegerzeit von 13:35:49 Stunden. Fita Bayissa wurde Vierter, und selbst unser Nachwuchsläufer belegte noch den sechsten Platz. Obwohl der Algerier Ali Saïdi-Sief als einer der schnellsten 1500-Meter-Läufer über einen exzellenten Spurt verfügt, hatte Million ihn geschlagen.

Vor dem Rennen informiere ich mich natürlich über die aktuellen Ergebnisse unserer härtesten Konkurrenten und weiß deshalb, auf wen wir besonders achten müssen. Während des Rennens beobachte ich dann die andern Läufer und rufe meinen Athleten zu, wenn mir etwas auffällt.

Damals ging es um eine Million US-Dollar. Das Zeitlimit war 8:00 Minuten, seine Zeit betrug 8:01. Natürlich ist es möglich, in acht Minuten noch eine Sekunde herauszulaufen. Aber es sollte einfach nicht sein.

Wenn Haile davon spricht, ärgert er sich nicht, sondern er muss lachen. Diese positive Art, die Dinge zu sehen und auch über sich selbst lachen zu können, ist ihm angeboren, und sie hat ihm überall auf der Welt viele Sympathien eingebracht. Jeder spürt den Unterschied zu anderen Spitzenathleten, die nur dann »gut drauf sind«, wenn sie gewonnen haben.

Da gab es den berühmten schwarzen Tag in seiner Karriere: Brüssel, der 22. August 1997. Haile hatte gerade seinen 5000-Meter-Weltrekord verbessert und versuchte, den 3000-Meter-Rekord von Daniel Komen zu knacken. Aber er schaffte es nicht. Im gleichen Wettbewerb verlor er seinen 5000-Meter-Weltrekord an Daniel Komen und den über 10 000 Meter an Paul Tergat.

Die Reporter erwarteten einen enttäuschten Haile, doch er erklärte in der Pressekonferenz, er habe die Rekorde nur verliehen und werde sie zurückholen. Und das tat er auch: Gleich zu Anfang der Saison 1998 erlief er sich innerhalb von zwei Wochen wieder den 5000- und den 10 000-Meter-Weltrekord.

Seiten 202/203: Um 1,09 Sekunden verpasste Haile eine Million Dollar Preisgeld. Das Zielfoto zeigt exakt, wann ein Körperteil die Ziellinie überquert. Eigentlich ist es auch gar kein richtiges Foto. Vielmehr arbeitet die Zielkamera umgekehrt wie ein Fotoapparat. Sie nimmt nur durch einen ganz schmalen Schlitz mit 2000 Bildern pro Sekunde alles auf, was die Ziellinie überquert. Da Arme und Beine mit einer anderen Geschwindigkeit die Ziellinie überqueren als der Körper, entstehen die verzeichneten Gliedmassen, wenn die vielen Streifen im Computer zu einem Bild zusammengesetzt werden. Die Läufer auf diesem Bild sind (v.l.n.r.): Haile Gebrselassie, Philip Mosima, Mohammed Mourhit und Fita Bayissa.

8:01.9
8:13.5

13
8:19.6
8:20.7

2 Marathon – Die Königsdisziplin

Die Krone der Laufdisziplinen ist der Marathon. Die Faszination dieses 42,195-Kilometer-Laufs zieht weltweit immer mehr Menschen in ihren Bann.

In Äthiopien hat der Marathon-Olympiasieg von Abebe Bikila in Rom 1960 eine ganz besondere Bedeutung: Als er damals barfuß über die Ziellinie lief, gewann er nicht einfach nur eine Medaille. Als erster afrikanischer Olympiasieger wurde er zum Symbol für den ganzen Kontinent.

Laufwettbewerbe haben wir eigentlich erst durch die Europäer kennen gelernt. In unserer alten Tradition gab es so etwas nicht. Vielleicht, weil Zeit in Afrika einen anderen Stellenwert hat als in Europa – schnell geht hier bei uns selten etwas.

Heute dreht sich auf der internationalen Sportbühne alles darum, nicht nur auf Kurzstrecken, sondern auf Mittel- und Langstrecken so schnell wie möglich zu laufen. Die Rekorde purzeln nur so. In den Siebzigerjahren gewann Miruts Yifter 221 Rennen, aber er stellte nie einen Weltrekord auf. Er hätte es gekonnt, wenn er gewollt hätte – da bin ich mir sicher. Die Ursache für den enormen Leistungsanstieg bei den Läufern ist deshalb nicht nur in der Verbesserung der Schuhe, der Bahnen und des Trainings zu suchen, sondern auch in der neuen Definition des Trainingsziels.

Auch vor 20, 30 Jahren gab es Läufer wie Thomas Wessinghage oder Sebastian Coe, die mit ihren Spitzenergebnissen heute noch zur absoluten Weltklasse zählen. Aber damals ging es vor allem um den Sieg. Außer einem Pokal oder einer Goldmedaille gab es auch nichts zu gewinnen.

BESTENLISTE DER LÄUFER

(nach einer Punktbewertung der amerikanischen Zeitschrift »Track&Field«)

1. Haile Gebrselassie (86 Punkte)
2. Emil Zátopek (79 Punkte)
3. Ron Clarke (64 Punkte)
4. Paul Tergat (58 Punkte)
5. Pyotr Bolotnikov (54 Punkte)
6. Miruts Yifter (49 Punkte)
7. Salvatore Antibo und Khaklid Shkah (48 Punkte)

Das ist heute ganz anders. Wenn die Veranstalter des London-Marathons für einen Weltrekord einen Sonderbonus von 180 000 US-Dollar aussetzen, versucht man als Läufer natürlich, seine mögliche Gewinnprämie von 55 000 Pfund um diese ansehnliche Summe zu vermehren. Jeder möchte dort einen Weltrekord laufen, wo er das meiste Geld damit verdienen kann.

Der London-Marathon 2001 Ich hatte das Rennen völlig normal angegangen, also mit einer Geschwindigkeit, die ich auch bei 5000 oder 10 000 Metern laufe. Unser Plan sah vor, über die gesamte Strecke ein gleichmäßiges Tempo zu halten. Mein Freund Worku Bikila, ein Weltklasseläufer mit einer Bestzeit von 12:57 Minuten auf 5000 Meter, sollte die Pace machen und 63 Minuten für die erste Hälfte vorlegen. Das klappte auch: Wir liefen 62:40 Minuten. Als Endzeit hatten wir so um die 2:05:20 Stunden angepeilt. Unser Tempo lag kontinuierlich bei 2:58 bis 2:59 Minuten pro Kilometer (also bei etwa 4:50 pro Meile).

In der zweiten Hälfte des Rennens wollte ich dann etwa genauso schnell wie in der ersten laufen. Das hatte ich auch bei meinem 10 000-Meter-Weltrekord so gemacht: erst 13:11,70, dann 13:11,05 Minuten.

Auf den ersten 35 Kilometern habe ich mich sehr gut gefühlt. Doch seit dem Halbmarathon in Lissabon hatte ich Probleme mit meiner Muskulatur. Vermutlich hätte ich es erst auskurieren müssen. Beim Laufen jenseits der 20 Kilometer kommt es zu mikroskopisch kleinen Verletzungen in der Muskulatur, die nach einem Rennen erst einmal ausheilen müssen, bevor man wieder zu neuen Hochleistungen fähig ist. Ich wollte aber meine Marathonvorbereitung nicht unterbrechen.

ZWISCHENZEITEN

Meile 2	4:47	
Meile 3	4:39	
Meile 4	4:47	
Meile 5	4:45	
Meile 6	4:51	0:28:36
Meile 8	4:47	
Meile 9	4:50	
Meile 10	4:51	
Meile 11	4:49	
Meile 12	4:46	0:57:26
Meile 13	4:49	
Halbmarathon		**1:02:40**
Meile 14	4:45	
Meile 15	4:39	1:11:39
Meile 17	4:45	
Meile 18	4:48	
Meile 19	4:47	
Meile 20	4:44	
Meile 21	4:54	1:40:20
Meile 22	4:52	1:45:12
Meile 23	4:52	
Meile 24	4:53	
Meile 25	4:55	1:59:52
Ziel		**2:06:35**

Nach 35 Kilometern mussten wir zwei oder drei Kilometer über Kopfsteinpflaster laufen. Das ist natürlich Gift für die Muskulatur, die nach einer so langen Strecke auf hartem Asphalt schon verhärtet ist. Jedenfalls begannen meine Beine zu schmerzen, die kleinen Verletzungen in der Muskulatur meldeten sich wieder. Gewarnt hatte mein Körper mich also rechtzeitig, aber ich wollte nicht auf die deutlichen Signale hören. Bei meinem Weltrekordversuch sechs Wochen später in Hengelo kam es dann zu einem richtigen Muskelfaserriss, und ich musste den Lauf nach 39 Minuten abbrechen.

In London jedenfalls konnte ich auf den letzten zwei Kilometern mein Tempo nicht mehr beibehalten. Ich hatte nicht nur die Schmerzen im Bein, auch meine Energie war weitgehend aufgebraucht.

Diesmal hat es in London noch nicht geklappt, es fehlte mir eben noch an Erfahrung mit der Marathondistanz. Khalid Khannouchi und Paul Tergat konnten durchlaufen und kamen so zu neuen Rekorden. Mein Grundkonzept war also richtig. Bei seinem Weltrekord in Berlin lief Ronaldo da Costa in der zweiten Hälfte sogar drei Minuten schneller als in der ersten. Meiner Ansicht nach wird sich beim Marathon-Weltrekord in nächster Zeit noch viel tun.

Marathonläufe haben ihre eigenen Gesetzmäßigkeiten. Der äthiopische Läufer Belayneh Densimo stellte 1988 in Rotterdam mit 2:06:50 Stunden einen Weltrekord auf, der über zehn Jahre Bestand haben sollte. Dann brach eine neue Zeit an. Im September 1998 verbesserte der Brasilianer Ronaldo da Costa den Weltrekord auf 2:06:05 Stunden. Ein Jahr später lief Khalid Khannouchi in Chicago 2:05:48 Stunden und beim London-Marathon sogar 2:05:38 Stunden. In nur vier Jahren wurde die alte Weltrekordmarke zwölfmal unterboten. Und das Ende der Fahnenstange ist noch lange nicht erreicht, auch ich werde es sicher noch einmal versuchen.

Auch wenn ich bei meinem ersten Marathon noch nicht ganz die richtige Einteilung gefunden habe – das Erlebnis Marathon war überwältigend.

VISION MARATHON – FÜNF SCHRITTE ZUR VERWIRKLICHUNG

Ein Marathon ist eine immense Herausforderung an Ihre persönliche Fitness. Diese Distanz können Sie nur bewältigen, wenn Sie wirklich gesund sind. Dies gilt natürlich erst recht für Extremsportarten wie Ultramarathon oder Triathlon. Hierzu geben wir keine Trainingshinweise, da es den Rahmen dieses Buches sprengen würde.

1. Schritt: Lassen Sie Ihre Gesundheit checken.
Am besten lassen Sie sich einmal gründlich beim Arzt durchchecken. Das gilt natürlich besonders für angehende Marathonläufer, die zu einer der Risikogruppen gehören (über 35 Jahre alt, orthopädische Probleme, Bluthochdruck oder Raucher). Laut Statistik stirbt bei jedem dritten Marathon ein Mensch. Das waren allerdings immer Leute, die gesundheitliche Probleme hatten und sie ignorierten.

2. Schritt: Planen Sie ausreichend Zeit fürs Training ein.
Wenn Sie sich auf den Marathon einlassen wollen, müssen Sie viele Kilometer pro Woche laufen. Das funktioniert nur, wenn Sie es auch wirklich wollen. Marathon ist nichts für halbherzige Läufer. Die Vorbereitungszeit richtet sich einmal nach Ihren Vorleistungen und zum anderen nach Ihrem Leistungsziel. Auf jeden Fall werden es mehrere Monate sein, es sei denn, Sie besitzen bereits ein hohes Laufpotenzial und wollen bei dem Rennen einfach nur ankommen.

3. Schritt: Setzen Sie sich ein persönliches Ziel.
Aber mit gutem Training ist eigentlich fast jeder bald in der Lage, im

leichten Regenerations- oder Joggingschritt die 42 Kilometer eines Marathons zu laufen. Dieses Tempo, das man auch zum Active Fatburning einsetzt, bringt Sie sicher ins Ziel. Den meisten Teilnehmern bei einem Volkslauf geht es lediglich um das bloße Ankommen, sie wollen nur sich selbst besiegen.

Sie können die Messlatte aber auch etwas höher anlegen, indem Sie sich ein Zeitziel setzen, das für Sie erreichbar ist. Damit Sie sich bei Ihrem ersten Marathon nicht falsch einschätzen, orientieren Sie sich dafür am besten an anderen Läufern, die ein ähnliches Leistungsniveau haben wie Sie. Hinweise auf mögliche Endzeiten erhalten Sie aus Ihren eigenen Vorleistungen über 5000 und 10 000 Meter.

Aber haben Sie auch den Mut, einfach abzubrechen, wenn es nicht mehr geht. Sie dürfen sich und Ihren Körper nicht überfordern. Das ist die Sache einfach nicht wert.

»Wenn du laufen willst, lauf eine Meile. Wenn du eine andere Welt kennen lernen willst, lauf einen Marathon.«
(Emil Zátopek über seinen Goldmedaillengewinn im Marathon bei der Olympiade in Helsinki 1952)

4. Schritt: Steigern Sie Ihre Ausdauerleistung.
Wenn Sie jedoch auf solche Vorleistungen zurückblicken können, haben Sie bereits an Ihrer Ausdauerleistung gearbeitet. Diese Basis gilt es nun auszubauen.

Für ein Ausdauertraining muss man viele Kilometer laufen, durch ein hartes, aber kurzes Training ist es nicht zu ersetzen. Im Mittelpunkt des Marathontrainings steht der leichte, aber lange Lauf. Selbst wenn Ihr Ziel für die Endzeit im Bereich von vier Stunden liegt, sollten Sie im Durchschnitt mindestens acht bis neun Kilometer täglich laufen.

Das Training soll Ihre maximale Sauerstoffaufnahmekapazität (VO_2max) verbessern, weil Ihre Leistungsfähigkeit höher wird, je mehr

Wechseln Sie so oft wie möglich Ihr Trainingsgebiet, damit es nicht langweilig wird. Durch die unterschiedlichen Geländeformen ergeben sich auch Variationen in Ihrem Training, was die Freude an Ihrem Fartlek-Training steigert.

Sauerstoff Ihnen zur Energiegewinnung zur Verfügung steht. Die maximale Sauerstoffaufnahmekapazität wird durch lange Läufe gesteigert.

5. Schritt: Arbeiten Sie an Ihrer Schnelligkeit.
Wenn Sie schneller werden und im Drei-Stunden-Bereich laufen möchten, müssen Sie Ihren Trainingsumfang kräftig erhöhen, vielleicht sogar verdoppeln. Das bedeutet nicht unbedingt ein tägliches Training, aber die erforderliche Kilometerzahl müssen Sie erreichen. Planen Sie dafür fünf bis sechs Tage Training pro Woche ein. Denn 100 Kilometer pro Woche sollten es schon sein. Der Besuch von Freunden oder Verwandten ist also am siebten Tag auch noch ohne Laufschuhe möglich.

Die Grundregel beim Marathon lautet: »Wer langsam läuft, ist schneller am Ziel.« Wenn Sie im Training zu schnell laufen, schwinden Ihre Energiereserven rasch dahin, und auch im Wettkampf werden Sie nicht die erhoffte Leistung erbringen können. Disziplin und Leistungsbereitschaft sind die wichtigsten Tugenden, die einen Marathonläufer auszeichnen.

MARATHON-KOMPAKTTRAINING

Das Marathontraining ist so aufgebaut, dass Sie an manchen Tagen richtig gefordert werden. Darauf folgt aber immer ein Tag der Regeneration mit ganz leichten lockeren Läufen. Die Trainingspläne bringen Sie kontinuierlich zu einer höheren Leistung. Wie weit Sie damit kommen, liegt an Ihnen. Sollten Sie die körperlichen Voraussetzungen mitbringen, können Sie auch in den Zwei-Stunden-Bereich vordringen. Dazu müssen Sie Ihre Geschwindigkeit sehr lange hoch halten können. Bei meinem ersten Marathon lag mein Tempo bei 88 Prozent meiner 10 000-Meter-Geschwindigkeit. Wenn Sie hier Ihre eigenen Werte einsetzen, erfahren Sie, ob Sie durch ein spezielles Training noch mehr aus sich herausholen können.

Seiten 210/211: Mit 2:06:35 Std. gewinnt Haile zwar nicht, legt aber das schnellste Marathon-Debüt aller Zeiten hin.

2.
THE
ROYAL
PARKS
FLORA LO
10

MARATHON 2002
adidas

Eine hervorragende Methode hierzu sind Tempodauerläufe. Dabei trainieren Sie, einzelne Streckenabschnitte im Renntempo zu laufen. So heben Sie langsam Ihre aerob-anaerobe Schwelle an. Je höher Ihre Schwelle liegt, desto schneller können Sie einen Marathon laufen. Sie müssen nach Möglichkeit immer knapp unter dieser Schwelle bleiben, damit Sie im aeroben Bereich laufen und Ihre Muskel nicht übersäuern.

Irgendwann erreichen Sie allerdings einen Punkt, an dem Sie Ihre Sauerstoffaufnahme mit einfachem Langstreckenlauftraining nicht weiter verbessern können. Von jetzt ab sollten Sie im Training die aerob-anaerobe Schwelle überschreiten und damit die Fähigkeit Ihrer Muskulatur steigern, den über die roten Blutkörperchen herantransportierten Sauerstoff in Energie umzuwandeln.

Wir erreichen diesen Trainingseffekt durch kurze Läufe mit maximalem Tempo und kurzen Regenerationspausen. Auch Bergtraining ist eine hervorragende Möglichkeit, Ihre Leistung zu verbessern. Dabei wird gleichzeitig auch Ihre Beinkraft gesteigert, die beim Laufen zum Abstoßen und Abfangen wichtig ist. Bei solchen kurzen Tempoläufen erreiche ich eine Schrittlänge von 1,80 Metern. Ich habe dann nur ganz kurz Bodenkontakt.

Wenn Sie also Ihre Schrittlänge vergrößern, verlängern Sie automatisch Ihre »Flugzeit«. Der Bodenkontakt nimmt ab, und damit haben Sie geringere Reibungsverluste. Kurz: Sie werden schneller.

Der Trainingsplan orientiert sich an meinen eigenen Trainingseinheiten. Er soll Ihnen zeigen, wie Sie vorgehen können, um eine Leistungssteigerung zu erreichen. Sie brauchen sich nicht sklavisch daran zu halten, sondern können das Training nach Bedarf reduzieren. Achten Sie aber darauf, dass der Charakter der Übung erhalten bleibt. Statt wie ich 15-mal einen Berg hinaufzulaufen, laufen Sie dann eben nur drei-

STICHWORT: MARATHON

Die Bezeichnung Marathon für den längsten olympischen leichtathletischen Laufwettbewerb geht auf die Antike zurück. Als die Athener im Jahr 490 v. Chr. die Perser bei dem Küstenort Marathon besiegten, schickte man den Soldaten Diomedon los, der die gute Nachricht nach Athen übermitteln sollte. Der – nicht belegten – Überlieferung zufolge lief Diomedon die etwa 40 Kilometer lange Strecke ohne Pause und brach in Athen tot zusammen.

Laufstil beim Marathon

oder fünfmal. Oder Sie verkürzen eine angegebene Strecke um 100 oder 200 Meter. Allerdings dürfen Sie nicht ersatzweise zum Beispiel 15-mal 400 Meter laufen. Der Sinn dieser Übung ist schließlich, im anaeroben Bereich zu trainieren. Wenn Sie langsam laufen, kommen Sie nie in diesen Bereich. Diese Bemerkung mache ich nur zur Sicherheit; Ihnen ist das ja inzwischen bewusst.

Wenn es anfangs nicht so klappt, wie Sie es sich wünschen, geben Sie nicht auf. Auch ich schaffe beim Training nicht immer auf Anhieb alles, was ich mir vorgenommen habe.

Ihr Marathon-Trainingsprogramm Vor und nach jedem Training gibt es eine Warm-up- beziehungsweise Cool-down-Sequenz. Beim

montags	**langer Waldlauf** bis zu drei Stunden mit etwa 17 km/h; zwischendurch Dehnübungen; am Abend eine Stunde locker laufen
dienstags	**leichtes Training** 1,5 Stunden am Morgen; Dehnübungen; am Abend eine Stunde locker laufen
mittwochs	**Straßenlauf** (Vor Wettkämpfen wird das Training intensiviert. Wir laufen beispielsweise in der ersten Woche 30 und in der nächsten 20 Kilometer. In der dritten Woche erhöhen wir auf 35 und 25 Kilometer. Danach geht es leichter weiter mit 21 und 15 Kilometern.) Dehnübungen; am Abend eine Stunde locker laufen
donnerstags	**Intervalltraining** Der Körper wird beim Straßenlauf sehr steif, und deshalb lockern wir ihn mit kurzen Sprints und leichtem Jogging. Unser Warm-up beträgt ca. 40 Minuten, davon 20 Minuten Dehnübungen; am Abend eine Stunde locker laufen
freitags	**Bergtraining** 15- bis 20-mal 400 Meter bergauf und locker zurückjoggen; 15 bis 20 Minuten Dehnübungen; am Abend eine Stunde locker laufen
samstags	**Bahntraining** Wir variieren zwischen 3 x 3 Runden und 3 x 10 Runden und laufen manchmal auch 8 x 2000 Meter; Dehnübungen; am Abend eine Stunde locker laufen
sonntags	nur am Morgen eine Stunde ganz leichtes Training

Warm-up wärmen Sie die Muskulatur auf und dehnen Ihre Sehnen, damit Sie elastischer werden und weniger verletzungsanfällig. Der Cool-down trägt dazu bei, die Stoffwechselendprodukte, die sich während des Trainings angesammelt haben, rasch wieder abzubauen. Aber das kennen Sie ja schon vom Stretching und Relaxing.

Zur Vorbereitung auf einen Marathon sollten Sie zusätzlich etwas Krafttraining machen. Wichtig ist auch ausgiebiges und häufiges Stretching.

Halbmarathon Sportlich gesehen ist der Halbmarathon eine Distanz, die eigentlich jeder laufen kann, vorausgesetzt, er hat sich durch ein Training darauf vorbereitet.

oben: Lockeres Joggen

Seiten 212/213: Links: der 10 000-Meter-Laufstil. Der Schritt ist mit 2,10 Meter etwas länger, und der Fuß ist schon leicht angewinkelt, da ich mit dem Großzehenballen aufsetzen werde. Rechts: der Marathon-Stil mit dem Fuß in deutlich flacherer Position

Im Sommer, wenn die Freiluftsaison in Europa beginnt, liegen die Wettkämpfe oft so nah beieinander, dass wir zwischendurch gar nicht erst nach Äthiopien zurückfliegen. Viele unserer Läufer sind dann für einige Wochen in Holland bei unserem Management untergebracht. Dort müssen sie natürlich auch trainieren. Theo Joosten ist der Trainer in unserm Team bei Jos Hermens' Firma Global Sports Communication. Natürlich arbeitet er eng mit Dr. Woldemeskel Kostre zusammen. Gemeinsam mit Theo Joosten haben wir ein Trainingsprogramm für

v.l.n.r.: Assefa Mezegebu, Theo Joosten und Million Wolde

europäische Laufeinsteiger entwickelt, das in Holland bereits von einigen tausend Anfängern erfolgreich umgesetzt wurde.

Wer lange keinen Sport getrieben hat, sollte mit dem Programm von vorn beginnen. Falls Ihnen das zu leicht fällt und Sie sich nicht ausreichend gefordert fühlen, finden Sie den Level heraus, der Ihrem momentanen Leistungsvermögen entspricht, und machen dort weiter.

Wenn Sie mit dem Training im Frühjahr beginnen, können Sie die frische Luft und das helle Grün genießen. Noch bevor im Herbst

die Blätter fallen, sind Sie ein neuer Mensch geworden und haben vielleicht Ihren ersten Halbmarathon gelaufen. Sie werden sich wie neugeboren fühlen oder zumindest um zehn Jahre jünger – obwohl Sie »damals« vermutlich nicht in der Lage waren, 21 Kilometer am Stück zu laufen.

Ihr Halbmarathon-Trainingsprogramm Es ist sinnvoll, sich von Anfang an wechselnden Belastungen auszusetzen, auch wenn die Anstrengung noch nicht sehr groß ist. Damit erreichen Sie den größten Trainingseffekt.

Langsam laufen meint übrigens wirklich langsam. Die meisten Amateure laufen zu schnell, viel schneller als ich, wenn ich zur Regeneration laufe. Im Londoner Hyde Park werde ich regelmäßig überrundet.

1. Woche

Mo	4 x im Wechsel 2 Minuten gehen und 2 Minuten langsam laufen
Di	4 x im Wechsel 2 Minuten gehen und 2 Minuten langsam laufen
Mi	Trainingspause
Do	3 x im Wechsel 2 Minuten gehen und 2 Minuten langsam laufen
Fr	8 x im Wechsel 2 Minuten gehen und 2 Minuten langsam laufen
Sa und So	Trainingspause

2. Woche

Mo	5 x im Wechsel 2 Minuten gehen und 2 Minuten langsam laufen
Di	5 x im Wechsel 2 Minuten gehen und 2 Minuten langsam laufen
Mi	Trainingspause
Do	4 x im Wechsel 2 Minuten gehen und 2 Minuten langsam laufen
Fr	10 x im Wechsel 1 Minute gehen und 1 Minute langsam laufen
Sa und So	Trainingspause

Am letzten Trainingstag dieser Woche haben Sie sich schon gesteigert: Sie sind in einer Trainingseinheit zehn Minuten am Stück gelaufen.

3. Woche

Mo	4 x im Wechsel 2 Minuten gehen und 2 Minuten langsam laufen
Di	5 x im Wechsel 2 Minuten gehen und 2 Minuten langsam laufen
Mi	Trainingspause
Do	4 x im Wechsel 1 Minute gehen und 3 Minuten langsam laufen
Fr	10 x im Wechsel 1 Minute gehen und 1 Minute langsam laufen
Sa und So	Trainingspause

4. Woche

Mo	4 x im Wechsel 1 Minute gehen und 4 Minuten langsam laufen
Di	5 x im Wechsel 2 Minuten gehen und 3 Minuten langsam laufen
Mi	Trainingspause
Do	4 x im Wechsel 1 Minute gehen und 3 Minuten langsam laufen
Fr	10 x im Wechsel 1 Minute gehen und 1 Minute langsam laufen
Sa und So	Trainingspause

Sie können stolz auf sich sein: Sie sind in dieser Woche vier Minuten am Stück gelaufen, und das gleich viermal. Das können Sie in Ihrem Lauftagebuch ruhig dick unterstreichen.

5. Woche

Mo	3 x im Wechsel 1 Minute gehen und 5 Minuten langsam laufen
Di	4 x im Wechsel 1 Minute gehen und 3 Minuten langsam laufen
Mi	Trainingspause
Do	3 x im Wechsel 1 Minute gehen und 5 Minuten langsam laufen
Fr	12 x im Wechsel 1 Minute gehen und 1 Minute langsam laufen
Sa und So	Trainingspause

6. Woche

Mo	3 x im Wechsel 1 Minute gehen und 5 Minuten langsam laufen
Di	4 x im Wechsel 1 Minute gehen und 3 Minuten langsam laufen
Mi	Trainingspause
Do	4 x im Wechsel 1 Minute gehen und 4 Minuten langsam laufen
Fr	12 x im Wechsel 1 Minute gehen und 1 Minute langsam laufen
Sa und So	Trainingspause

7. Woche

Mo	2 x im Wechsel 3 Minuten gehen und 6 Minuten langsam laufen
Di	3 x im Wechsel 2 Minuten gehen und 5 Minuten langsam laufen
Mi	Trainingspause
Do	4 x im Wechsel 1 Minute gehen und 4 Minuten langsam laufen
Fr	3 x im Wechsel 3 Minuten gehen und 10 Minuten langsam laufen
Sa und So	Trainingspause

Jetzt haben Sie die magische Grenze überschritten: Sie sind 30 Minuten gelaufen.
Der Weg zu Ihren ersten 5000 Metern am Stück ist nicht mehr sehr weit.
Bleiben Sie dran!

8. Woche

Mittlerweile haben Sie ein Stadium erreicht, wo man von einem regelrechten Lauftraining sprechen kann. Von nun an müssen Sie besonders auf die Signale Ihres Körpers achten. Wenn Sie Schmerzen haben, nehmen Sie sie ernst und gehen vielleicht im Programm eine Woche zurück. Möglicherweise verhärtet sich Ihre Muskulatur beim Laufen. Machen Sie Stretchübungen, damit Ihre Muskeln und Sehnen wieder geschmeidig werden.

Mo	2 x im Wechsel 3 Minuten gehen und 7 Minuten langsam laufen
Di	3 x im Wechsel 2 Minuten gehen und 5 Minuten langsam laufen
Mi	Trainingspause
Do	4 x im Wechsel 1 Minute gehen und 5 Minuten langsam laufen
Fr	3 x im Wechsel 3 Minuten gehen und 12 Minuten langsam laufen
Sa und So	Trainingspause

9. Woche

Dehn- und Lockerungsübungen sollten von nun an zum festen Bestandteil Ihres Trainings gehören. Solche Übungen kann man nie genug machen.

Mo	5 Minuten ganz langsam laufen; dann 15 Minuten stretchen und lockern; anschließend noch 15 Minuten traben
Di	3 x im Wechsel 2 Minuten gehen und 7 Minuten langsam laufen
Mi	Trainingspause
Do	20 Minuten Dauerlauf; Ihr Tempo ist so gewählt, dass Sie noch locker dabei reden können; etwa drei Atemzüge pro Schritt
Fr	2 x im Wechsel 2 Minuten traben und 7 Minuten laufen
Sa und So	Trainingspause

10. Woche

Mo	25 Minuten Dauerlauf
Di	3 x im Wechsel 2 Minuten gehen und 7 Minuten langsam laufen
Mi	Trainingspause
Do	20 Minuten Dauerlauf; Ihr Tempo ist so gewählt, dass Sie noch locker dabei reden können
Fr	2 x im Wechsel 2 Minuten traben und 7 Minuten laufen
Sa und So	Trainingspause

11. Woche

Mo	25 Minuten Dauerlauf; Ihr Tempo ist so gewählt, dass Sie noch locker dabei reden können
Di	3 x im Wechsel 2 Minuten traben und 4 Minuten laufen
Mi	Trainingspause
Do	25 Minuten Dauerlauf; Ihr Tempo ist so gewählt, dass Sie noch locker dabei reden können
Fr	2 x im Wechsel 2 Minuten traben und 7 Minuten laufen
Sa und So	Trainingspause

12. Woche

Mo	25 Minuten Dauerlauf; Ihr Tempo ist so gewählt, dass Sie noch locker dabei reden können
Di	3 x im Wechsel 2 Minuten traben und 5 Minuten laufen
Mi	Trainingspause

Do	30 Minuten Dauerlauf; Ihr Tempo ist wieder so gewählt, dass Sie noch locker dabei reden können
Fr	2 x im Wechsel 3 Minuten traben und 10 Minuten laufen
Sa und So	Trainingspause

Erstes Etappenziel in Sicht:
Sie können nun einen 5000-Meter-Lauf ins Auge fassen!

13. Woche

Mo	30 Minuten Dauerlauf; Ihr Tempo ist so gewählt, dass Sie noch locker dabei reden können
Di	3 x im Wechsel 2 Minuten traben und 6 Minuten laufen
Mi	Trainingspause
Do	30 Minuten Dauerlauf; Ihr Tempo ist wieder so gewählt, dass Sie noch locker dabei reden können
Fr	2 x im Wechsel 3 Minuten traben und 10 Minuten laufen
Sa und So	Trainingspause

14. Woche

Mo	35 Minuten Dauerlauf
Di	3 Minuten traben; 12 Minuten laufen; 3 Minuten traben; 10 Minuten laufen
Mi	Trainingspause
Do	30 Minuten Dauerlauf
Fr	3 Minuten traben; 10 Minuten laufen; 3 Minuten traben; 10 Minuten laufen
Sa und So	Trainingspause

15. Woche

Mo	40 Minuten Dauerlauf
Di	3 Minuten traben; 20 Minuten laufen; 3 Minuten traben; 10 Minuten laufen
Mi	Trainingspause
Do	30 Minuten Dauerlauf
Fr	3 Minuten traben; 15 Minuten laufen; 3 Minuten traben; 12 Minuten laufen
Sa und So	Trainingspause

Halbzeit!
Sie können stolz auf sich sein. In nur 15 Wochen haben Sie sich vom Autofahrer und Kurzstreckenfußgänger zum Langstreckenläufer entwickelt. Der Winterspeck hat sich inzwischen sicher auch schon ein bisschen verloren. Jetzt geht es erst richtig los: Nun gewinnt das Trainingsprogramm an Intensität.

16. Woche

Achten Sie darauf, dass Sie nicht zu schnell laufen. Sie sollten beim Dauerlauf nicht hecheln, sondern ruhig und locker laufen und die Natur auf sich einwirken lassen. Mit einem Laufpartner sollten Sie sich unterhalten können. (Worüber? Das liegt an Ihrem Partner oder

Ihrer Partnerin – jedenfalls nicht über Ihre Pulsfrequenz.) Dann haben Sie das richtige Tempo.

Mo	40 Minuten Dauerlauf
Di	3 Minuten ganz langsam laufen; 15 Minuten etwas schneller laufen; 3 Minuten ganz langsam laufen; 15 Minuten etwas schneller laufen
Mi	Trainingspause
Do	35 Minuten Dauerlauf
Fr	3 Minuten traben; 15 Minuten laufen; 3 Minuten traben; 15 Minuten laufen
Sa und So	Trainingspause

17. Woche

Mo	40 Minuten Dauerlauf
Di	30 Minuten Dauerlauf
Mi	Trainingspause
Do	5 Minuten traben; 20 Minuten Dauerlauf; das Tempo sollte etwas höher sein als sonst; 8 Minuten langsam auslaufen
Fr	30 Minuten Dauerlauf
Sa und So	Trainingspause

18. Woche

Mo	45 Minuten langsamer Dauerlauf
Di	30 Minuten Dauerlauf
Mi	Trainingspause
Do	5 Minuten traben; 20 Minuten Dauerlauf; das Tempo sollte etwas höher sein als sonst; 8 Minuten langsam auslaufen
Fr	35 Minuten Dauerlauf
Sa und So	Trainingspause

19. Woche

Mo	50 Minuten Dauerlauf
Di	35 Minuten Dauerlauf im Schwellenbereich; es sind nur zwei Atemzüge pro Schritt möglich; Ihr Puls wird zwischen 160 und 170 Schlägen liegen
Mi	Trainingspause
Do	5 Minuten ganz langsam laufen; 20 Minuten Dauerlauf; das Tempo sollte etwas höher sein als sonst; 8 Minuten langsam auslaufen
Fr	30 Minuten Dauerlauf
Sa und So	Trainingspause

20. Woche

Inzwischen haben Sie bereits mit der konkreten Vorbereitung für den Halbmarathon angefangen. Jede Woche sind Sie mehr Kilometer gelaufen. Jetzt kommt es darauf an, dass die Balance stimmt. Sie sind nicht jeden Tag gleich gut in Form, und auch Ihre berufliche Anspannung ist unterschiedlich. Wenn Sie sich einmal nicht so gut fühlen, forcieren Sie das

Training nicht. Lassen Sie es ruhig etwas langsamer angehen. Es sind nur noch sechs Wochen bis zu Ihrem Etappenziel, und in drei Wochen erwartet Sie eine ganz ruhige Woche. Darauf können Sie sich jetzt schon freuen.

Mo	50 Minuten langsamer Dauerlauf; etwa 4 Atemzüge pro Schritt
Di	40 Minuten Dauerlauf im Schwellenbereich; 2 Atemzüge pro Schritt; Puls zwischen 160 und 170 Schlägen
Mi	Trainingspause
Do	10 Minuten langsam einlaufen; 2 x 8 Minuten Dauerlauf; das Tempo sollte etwas höher sein als sonst; dazwischen 3 Minuten gehen; 8 Minuten langsam auslaufen
Fr	40 Minuten langsamer Dauerlauf
Sa und So	Trainingspause

21. Woche

Mo	50 Minuten langsamer Dauerlauf; etwa 4 Atemzüge pro Schritt
Di	40 Minuten Dauerlauf im Schwellenbereich. Es sind nur 2 Atemzüge pro Schritt möglich; Puls zwischen 160 und 170 Schlägen
Mi	Trainingspause
Do	10 Minuten langsam einlaufen; 2 x 10 Minuten Dauerlauf; hohes Tempo (etwa 4 min/km); dazwischen 3 Minuten gehen; 8 Minuten ganz langsam auslaufen
Fr	40 Minuten langsamer Dauerlauf
Sa und So	Trainingspause

22. Woche

Mo	55 Minuten langsamer Dauerlauf; etwa 4 Atemzüge pro Schritt
Di	45 Minuten Dauerlauf im Schwellenbereich; es sind nur 2 Atemzüge pro Schritt möglich; Puls zwischen 160 und 170 Schlägen
Mi	Trainingspause
Do	10 Minuten langsam einlaufen; 3 x 8 Minuten Dauerlauf; hohes Tempo (etwa 3 min/km), dazwischen 3 Minuten Trabpause; 8 Minuten ganz langsam auslaufen
Fr	45 Minuten langsamer Dauerlauf
Sa und So	Trainingspause

23. Woche

Mo	60 Minuten langsamer Dauerlauf; etwa 4 Atemzüge pro Schritt
Di	45 Minuten Dauerlauf im Schwellenbereich; es sind nur 2 Atemzüge pro Schritt möglich; Ihr Puls liegt zwischen 160 und 170 Schlägen
Mi	Trainingspause
Do	10 Minuten langsam einlaufen; 3 x 8 Minuten Dauerlauf mit hohem Tempo (etwa 3 min/km); dazwischen 3 Minuten Trabpause; 8 Minuten ganz langsam auslaufen

Fr	50 Minuten langsamer Dauerlauf
Sa und So	Trainingspause

24. Woche

Mo	30 Minuten langsamer Dauerlauf; etwa 4 Atemzüge pro Schritt
Di	20 Minuten lockerer Dauerlauf
Mi	Trainingspause
Do	30 Minuten langsamer Dauerlauf
Fr	15 Minuten lockerer Dauerlauf
Sa und So	Trainingspause

Die Ruhe vor dem Sturm:

Sie können jetzt schon eine Stunde am Stück laufen. Das hätten Sie sich am Anfang bestimmt nie träumen lassen. Erinnern Sie sich noch an Ihre ersten Laufabenteuer? Welche Qual es bedeutete, zehn Minuten und dann 15 Minuten am Stück zu laufen? Schauen Sie einfach in Ihr Lauftagebuch, dann erkennen Sie Ihre Fortschritte, und das gibt Ihnen Mut für den Endspurt. Denn jetzt wird es etwas schwerer, die Kilometerleistungen steigen. Sie müssen ein Training pro Woche mehr machen. Aber den Spaß sollten Sie dabei natürlich nicht verlieren. Halten Sie sich immer Ihr Ziel vor Augen, und bleiben Sie locker.

25. Woche

Mo	60 Minuten langsamer Dauerlauf; etwa 4 Atemzüge pro Schritt
Di	45 Minuten Dauerlauf im Schwellenbereich
Mi	Trainingspause
Do	40 Minuten Dauerlauf; in diesem Lauf machen sie für 3 x 5 Minuten einen Tempodauerlauf mit 3 Minuten Trabpause
Fr	35 Minuten langsamer Dauerlauf
Sa	50 Minuten Dauerlauf im Schwellenbereich
So	Trainingspause

26. Woche

Mo	60 Minuten Dauerlauf im Schwellenbereich
Di	Trainingspause
Mi	10 Minuten einlaufen; 45 Minuten Dauerlauf mit 3 x 3 Minuten Tempodauerlauf; dazwischen 3 Minuten Trabpause
Do	30 Minuten einlaufen; dann 50 Minuten Dauerlauf im Schwellenbereich
Fr	Trainingspause
Sa	50 Minuten schneller Dauerlauf
So	60 Minuten lockerer Dauerlauf

27. Woche

Mo	Trainingspause
Di	50 Minuten Dauerlauf; 4 x 2 Minuten Tempodauerlauf; dazwischen 3 Minuten Trabpause

Mi	45 Minuten lockerer Dauerlauf
Do	60 Minuten Dauerlauf im Schwellenbereich
Fr	Trainingspause
Sa	70 Minuten Dauerlauf
So	100 Minuten langsamer lockerer Dauerlauf

28. Woche

Mo	Trainingspause
Di	50 Minuten Dauerlauf 5 x 4 Minuten Tempodauerlauf mit 3 Minuten Trabpause
Mi	40 Minuten lockerer Dauerlauf
Do	70 Minuten lockerer Dauerlauf
Fr	30 Minuten locker laufen
Sa	Trainingspause
So	1:30 Stunden langsamer lockerer Dauerlauf

29. Woche

Mo	40 Minuten lockerer Dauerlauf
Di	Trainingspause
Mi	50 Minuten lockerer Dauerlauf; 6 x 2 Minuten Tempodauerlauf, dazwischen 2 Minuten Trabpause
Do	35 Minuten lockerer Dauerlauf
Fr	Trainingspause
Sa	60 Minuten Dauerlauf im Schwellenbereich
So	35 Minuten langsamer lockerer Dauerlauf

Trainingsziel erreicht!

Jetzt ist die Zeit der Regeneration vor dem Wettkampf gekommen. Ihre Kondition ist auf dem Höhepunkt angelangt. In der letzten Woche machen Sie nur noch leichtes Training. Geistig bereiten Sie sich auf den Wettkampf vor. Ihre Energiespeicher müssen gefüllt werden: Nehmen Sie also leichte kohlenhydratreiche Nahrung zu sich und wenig Fleisch und Fett. Aber davon sind Sie ja im letzten halben Jahr ohnehin abgekommen.

30. Woche

Mo	Trainingspause
Di	40 Minuten langsamer lockerer Dauerlauf
Mi	Trainingspause
Do	20 Minuten locker laufen
Fr	Trainingspause
Sa	Trainingspause
So	**Halbmarathon-Wettkampf**

Leistungstabelle für Marathon- und Halbmarathonläufer

Sobald Sie das Lauffieber erst einmal richtig gepackt hat, können Sie es gar nicht mehr erwarten, Ihr erstes größeres Rennen zu laufen. Nach dem »Nur durchhalten!« kommt natürlich die nächste Herausforderung: Die Zeit wird Ihnen auch wichtig. Diese Tabelle, in der Hailes Zeiten hervorgehoben sind, zeigt Ihnen – ausgehend von Ihren Leistungen auf der kürzeren Strecke – Annäherungswerte für Ihre mögliche Zeit über verschiedene Distanzen. Wenn Sie Ihre erreichten Zeiten in die Tabelle eintragen und mit Linien verbinden, können Sie mögliche Verbesserungspotenziale festmachen. Sinkt die Kurve ab, je länger die Distanz ist, müssen Sie an Ihrer Ausdauerleistung arbeiten. Wenn nicht, können Sie sich auf das Speedtraining konzentrieren.

5000 m	10 000 m	Halbmarathon	Marathon
12:30	26:00	56:03	1:57:06
12:39 WR	**26:22 WR**	**59:40**	**2:06:35**
13:00	27:04	1:01:16	2:09:54
13:30	28:07	1:03:38	2:14:54
14:00	29:10	1:05:59	2:19:54
14:30	30:12	1:08:21	2:24:54
15:00	31:15	1:10:42	2:29:53
15:30	32:17	1:13:04	2:34:53
16:00	33:19	1:15:25	2:39:53
16:30	34:22	1:17:46	2:44:54
17:00	35:25	1:20:08	2:49:53
18:00	37:30	1:24:50	2:59:52
19:00	39:34	1:29:31	3:09:52
20:00	41:40	1:34:16	3:19:52
21:00	43:45	1:38:59	3:29:51
22:00	45:49	1:43:42	3:39:51
23:00	47:54	1:48:25	3:49:50
24:00	50:00	1:53:08	3:59:50
25:00	52:05	1:57:50	4:09:50
26:00	54:09	2:02:34	4:19:50
27:00	56:15	2:07:16	4:29:49
28:00	58:19	2:11:59	4:39:49

3 Trainingsziel Weltrekord

Als ich 1997 in Brüssel meine Weltrekorde an Daniel Komen und Paul Tergat verlor, war mein Ehrgeiz herausgefordert. Ich wollte die Rekorde natürlich zurückgewinnen, aber in der laufenden Saison war das nicht mehr möglich. Deshalb startete ich gleich mit einem gezielten Weltrekordtraining über 5000 und 10 000 Meter. Ich machte sehr viele Waldläufe in der Höhe, wobei es häufig auf weichem Untergrund bergab ging. Das ist sehr wichtig für die Stärkung der Muskulatur. Dreimal pro Woche absolvierte ich ein Bahntraining.

»Rekorde zu brechen ist das, was ich am Sport am meisten liebe.«
(Haile Gebrselassie in der »Rhein-Zeitung«, 2. Juni 1998)

Dr. Woldemeskel Kostre ist ein sehr bestimmter Coach. Er stellt ein Tagesprogramm auf, das es unbedingt einzuhalten gilt. Ansonsten müssen die Athleten ihm genau erklären, warum das nicht geht. Natürlich will jeder unseren Coach zufrieden stellen und bemüht sich, sein Bestes zu geben. Wenn jemand zu spät zum Training erscheint, muss er zur Strafe etwas in die Kasse einzahlen. Von diesem Geld wird einmal im Monat ein Schaf gekauft und gemeinsam verzehrt. Dr. Woldemeskel Kostre ist eine Art Vater für die Athleten – streng beim Training, aber gerecht. Wenn jemand ein Problem hat, geht er zuerst zu ihm.

TRAININGSTIPPS VON DR. WOLDEMESKEL KOSTRE

Einen Weltrekord läuft man nicht einfach so. Die Trainingseinheiten müssen genau darauf abgestimmt werden. Man kann ja auch nicht mal eben als Test 10 000 Meter laufen, um herauszufinden, wie schnell man geworden ist. Das heißt, der Weg zum Weltrekord ist der gleiche wie zu Ihrem persönlichen Rekord. Sie müssen sich das Training einteilen und Ihre Leistung rundenweise verbessern. Orientieren Sie sich an Hailes Trainingsbeispiel, und setzen Sie Ihre Zeiten ein.

Nehmen wir einmal an, Sie wollten Hailes Weltrekord über 10 000 Meter brechen. Dieser liegt bei 26:22:75 Minuten (5000-Meter-Zeit: 12:39:36). Wenn Sie schneller sein wollen, gehen Sie wie folgt vor:

Sie teilen die Zielzeit in Rundenzeiten auf. Für Haile ergibt sich eine durchschnittliche Rundenzeit von 60:75 Minuten. Das sind 100 Prozent Leistung bei 5000 Metern und 63:31 Minuten bei 10 000 Metern. Nun müssen Sie sich fragen, was Sie leisten können, und anhand der Tabelle rechts Ihr Ziel festlegen.

5000 METER	10 000 METER
60:75 = 100 %	63:31 = 100 %
57:71 = 105 %	60:14 = 105 %
54:67 = 110 %	56:58 = 110 %
51:64 = 115 %	53:41 = 115 %
48:60 = 120 %	50:25 = 120 %
45:56 = 125 %	47:48 = 125 %

Welches ist der maximale Wert, den Sie auf 400 Meter laufen können? Sind es 105 Prozent oder 110, oder können Sie noch schneller laufen?

Nehmen Sie Ihre persönliche Rundenzeit, und ziehen Sie die angestrebte Leistungssteigerung davon ab, beispielsweise

60,75 sek – 10 % = 60,75 sek – 6,075 sek = 54,67 sek.

Oder Sie rechnen einfach 90 Prozent Ihrer derzeitigen Rundenzeit aus. Das ist dann Ihre angestrebte Rundenzeit bei einer Leistungssteigerung um zehn Prozent.

Auf beide Arten können Sie Ihre angestrebten Rundenzeiten für das Intervalltraining ermitteln.

Haile kann Runden von weniger als 52 Sekunden laufen, das sind 115 Prozent Leistung. Oder anders ausgedrückt, sein Wettkampftempo über 5000 Meter beträgt etwa 87 Prozent seines Maximaltempos. Bei

Dr. Woldemeskel Kostre gibt das Startzeichen.

10 000 Metern sind es immerhin noch 82 Prozent seiner maximalen Leistung.

Das ist Ihr Richtwert, aber keine Angst: Sie müssen nicht ganz so schnell laufen. Sie sollten allerdings versuchen, mit Ihrer Ausdauerleistung immer näher an Ihre maximale Leistung heranzukommen. Es spielt keine Rolle, wenn Ihre maximale Leistung zwei Minuten für eine Runde ist. Es kommt nur auf das Verhältnis an. Wenn Ihre maximale Leistung besser ist, also bei 125 oder 140 Prozent liegt, dann fehlt es Ihnen an Ausdauer. Ist Ihre maximale Leistung nicht viel besser als Ihr Wettkampftempo, dann fehlt es Ihnen an Geschwindigkeit. Mit solchen Berechnungen erkennen Sie rasch, auf was Sie sich bei Ihrem Training konzentrieren sollten.

Ich gehe bei meinen Athleten natürlich immer an die Grenze, und wir versuchen, das Maximum in jeder Beziehung zu erreichen. Wir trainieren oft im Grenzbereich der 115 und mehr Prozent. Als Amateur sollten Sie da sehr vorsichtig sein, besonders, wenn Sie nicht mehr ganz jung sind. Seien Sie nicht zu ehrgeizig, und fordern Sie sich nicht zu viel. Sonst erreichen Sie nur das Gegenteil. Im günstigsten Fall werden Sie müde und abgeschlafft, weil Ihnen die Zeit zur Regeneration fehlt. Im ungünstigsten Fall droht Ihnen ein Schlaganfall, vor allem, wenn Ihr Kreislauf nicht mehr ganz reibungslos funktioniert.

WELTREKORD-TRAINING

Mein Trainingsprogramm für Frauen unterscheidet sich nicht viel von dem der Männer. Natürlich lege ich bei jedem Athleten seine persönlichen Werte zugrunde.

Die Anteile von aerobem und anaerobem Training variieren je nach Laufstrecke. Wie hoch der Anteil der aeroben bzw. anaeroben Trainingsanteile wirklich ist, hängt vom einzelnen Sportler ab. Es kommt darauf an, wo Ihre Stärken und Schwächen liegen und was besonders trainiert werden muss.

Als kraftvoller, spurtstarker Läufer hat Haile einen großen anaeroben Trainingsanteil mit zahlreichen, extrem schnellen Wiederholungen in

	aerobes Training	anaerobes Training
Marathon	90 – 98 %	10 – 2 %
10 000 m	40 – 60 %	60 – 40 %
5000 m	50 %	50 %
1500 m	40 %	60 %

seinem Programm. Auf die Olympischen Spiele in Atlanta, wo es um die 5000 und 10 000 Meter ging, bereitete er sich beispielsweise mit folgenden Intervalltrainingssätzen vor:

- 15 Minuten Einlaufen
- 4 x 400 Meter in 56 Sekunden mit 30 Sekunden Pause
- 14 x 400 Meter in 53 Sekunden mit 30 Sekunden Pause
- 15 Minuten Auslaufen

Andere Trainingseinheiten sahen folgendermaßen aus:

- 15 Minuten Einlaufen
- 5 x 2000 Meter in 64 oder 65 Sekunden auf 400 Meter (die Weltrekordzeit über 10 000 Meter liegt bei 63,31 pro Runde. Haile lief also zwischen 98 und 99 Prozent seines maximalen Wettkampftempos.)
- 15 Minuten Auslaufen
  oder
- 15 Minuten Einlaufen
- 8 oder 10 x 1000 Meter in 2:28 Minuten mit 3 Minuten Erholung (das sind 61,66 Sekunden pro Runde und damit 99 Prozent der Geschwindigkeit des 5000-Meter-Weltrekords.)
- 15 Minuten Auslaufen

Manchmal machte er auch 400-Meter-Sprints in 52 Sekunden, allerdings mit wenigen Wiederholungen. Für Atlanta brauchte er Speed und Ausdauer gleichermaßen. Manche Läufer können ein sehr hohes Grund-

VON HAILE

Aerobes Training steigert Ihre allgemeine körperliche Fitness. Anaerobes Training bringt die Geschwindigkeit.

»Ich war im falschen Rennen. Das Rennen begann phantastisch. Nach 2000 Metern lief der aber plötzlich in einem Höllentempo weg.«
(Dieter Baumann im »Spiegel« 1996 über Haile Gebrselassie)

tempo laufen, haben dann aber im Spurt nichts mehr zuzusetzen. Sie können ein Rennen nur gewinnen, wenn sie es von Anfang an dominieren und schnell machen. Paul Tergat zum Beispiel lief immer fast genauso schnell wie Haile und hielt zeitweise auch den Weltrekord über 10 000 Meter. Im direkten Vergleich auf der Bahn hatte Haile beim Spurt aber immer die Nase vorn, obwohl Tergat besonders dafür trainierte. Beim Cross jedoch war er kaum zu schlagen. Die Renntaktik und damit das Training eines Läufers werden also durch die eigenen Fähigkeiten bestimmt.

MÄNNER

100 Meter (Haile: 11,80 sek)		**200 Meter** (Haile: 24,0 sek)		**400 Meter**	
15,95 sek	= 100 %	31,90 sek	= 100 %	63,80 sek	= 100 %
15,55 sek	= 105 %	30,70 sek	= 105 %	60,61 sek	= 105 %
14,75 sek	= 110 %	29,51 sek	= 110 %	58,22 sek	= 110 %
14,36 sek	= 115 %	27,51 sek	= 115 %	54,63 sek	= 115 %
13,56 sek	= 120 %	26,32 sek	= 120 %	51,44 sek	= 120 %
12,36 sek	= 125 %	24,32 sek	= 125 %	48,25 sek	= 125 %
11,56 sek	= 130 %	22,73 sek	= 130 %	44,66 sek	= 130 %

800 Meter (Haile: 1:49,00 min)		**1000 Meter**	
2:07,60 min	= 100 %	2:39,50 min	= 100 %
2:01,22 min	= 105 %	2:31,52 min	= 105 %
1:55,24 min	= 110 %	2:23,55 min	= 110 %
1:48,46 min	= 115 %	2:15,57 min	= 115 %
1:42,48 min	= 120 %	2:08,00 min	= 120 %
1:36,10 min	= 125 %	2:00,02 min	= 125 %
1:29,32 min	= 130 %	1:52,05 min	= 130 %

Die Zeitvorgaben für die kürzeren Intervalleinheiten meiner Athleten ermittele ich wieder aus der 5000-Meter-Weltrekordzeit: Haile lief im Durchschnitt 15,19 Sekunden auf 100 Meter. Das ist meine Bezugsgröße. Wenn er den Weltrekord unterbieten will, muss er schneller laufen.

Bei dem Plan für das Teamtraining lege ich den Mittelwert von vier Läufern zugrunde, die gemeinsam trainieren und zusammen einen Wettkampf bestreiten sollen.

Mein Ziel ist, sie in etwa auf das gleiche Leistungsniveau zu bringen, damit sie sich im Rennen gegenseitig unterstützen können. Das sieht dann zum Beispiel aus wie in den beiden Tabellen links und unten (mit Hailes Zeit zum Vergleich). Hailes Rundenzeiten zeigen eine extreme Kontinuität. Im Anhang finden Sie einige Tabellen zu seinen Weltrekorden und den wichtigsten Konkurrenten mit Angabe der Rundenzeiten, weitere auf unserer Homepage.

FRAUEN

100 Meter			**200 Meter**			**400 Meter**		
17,65 sek	=	100 %	35,29 sek	=	100 %	1:10,58 min	=	100 %
17,17 sek	=	105 %	33,53 sek	=	105 %	1:07:45 min	=	105 %
16,28 sek	=	110 %	31,36 sek	=	110 %	1:03:52 min	=	110 %
15,40 sek	=	115 %	30,00 sek	=	115 %	1:00:39 min	=	115 %
14,52 sek	=	120 %	28,23 sek	=	120 %	56:46 sek	=	120 %
13,64 sek	=	125 %	26,47 sek	=	125 %	53:33 sek	=	125 %
12,35 sek	=	130 %	24,30 sek	=	130 %	49:41 sek	=	130 %

800 Meter (Haile: 1:49,00 min)			**1000 Meter**		
2:21,17 min	=	100 %	2:56,46 min	=	100 %
2:14,11 min	=	105 %	2:48,04 min	=	105 %
1:07,05 min	=	110 %	2:39,21 min	=	110 %
1:59,59 min	=	115 %	2:29,59 min	=	115 %
1:52,54 min	=	120 %	2:21,17 min	=	120 %
1:45,48 min	=	125 %	2:12,17 min	=	125 %
1:38,42 min	=	130 %	1:03,52 min	=	130 %

Hintergründe

DIE KEHRSEITEN DER MEDAILLE

Sport und Politik Olympische Spiele haben neben der sportlichen auch eine enorme politische Dimension. Es sind Staaten oder Ideologien, die gegeneinander antreten, und die Sportler sind ihre Soldaten. Während des Kalten Kriegs waren die Sportler des Ostblocks und in Äthiopien auch offiziell Soldaten und sportlich angeblich Amateure.

Schon bei der Olympiade 1936 in Berlin versuchte Nazi-Deutschland die Teilnahme schwarzer Sportler zu verhindern, was jedoch nicht gelang. Jesse Owens, der auch 1932 in Los Angeles um seine Teilnahme hatte kämpfen müssen, gewann vier Goldmedaillen und wurde zum Symbol für alle Farbigen der Welt. Ich bin ganz besonders stolz darauf, dass mir seine Witwe 1998 den Jesse-Owens-Gedächtnispreis überreichte, nachdem ich als erster afrikanischer Sportler zum Weltleichtathleten des Jahres gewählt worden war.

Doch die Diskriminierung schwarzer Sportler aus der Dritten Welt setzt sich bis heute fort. Auch Länder, die lautstark zur Verteidigung der Menschenrechte aufrufen, diskriminieren immer wieder Athleten aus Afrika, indem sie ihnen kein Einreisevisum erteilen. Ich selbst musste für sechs Nachwuchsläufer bürgen, damit sie an den Cross-Weltmeisterschaften in Irland teilnehmen konnten. Die Bürgschaft der Äthiopischen

Sportföderation als Mitglied des Internationalen Olympischen Komitees und der IAAF (International Association of Athletics Federation) reichte der Irischen Botschaft nicht.

Als Hauptargument wird immer wieder genannt, dass diese Sportler Asyl beantragen und so die Staatskasse des Gastlandes belasten könnten. Sicher gibt es Athleten, die – wie andere Menschen auch – ihre Heimatländer aus politischen Gründen verlassen wollen. Und wozu gibt es schließlich das Asylrecht?

Wenn jedoch der mehrfachen Weltmeisterin und dreimaligen Olympia-Medaillengewinnerin Gete Wami und dem Weltrekordhalter über 2000 Meter Hailu Mekonnen, die in Äthiopien ein Vermögen investiert haben, das Einreisevisum in die USA verweigert wird, wo sie an Rennen teilnehmen wollen, ist das nicht mehr mit einer möglicherweise drohenden Belastung der Staatskasse zu rechtfertigen. Offenbar will man die afrikanischen Favoriten fern halten. Wenn diese Läufer nicht an Wettkämpfen teilnehmen können, gewinnen sie auch nicht. Das ist natürlich auch eine Methode, um die internationale Weltrangliste im Langstreckenlauf zu beeinflussen.

Die Witwe von Jesse Owens überreicht Haile Gebrselassie den Jesse-Owens-Preis.

Ein letztes Beispiel: Als der Äthiopier Tesfey Jifar, der als Kind ein Auge verlor, ein Einreisevisum in die USA beantragte, um am Chicago-Marathon teilzunehmen, wurde es ihm mit der Begründung verweigert, mit nur einem Auge könne er den Marathon nicht mitlaufen. Glücklicherweise wechseln die Angestellten in Botschaften regelmäßig, und so konnte er 2001 den New-York-Marathon gewinnen.

Reiche Sportler – arme Sportler Mit Laufen kann man heute sehr viel Geld verdienen, es ist ein multinationales Business geworden. Allein die TV-Rechte bei der Olympiade in Sydney brachten 1,33 Milliarden US-Dollar ein, unzählige Menschen verfolgten die Spiele am Bildschirm. Hauptdarsteller waren 10 651 Sportler aus 199 Nationen, die um 300 Goldmedaillen kämpften. Aber obwohl die Olympiade das höchste Budget hat, verdienen die Sportler daran nichts, sie kämpfen nur um die Ehre. Auch Publikumsmagneten wie die großen Marathons in London, New York oder Boston werden in der ganzen Welt vom Fernsehen übertragen. Die Werbepreise steigen dabei ins Unermessliche. Da wäre es doch nur gerecht, wenn alle Sportler angemessen mitverdienen. Doch dabei gibt es enorme Unterschiede.

Wenn ein afrikanischer Athlet durch Laufen Geld verdienen will, muss er schon die Weltklasse schlagen. In Europa erhält ein Läufer unter Umständen schon bei viel geringerer Leistung Geld von seinem Verein oder der Sporthilfe. Manchmal kommen auch noch Werbegelder hinzu, ohne dass er jemals international eine Rolle gespielt hat. Vor allem, wenn der betreffende Sportler weiblich und hübsch ist. Afrikanische Sportler verdienen lange Zeit nur ihre Preisgelder, und diese sind oft eher bescheiden, solange man nicht auf den ersten drei Plätzen landet: Abiyote Abate beispielsweise wurde bei der Golden Gala in Rom im Juni 2001 Fünfter über 5000 Meter, mit einer Zeit von 13:00,36 Minuten. Dafür gibt es aber nur 4000 US-Dollar Preisgeld. Das heißt, trotz einer Leistung, die außer Dieter Baumann und Bob Kennedy kein weißer Läufer je erbracht hat, konnten wir nach Abzug der Steuer kaum die Kosten decken.

Sport ist auch Entertainment, und die hohen Summen, um die es dabei geht, locken natürlich die Spitzenläufer. Das Fernsehen bedient sich wie die Veranstalter von Sportevents ihrer Popularität, um die Werbepreise hochzutreiben. Da ist es nur gerecht, wenn auch die Sportler davon profitieren. Es ist der Lohn für ihr Lebenswerk, und nicht nur für einen Lauf. Ohne sie wäre das weltweite Interesse an einem Wettkampf weitaus geringer. Allerdings entscheiden nicht nur sportliche Höchstleistungen über die Popularität – und damit den Preis – eines Athleten. Eine nicht unwesentliche Rolle spielen daneben das Auftreten in der Öffentlichkeit oder das Aussehen.

Erfolg um jeden Preis? Reizthema Doping Der Gewinn einer olympischen Medaille oder einer Weltmeisterschaft bedeutet für die meisten Sportler den Höhepunkt ihrer Karriere. Der Moment, wo sie vor einem Milliardenpublikum auf dem Siegerpodest stehen, ist für sie das Größte. Darüber hinaus macht es sie berühmt und steigert ihren Marktwert, sowohl bei künftigen Wettkämpfen als auch im Hinblick auf mögliche Werbeverträge.

Werden sie nun um diesen Moment betrogen, weil sich andere Sportler durch Doping Leistung erschlichen haben und später disqualifiziert werden, nützt es ihnen wenig, wenn sie später in irgendeinem Büro eine Medaille nachgereicht bekommen. Million Wolde zum Beispiel wurde 2001 in Sydney Dritter über 5000 Meter. Dann wurde der Zweitplatzierte wegen Dopings disqualifiziert. Zehn Monate später hielt Million Wolde seine Silbermedaille noch immer nicht in den Händen.

Durch das unfaire Verhalten Einzelner wird anderen Sportlern oft ein nicht mehr gutzumachender Schaden zugefügt. Und doch hat noch nie jemand dagegen geklagt. Juristische Schritte unternehmen dagegen häufig die erwischten Dopingsünder, wegen angeblich falscher Kontrollen.

Manchmal werden die Tests tatsächlich nicht korrekt durchgeführt. In Einzelfällen mögen die Sportler auch unschuldig sein und die verbotenen Stoffe unwissentlich zu sich genommen haben, beispielsweise in Medikamenten bei einer medizinischen Behandlung oder in Nahrungsergänzungen, die mit Hormonen versetzt waren.

Wegen der Häufigkeit der Dopingfälle gab das IOC beim Institut für Biochemie an der Sporthochschule Köln eine Studie in Auftrag. Das Ergebnis besagte, »dass ein Großteil der Nahrungsergänzungsmittel ›versteckte‹ Dopingsubstanzen wie Nandrolon oder Testosteron enthält. 94 von 643 in ganz Europa getesteten Mittel waren mit diesen Zusatzstoffen ›angereichert‹ und hätten zu positiven Dopingtests geführt. Das bedeutet eine Quote von 15 Prozent. In Deutschland wurden insgesamt 129 Produkte untersucht, wobei 15 verunreinigende Stoffe enthielten (11,6 Prozent), die sämtlich nicht auf den Etiketten angegeben waren.« (Quelle: Deutsches Sportgericht) Die genauen Untersuchungen und Informationen zu Doping finden Sie auf der Webseite des Instituts unter www.dshs-koeln.de/biochemie.

Nachweisen kann man den Sportlern jedoch immer nur, dass sie eine Droge zu sich genommen haben. Ob bewusst oder nicht, ist nicht festzustellen, denn selbstverständlich war niemand dabei. Kaum jemand wird seine unlautere Absicht zugeben. So bleibt die Frage der Schuld oder Unschuld letztlich offen. Die Medizinische Kommission des IOC drückt sich in dieser Hinsicht jedoch recht klar aus: »Nach den Regeln der Olympischen Bewegung sind die Athleten strikt verantwortlich dafür, welche Substanzen in ihren Körpern gefunden werden. Sportler sollten lieber dreimal testen, für welches Produkt sie sich entscheiden.« (Quelle: Deutsches Sportgericht)

Das Thema Doping ist also sehr vielschichtig. Die Dopingmethoden werden immer ausgeklügelter, und deshalb verfeinern sich auch die Messverfahren – allerdings immer im Nachhinein. Die Leidtragenden dieser unklaren Situation sind die fairen Sportler. Es kann doch nicht normal sein, dass ein Hochleistungssportler aus Angst vor überraschenden Kontrollen oder Anschlägen nicht einmal sein Mineralwasser im Lokal unbeaufsichtigt lassen möchte. Vor Anschlägen durch Verunreinigung seiner Nahrungsmittel kann sich ein Athlet kaum schützen.

Für einen Leistungssportler kann schon der Genuss eines Stück Mohnkuchens das Ende der Karriere bedeuten. Das Institut für Biochemie der Kölner Sporthochschule fand heraus, dass bei einer handelsüblichen Mohnsorte so viel Morphin enthalten ist, dass nach Genuss eines daraus hergestellten Kuchens alle Probanden positiv getestet wurden. Somit ist es für Leistungssportler eine starke Einschränkung ihrer persönlichen Freiheit, wenn sie auch beim ganz normalen Essen vorsichtig sein müssen.

Was die Grenzwerte betrifft, so scheint man oft das Kind mit dem Bade auszuschütten. In der Diskussion ist beispielsweise das Anabolikum Nandrolon, das über seinen Metaboliten Norandosteron analytisch nachgewiesen werden kann. Hier liegt der erlaubte Grenzwert für Männer bei zwei Nanogramm pro Milliliter und für Frauen bei fünf Nanogramm pro Milliliter im Urin. Das ist so wenig, dass ein Sportler schon positiv getestet wird, wenn er nur bei der Produktion verunreinigte Nahrungsergänzungen zu sich genommen hat. Damit hat er zwar den Normalwert überschritten, aber nicht gleich eine messbare Leistungssteigerung erreicht. Der Grenzwert gilt übrigens nicht für Frauen, die die Antibabypille nehmen oder schwanger sind, obwohl ihr Nandrolon-Wert auf über 20 Nanogramm pro Milliliter ansteigen kann. Aus diesem Grund ist es sicher besser, den Grenzwert für Norandosteron auf 20 Nanogramm pro Milliliter im Urin anzuheben.

Viele Sportler, bei denen ein Doping nachgewiesen wird, haben ihren sportlichen Zenit überschritten. Zum Leben von Sportlern gehört eben auch, dass sie älter werden und ihre Leistungsfähigkeit nachlässt. Das weiß jeder und sollte sich rechtzeitig darauf einstellen. Durch Verletzungen verkürzt sich die aktive Zeit unter Umständen noch weiter. Das mag manchen dazu verleiten, zu unerlaubten Hilfsmitteln zu greifen.

Bei uns in Äthiopien ist Doping kein Thema. Die einzige Gefahr droht, wenn ein Athlet krank wird und ein einheimischer Arzt ihm versehentlich ein Medikament verschreibt, das verbotene Substanzen enthält: Erstens sind die Ärzte in den Dritte-Welt-Ländern meist nicht darauf spezialisiert, und zweitens stammen viele dieser Medikamente aus Staaten, in denen die Produktion nicht so genau überwacht wird wie in Europa. Die meisten äthiopischen Sportler bevorzugen aber ohnehin ihre traditionellen pflanzlichen Heilmittel. Diese sind allerdings unter Dopingaspekten ebenso gefährlich, weil niemand weiß, welche Stoffe in diesen Pflanzen enthalten sind.

ÄTHIOPIEN – LAND DER LÄUFER

Wiege der Menschheit – Dach Afrikas Äthiopien liegt im Osten Afrikas und bildet zusammen mit Somalia, Djibouti und Eritrea das so genannte Horn von Afrika. Es ist dreimal so groß wie Deutschland und wird durchzogen vom Rift Valley, dem großen Afrikanischen Graben, der als Wiege der Menschheit gilt. 1974 fand der amerikanische Forscher Dr. Donald Johanson im Gebiet der Afar-Nomaden ein 3,5 Millionen Jahre altes weibliches Skelett, das er – nach dem Beatles-Song »Lucy in the Sky« – Lucy taufte.

Lucy gehört zu den Afarensis und war noch kein Mensch. Sie hatte nur ein sehr kleines Gehirn, lief aber schon auf zwei Beinen. Auf der Suche nach jagdbarem Wild durchstreifte sie das damals noch grüne Awash-Tal und sammelte Früchte. Lucy ist also sozusagen die älteste bekannte Läuferin.

Man nennt Äthiopien auch das Dach Afrikas, denn es ist überwiegend Hochland und liegt zum großen Teil höher als 2000 Meter über dem Meer. Das Land wird von Süden nach Norden vom Rift Valley zerschnitten, das in Mosambik beginnt, sich durch Tansania und Kenya zieht und in Äthiopien ins Rote Meer mündet. Das Rift Valley ist 1500 Meter tief und 30 bis 40 Kilometer breit. Es trennt geologisch die afrikanische Platte vom asiatischen Festland und ist die dünnste Stelle der Erdkruste: Nur sieben Kilometer tiefer brodelt das Magma …

Mit 45 Metern sind die Nil-Fälle fast doppelt so hoch wie die Niagara-Fälle.

Bergriesen von bis zu 4620 Metern Höhe erheben sich in dem Land, das durchzogen ist von tiefen Tälern. Unzählige Hochebenen, Tafelberge und Vulkankuppen schaffen ein einzigartiges Klima. Die Danakil-Wüste zum Beispiel, ein Ausläufer des Rift Valley, gehört mit Temperaturen von bis zu 49 Grad zu den heißesten Punkte der Erde. Ihr tiefster Punkt liegt 120 Meter unter dem Meeresspiegel.

Der größte Teil der Bevölkerung lebt in der kühleren, fruchtbaren Zone zwischen 2000 und 3000 Metern über dem Meer. In diesen Gebieten gibt es genügend Regen, um einen ertragreichen Ackerbau zu betreiben. Das 2400 Meter hoch gelegene Addis Abeba beispielsweise hat mit 1200 Millimeter Niederschlag im Jahr mehr Regen als Köln. Problematisch ist allerdings die Verteilung der Niederschlagsmenge auf nur zwei Regenzeiten. Das führt in Äthiopien immer wieder zu Katastrophen.

Alle äthiopischen Spitzenläufer sind im Hochland aufgewachsen. Bis heute gibt es kaum Straßen und nur wenige Autos. Deshalb muss das meiste noch immer zu Fuß erledigt werden.

In Äthiopien liegt auch die Quelle des Blauen Nils. Der Nil ist der Lebensnerv Ägyptens und dessen Wasser stammen zu drei Viertel aus dem Blauen Nil. Nur ein Viertel kommt aus dem längeren weißen Nil. Jahrhundertelang hatten Eroberer und Entdecker vergeblich nach der Quelle des Blauen Nils gesucht, bevor der Engländer James Bruce im November 1770 den Tana-See im abessinischen Hochland als Nilquelle ausmachen konnte.

Leider konnte er diesen Erfolg nicht recht genießen: Zum einen musste er feststellen, dass schon Jahrhunderte vor ihm portugiesische Jesuiten da gewesen waren. Zum anderen nahm niemand in seiner englischen Heimat seine märchenhaften Erzählungen aus Abessinien, wie Äthiopien damals hieß, ernst. So berichtete er, dass in Äthiopien aus lebenden Rindern Steaks herausgeschnitten und dann die Wunden wieder zugenäht würden.

Geheimnisvolles Abessinien Die Hochlandlage Äthiopiens, die heute seinen Spitzenathleten zugute kommt, hat das Land in der Vergangenheit weitgehend vor europäischen Kolonialherren und Sklavenjägern bewahrt. Das Dach Afrikas war nicht leicht zu erreichen, und so blieb Abessinien für Jahrtausende vom Geheimnis umwoben.

Tsegereda Abebe (unten) steht für ein moderneres Äthiopien, auch wenn das traditionelle Äthiopien noch vorherrscht.

Sagenhaft war die Schönheit der abessinischen Frauen. Die Ägypter nannten die Abessinier »die Leute mit den verbrannten Gesichtern«. Viele haben zwar eine dunkle Hautfarbe, sind aber nicht negrid. Sie gehören zu den semitischen Völkern, sind also mit den Arabern und Juden verwandt.

Im Jahr 1000 v. Chr. lebte in Israel König Salomo, und in Äthiopien herrschte die schöne Königin von Saba, die der Legende nach dem biblischen König einen Besuch abstattete – und das nicht nur, um von seiner Weisheit zu lernen. Das äthiopische Nationalepos »Kebra Nagast« erzählt, dass die bleibende Erinnerung an diesen Besuch ihr Sohn Menelik war. Dieser wurde zum Begründer einer 3000-jährigen Dynastie, deren letzter Herrscher der 1974 gestürzte Kaiser Haile Selassie war.

Im ersten nachchristlichen Jahrhundert war Axum das Zentrum des Landes. Das Königreich Axum war der mächtigste Staat zwischen dem Römischen Reich und Persien. Es weitete sich immer weiter aus und reichte im vierten Jahrhundert vom Roten Meer bis zum Tana-See.

Die ersten Christen sollen bereits im ersten Jahrhundert in Axum gelebt haben, und um das Jahr 330 erhob König Ezana das Christentum

Die St.-Georg-Kirche in Lalibella wurde vor 700 Jahren als Monolith aus dem Fels gehauen.

zur Staatsreligion. Die orthodoxe christliche Kirche Äthiopiens ist also eine der ältesten christlichen Kirchen der Welt.

Als der Prophet Mohammed im Jahr 625 in Arabien verfolgt wurde und wie viele seiner Anhänger fliehen musste, fand er im Reich Axum Zuflucht. Zum Dank für diesen Schutz wies er seine Anhänger an, Äthiopien vom Dschihad, dem Heiligen Krieg, auszunehmen. Noch heute leben fast ebenso viele Moslems im Land wie Christen. Religiöse Probleme gibt es nicht.

Im siebten Jahrhundert verlagerte sich das Zentrum der Macht nach Roha, von wo aus König Lalibella regierte. Um 1200 gewann dann die salomonische Linie der Kaiserfamilie die Macht zurück, und neue Hauptstadt wurde 1636 das im Herzen des amharischen Kernlandes gelegene Gondar.

Menelik II. und die äthiopische Neuzeit Die Orte, von denen aus die Könige das Land regierten, wechselten im Laufe der Geschichte noch mehrmals, bis im späten 19. Jahrhundert Kaiser Menelik II. aus strategischen Gründen seinen Regierungssitz von Ankober aus 170 Kilometer weiter in den Süden verlegte. Der Ort erhielt den Namen Addis Ababa (»Neue Blume«).

Zu dieser Zeit teilten die europäischen Mächte Afrika unter sich auf. England kolonisierte Ägypten, den Sudan, Kenya und Teile Somalias. Frankreich kaufte von lokalen Fürsten Djibouti, um den Suez-Kanal zu sichern. Italien eroberte den Küstenstreifen Eritrea. Damit war es aber noch nicht zufrieden. In einer großen Schlacht gelang es Kaiser Menelik 1896, die Italiener bei Adua vernichtend zu schlagen und ihren Expansionsgelüsten Grenzen zu setzen. Schon zehn Jahre zuvor hatte Kaiser Menelik II. den Schweizer Ingenieur Alfred Ilg zu seinem Berater und später sogar zum Außenminister gemacht, der die europäischen Mächte geschickt gegeneinander ausspielte.

Menelik II. ist der Begründer des modernen Äthiopien.

Kaiser Menelik II. war ein Modernist. Er ließ nicht nur die

erste Schule bauen, sondern ebenfalls die erste und bisher einzige Eisenbahn des Landes. Auch das erste Auto brachte er ins Land. Er schaffte moderne Waffensysteme an und stand den Europäern in Sachen Landerwerb in nichts nach. Geschickt vergrößerte er sein Reich und unterwarf andere Völker. Noch heute werden in Äthiopien mehr als 70 Sprachen mit 200 Dialekten gesprochen.

Haile Selassie I., Gott der Rastafari Nach Meneliks Tod 1913 entbrannte ein heftiger Kampf um die Nachfolge. England versuchte zu intrigieren und entsandte seinen besten Geheimdienstagenten, den berühmten »Lawrence von Arabien«, der jedoch nicht viel ausrichtete. Durchsetzen konnte sich schließlich Meneliks Tochter Kaiserin Zauditu, Regent wurde 1916 ihr Neffe Fürst Ras (»Fürst«) Tafari. Als Kaiserin Zauditu 1930 starb, wurde der Regent Ras Tafari als Haile Selassie I. zum Kaiser gekrönt, der Äthiopien eine Verfassung gab.

Die in Jamaica entstandene afroamerikanische Religion der Rastafari, die mit Bezug auf die Ideen M. M. Garveys die Befreiung der Schwarzen aus ihrer »babylonischen Gefangenschaft in Amerika« propagierte, sah in ihm den ersehnten Führer, benannte sich nach ihm und erklärte ihn zum unsterblichen Gott. Der legendäre jamaicanische Rockmusiker Bob Marley wurde zur Stimme der Rastafari.

Gegen den Widerstand Italiens trat Äthiopien 1924 dem Völkerbund bei, und Haile Selassie fuhr als Beobachter zu den Olympischen Spielen nach Paris. Gleich nach seiner Amtsübernahme schaffte der Kaiser per Dekret die Sklaverei ab und entzog Italien damit das Argument für einen so genannten humanitären Krieg. Dennoch warfen die Europäer begehrliche Blicke nach Äthiopien, das damals nur etwa 20 Millionen Einwohner hatte. Es galt als »Land ohne Hunger und ohne Zeit«. Überdies wurde von unermesslichen Bodenschätzen gemunkelt, gab es dort doch Gold, Silber, Kupfer, Marmor und vieles andere. Italien und England schlossen also einen Geheimpakt zum gegenseitigen Nutzen: England lieh Mussolini Geld für einen Feldzug und sollte dafür mit dem Tana-See die Quelle des Blauen Nils erhalten, nach der es die Briten schon lange gelüstete. Italien rüstete seine Kolonie Eritrea auf und griff Äthiopien schließlich 1935 mit einer halben Million Soldaten, 900 Kampfflugzeugen, vielen Panzern und Kanonen an.

Gegen diese Übermacht hatte Haile Selassie keine Chance. Über 800 000 Äthiopier fanden den Tod, und der Kaiser ging ins Exil nach England. Die Italiener besetzten ein Drittel des Landes und Addis Abeba. Der italienische König ernannte sich zum Kaiser von Äthiopien. Dann brach in Europa der Zweite Weltkrieg aus. Italien stellte sich auf die Seite Deutschlands und damit gegen England. Für Äthiopien wendete sich das Blatt, denn nun unterstützten die Engländer mit Waffen und Truppen den nie erloschenen Widerstand der Äthiopier. Nach sechs Jahren war der Spuk der italienischen Besatzung vorbei. Italien verlor auch seine Kolonie Eritrea, und Kaiser Haile Selassie I. kehrte 1941 zurück.

Nach dem Krieg schloss sich Äthiopien den blockfreien Staaten an. Haile Selassie investierte ein Drittel des Staatshaushalts in die Bildung und gründete 1961 in Addis Abeba die Haile-Selassie-Universität. Doch nur 13 Prozent der Kinder im Land nahmen am Grundschulunterricht teil, darunter gerade einmal 8400 Mädchen. An der neuen Universität studierten 1626 Studenten; ganze 80 davon waren Frauen.

Während in Deutschland das Wirtschaftswunder florierte, kämpften die europäischen Kolonialmächte um den Erhalt ihrer noch verbliebenen Kolonien in Afrika, und Amerika war mit dem Vietnam-Krieg beschäftigt. Niemand kümmerte sich um Äthiopien, wo Kaiser Haile Selassie I. seinen Staatshaushalt im Kampf mit der eritreischen Befreiungsbewegung ruinierte. Die Studenten seiner neuen Universität demonstrierten jedes Jahr gegen die ungerechte Landverteilung im Reich – nur ein kleiner Teil der Bauern bestellte eigenes Land.

Die wirtschaftliche Situation wurde zunehmend problematischer. Überdies suchte eine drei Jahre andauernde Trockenperiode den Norden des Landes heim, und Millionen Menschen starben an Hunger. 1973 gab es außerdem die Ölkrise, und diese legte den gesamten öffentlichen Verkehr lahm. Im Zuge eines Militärputsches wurde der Kaiser gestürzt und ermordet.

Terrorherrschaft und Neuanfang Staats- und Regierungschef wurde nun nach blutigen Auseinandersetzungen der Marxist Oberst Mengistu Haile Mariam. Seine Regierungszeit ist gekennzeichnet durch brutale Unterdrückung jeder Opposition, durch Kämpfe mit dem nach Unabhängigkeit strebenden Eritrea und den Krieg mit Somalia.

Der Bürgerkrieg dauerte an, dem sich inzwischen weitere Befreiungsbewegungen angeschlossen hatten. Hunderttausende dienten als Soldaten und fehlten auf ihren Feldern. Wieder gab es eine große Trockenheit im Land, bei der über eine Million Menschen starben, wodurch Äthiopien zu einer traurigen Berühmtheit gelangte, gegen die das Land noch heute ankämpft. Bob Geldof organisierte 1984 mit Life Aid die größte Hilfskampagne für Afrika aller Zeiten.

Bei vielen setzte sich die Vorstellung fest, dass Äthiopien ein Wüstenland sei. Dabei waren die Ursachen für die Hungerkatastrophe nur in der Politik zu suchen. Im Frieden ist Äthiopien durchaus fruchtbar und das Ursprungsland vieler Kulturpflanzen. Noch heute gibt es viele unveredelte Getreidesorten, auch der Kaffee kommt ursprünglich aus Äthiopien.

Erst als Mengistu Haile Mariam mit seiner kommunistischen Regierung 1991 gestürzt werden konnte, ging es in Äthiopien wieder bergauf. 1994 wurde das Land zur Bundesrepublik und erhielt 1995 eine demokratische Verfassung. Regierungschef ist seit 1991 Meles Zenawi. Im Oktober 2001 wurde Negasso Gidada als Präsident von Girma Wolde-Giorgis abgelöst.

Schon ein Jahr nach dem Sturz des Mengistu-Regimes schrieb Derartu Tulu bei den Olympischen Spielen in Barcelona nicht nur Sportgeschichte, als sie als erste Afrikanerin eine olympische Goldmedaille gewann. Die Läufer Addis Abebe und Fita Bayissa gewannen Bronze. Äthiopien hatte sich wieder eindrucksvoll in der Sportwelt zurückgemeldet.

ÄTHIOPISCHE LAUFLEGENDEN

Die Besten der Besten – olympisches Gold für Äthiopien

Abebe Bikila Von allen äthiopischen Läufern, die Sportgeschichte geschrieben haben, ist Abebe Bikila sicher der bekannteste. Sein legendärer Marathon-Olympiasieg 1960 in Rom ist bis heute – nicht nur bei Sportinteressierten – unvergessen. Abebe Bikila war nicht einfach nur ein Olympiasieger, mit ihm begann ein neues Zeitalter im Sport. Als erster afrikanischer Olympiasieger wurde er zum Symbol für den ganzen afri-

Abebe Bikila schrieb am 10. September 1960 in Rom Sportgeschichte, als er barfuß den Olympischen Marathon gewann.

kanischen Kontinent, der um diese Zeit begann, sich aus den Fesseln der europäischen Kolonialmächte zu lösen.

Bikila wurde 1932 in Jiru geboren, einem kleinen Dorf, das 130 Kilometer von Addis Abeba entfernt liegt. Wie viele Kinder in Äthiopien musste er Schafe hüten, konnte aber nebenbei eine Kirchenschule besuchen. Das war ein besonderes Glück, denn 1936 hatte Italien das Land überfallen und versucht, zur Kolonie zu machen. Die italienische Besatzungsmacht vertrieb Kaiser Haile Selassie ins Exil und schloss für sechs Jahre alle Schulen. In dieser Zeit konnten kaum mehr als zehn Prozent der äthiopischen Bevölkerung lesen und schreiben.

Seit 1952 war Bikila Leibwächter des 1941 aus dem Exil zurückgekehrten Kaisers Haile Selassie. Von 1956 an, als er im privaten Kino des Kaisers den Einzug der äthiopischen Athleten – unter ihnen Mamo Wolde – bei der Olympiade in Melbourne miterlebte, hatte er nur noch ein Ziel: Bei den nächsten Olympischen Spielen wollte er dabei sein.

Er meldete sich zu den Armeemeisterschaften an und schlug auf Anhieb den äthiopischen Rekordhalter Wami Biratu. Trainiert wurden die äthiopischen Sportler damals von dem schwedischen Hobbytrainer Onni Neskannen, der eigentlich als Chef des Roten Kreuzes in Äthiopien arbeitete.

Als nun 1960 die nächsten Olympischen Spiele anstanden, hatten sich mehrere Läufer qualifiziert. Doch der Kaiser kürzte das Budget, weil er Geld zur Unterstützung der Freiheitsbewegung in Angola brauchte, und nur Abebe Bikila durfte nach Rom fliegen. Die Fachwelt war verwirrt: Niemand kannte den kleinen schwarzen Mann, der da an der Spitze lief. In einem spektakulären Rennen gewann er überlegen den Marathon gegen die 69 Besten der Welt – barfuß und natürlich auf dem Mittelfuß laufend –, mit der neuen Weltrekordzeit von 2:16:20 Stunden.

Damit hatte sich der kleine Äthiopier in die Herzen der Menschen in aller Welt gelaufen. Auch der Empfang in Addis Abeba war überwältigend. Zu Tausenden waren die Menschen zum Flughafen geströmt, und »Der siegreiche Löwe aus dem Stamme Juda, Haile Selassie I., von Gottes Gnaden König der Könige von Äthiopien« hatte seinen Löwen Mekuria aus dem Palast geschickt. Eine größere Ehre konnte einem einfachen Menschen zu dieser Zeit wohl nicht widerfahren.

Vier Jahre später, nur sechs Wochen vor den Olympischen Spielen 1964 in Tokyo, wurde Abebe Bikila am Blinddarm operiert. Als der Marathon anstand, war er noch nicht wieder richtig fit. Emil Zátopek hatte vor der Olympiade gesagt: »Wer auf dieser Strecke mit den endlos langen Steigungen 2:14 Stunden läuft, ist großartig, wer 2:13 erreicht, ist ein Phänomen, und sollte einer sogar 2:12 laufen, dann ist er etwas Unbeschreibliches.« Abebe Bikila war unbeschreiblich, denn er gewann mit über einem Kilometer Vorsprung und wieder mit neuer Weltrekordzeit von 2:12:11 Stunden. Anschließend wirkte er nicht einmal besonders erschöpft.

Bei seiner letzten Olympia-Teilnahme 1968 in Mexico City musste er wegen einer Knochenhautentzündung nach 15 Kilometern abbrechen. Er war eigentlich nur angetreten, um überhaupt dabei zu sein. Sieger wurde Mamo Wolde. Wenig später hatte Abebe Bikila einen Autounfall und war anschließend halb gelähmt. Mit nur 41 Jahren starb er 1973 nach langer Krankheit in Addis Abeba.

Mamo Wolde Mamo Wolde war 1956 in Melbourne der erste äthiopische Olympiateilnehmer. Er stammt aus DreDele, einem kleinen Dorf etwa 60 Kilometer von Addis Abeba. Da er 1931 – ein Jahr vor Abebe Bikila – geboren wurde, fiel auch seine Kindheit in die italienische Besatzungszeit, in der die staatlichen Schulen des Landes geschlossen waren. Deshalb besuchte er wie Bikila eine Kirchenschule und wurde 1951 ebenfalls Leibwächter von Haile Selassie. Zwei Jahre später ging er als Mitglied der UN-Friedenstruppe für Äthiopien nach Korea. Als er zurückkehrte, erfuhr er, dass Kaiser Haile Selassie I. beschlossen hatte, eine Mannschaft für die Olympiade von Melbourne 1956 aufzustellen. Unter seinen Elitesoldaten suchte der Kaiser zuerst alle dünnen Männer aus. Die zehn besten wurden dann trainiert. Mamo Wolde gewann die Ausscheidungen und wurde im ganzen Land berühmt.

Im November 1956 war es dann so weit. Das kleine Team aus Äthiopien flog mit einer DC 6 der Ethiopian Airlines nach Australien. Acht Tage dauerte der Flug, bei dem die kleine Propellermaschine von Insel

Nach seinem Olympiasieg wird Mamo Wolde von Kaiser Haile Selassie empfangen.

zu Insel hüpfen musste. Schon vier Tage später begannen die Wettkämpfe, und Mamo wurde der erfolgreichste äthiopische Teilnehmer. Mit seinem siebten Platz über 1500 Meter kam er zwar in den Endlauf, hatte aber die Medaillenränge verfehlt.

An den Olympischen Spielen in Rom vier Jahre später nahm Mamo Wolde nicht teil, obwohl er mit 3:55 Minuten auf 1500 Metern die Olympianorm geschafft hatte. Doch der Kaiser kürzte, wie schon erwähnt, den Etat. Mamo musste zu Hause bleiben, und Abebe Bikila fuhr allein. In Tokyo war Mamo Wolde wieder dabei, erreichte aber nur den undankbaren vierten Rang.

Seine große Zeit kam erst bei den Olympischen Spielen 1968 in Mexico City. Mamo Wolde startete über 10 000 Meter und gewann die Silbermedaille, knapp hinter Naphtaly Temo aus Kenya. Dann, einen Tag vor der Marathon-Entscheidung, kam der äthiopische Nationaltrainer zu ihm und sagte: »Abebe kann unmöglich den Marathon zu Ende laufen. Du musst auch noch im Marathon starten. Du bist die einzige Hoffnung, die Äthiopien noch hat.«

Am Start waren 77 Läufer aus 44 Nationen, darunter drei Äthiopier und der kenyanische Goldmedaillengewinner über 10 000 Meter. Wie erwartet, musste Abebe Bikila nach 15 Kilometern aufgeben. Der Trainer folgte nun den Läufern mit dem Auto, um Mamo immer wieder anzuspornen. Der lief bis Kilometer 33 Kopf an Kopf mit seinem 10 000-Meter-Bezwinger. Doch dann brach dieser ein, und Mamo Wolde lief, was er konnte. Als er das Stadion erreichte, musste er durch einen dunklen Tunnel laufen, wo er kaum mehr etwas sah. Als er dann ins Stadion einlief, schaute er sich einmal um und bekam einen furchtbaren Schrecken: Knapp hinter ihm sah er den Schatten eines Läufers! Jemand war ihm auf den Fersen! Bis zum Ziel rannte er weiter, als sei der Teufel hinter ihm her. Als er sich nun triumphierend umschaute, war da niemand. Der Zweite kam erst drei Minuten später. Es war sein eigener Schatten gewesen, der ihm den Endspurt abverlangt und neben der Silbermedaille über 10 000 Meter die goldene im Marathon eingebracht hatte. 1972 nahm er – inzwischen 40 Jahre alt – zum letzten Mal an einer Olympiade teil und gewann Bronze im Marathon.

Nach seiner aktiven Laufbahn geriet Mamo Wolde als prominenter Sportler in die Auseinandersetzungen zwischen den politischen Systemen seines Heimatlands. Sport hat oft viel mit Politik zu tun, und wie viele andere Athleten konnte auch er sich diesem Problem nicht entziehen. Mamo Wolde starb am 25. Mai 2002 in Addis Abeba.

Miruts Yifter Miruts Yifter ist der einzige Läufer, der aus dem Norden Äthiopiens stammt. Er fing erst spät mit dem Laufen an, wurde aber in den Siebzigerjahren zum überragenden Läufer weltweit. Er war auch das Vorbild des kleinen Haile Gebrselassie. Doch einer ganz großen internationalen Karriere, die ihm außer Ruhm auch Reichtum beschert hätte, stand die Politik im Wege. Sein sportlicher Höhepunkt fiel in die Zeit der kommunistischen Militärdiktatur des Oberst Mengistu Haile Mariam, der 1974 Kaiser Haile Selassie I. stürzte und ermordete. Damals war Miruts Yifter ein Volksheld, aber außer Ehre und Erinnerungen ist ihm nicht viel geblieben.

Yifters erster Erfolg war der achtbare dritte Platz bei einem lokalen Rennen in Asmara. Als er durch Zufall mit der Olympiamannschaft zusammentraf, bettelte er so lange, bis der äthiopische Nationaltrainer

v.l.n.r.: Lasse Virén, Mehammed Kedir und Miruts Yifter

Negussie Robadie ihn mit der Mannschaft für die 68er Olympiade trainieren ließ. Miruts Yifter war zu diesem Zeitpunkt bereits Mitte oder Ende Zwanzig. Genauere Angaben über sein Alter gibt es nicht. Der Nationaltrainer war von seinem Talent sehr beeindruckt und erreichte, dass der Luftwaffensoldat aus dem Norden des Landes in die Nähe der Hauptstadt versetzt wurde.

Bei den Olympischen Spielen 1972 in München gewann Miruts Yifter die Bronzemedaille über 10 000 Meter. Er wurde zum überragenden Läufer über 5000 und 10 000 Meter und Favorit für die Olympischen Spiele 1976 in Montreal. Doch dann boykottierten 22 afrikanische Länder, darunter auch Äthiopien, diese Spiele aus Protest gegen das Apartheidregime in Südafrika. So war der Weg noch einmal frei für die weißen Läufer.

In Moskau nahmen die Afrikaner 1980 wieder an den Olympischen Spielen teil. Miruts Yifter schlug seinen finnischen Konkurrenten, den vierfachen Olympiasieger Lasse Virén, gleich zweimal. Mit – offiziell – 42 Jahren und einem 300-Meter-Spurt gewann er endlich sein verdientes Olympiagold über 5000 und 10 000 Meter.

Im Lauf seiner Karriere lief Miruts Yifter, dessen Taktik auf ständigen Tempowechseln beruhte, die seine Gegner zermürbten, insgesamt 252 Rennen und ging aus 221 davon als Sieger hervor. Damit nimmt er – trotz seines späten Karrierestarts und der Boykotte, an denen Äthiopien sich beteiligte –, mit 49 Punkten in der ewigen Bestenliste immer noch Platz sechs ein.

Derartu Tulu Nach Jahren der kriegsbedingten Zurückhaltung auf der sportlichen Weltbühne verschaffte Derartu Tulu Äthiopien 1992 endlich wieder einen glänzenden Sieg. Bei den Olympischen Spielen in Barcelona gewann sie die 10 000 Meter und damit als erste afrikanische Sportlerin eine olympische Goldmedaille.

Geboren wurde sie 1969 auf einer Farm in einem kleinen Dorf mit dem Namen Bokoji in der Provinz Arsi. Sie war das siebte von zehn Kindern, und auch ihre Kindheit ähnelt der der anderen äthiopischen Läufer: Sie hütete Schafe und arbeitete auf dem Bauernhof mit.

Man wurde auf sie aufmerksam, als sie bei einem Schulwettbewerb im 400-Meter-Lauf sogar gegen ihre männlichen Konkurrenten

Derartu Tulu

gewann. Als sie dann auch noch über 800 Meter siegte und bei den regionalen Meisterschaften über 1500 Meter den dritten Platz belegte, holte man sie nach Addis Abeba, wo sie mit 17 Jahren in den Polizeidienst und in den entsprechenden Sportclub eintrat. Ihr erster internationaler Auftritt 1989 bei einem Cross-Country-Rennen war mit dem Platz 23 wenig spektakulär. Doch schon ein Jahr später gewann sie das gleiche Rennen.

Das Olympiafinale in Barcelona ging in die Sportgeschichte ein. Als farbige afrikanische Läuferin besiegte Derartu Tulu die weiße Südafrikanerin Elena Meyer. Nach dem Rennen liefen beide, gemeinsam in die äthiopische Fahne gehüllt, die Ehrenrunde. Acht Jahre später, bei den Olympischen Spielen 2000 in Sydney, konnte sie ihren Triumph wiederholen. Bei den Weltmeisterschaften 2001 in Edmonton gewann sie Gold vor ihren Trainingspartnerinnen Birhane Adere und Gete Wami. Im gleichen Jahr siegte sie bei ihrem ersten Marathon in London und wurde von der IAAF zur Weltsportlerin des Jahres gewählt.

Derartu Tulu nach ihrem zweiten Olympiasieg in Sydney

Fatuma Roba Immer wieder steigen junge äthiopische Athleten scheinbar aus dem Nichts in höchste sportliche Dimensionen auf. Die Karriere von Fatuma Roba begann bei den Olympischen Spielen 1996 in Atlanta gleich mit einer Goldmedaille. Zuvor war sie nur im Paris-Marathon gestartet, ohne dadurch in der internationalen Fachwelt aufzufallen. Außerdem hatte sie den Marrakesch-Marathon gewonnen, was auch nicht besonders spektakulär ist. So wurde ihr legendärer Lauf, bei dem sie viele Kilometer ganz allein an der Spitze lief und am Ende mit mehr als zwei Minuten Abstand gewann, zu einer großen Überraschung.

Fatuma Roba war nun die erste afrikanische Marathon-Olympiasiegerin in der Geschichte. Mit diesem Sieg schlossen die afrikanischen Frauen auch im Marathon an die dominierende Stellung afrikanischer Männer im Langstreckenlauf an. Mit drei Siegen in Folge, einem dritten

Seiten 235/236: Der zugunsten der Krebshilfe veranstaltete 10 000-Meter-Lauf in Addis Abeba ist eine der größten Laufveranstaltungen in Afrika.

ለሕይወትህ ዋጋ ለጥ
ታላቁ በኢትዮጵያ ሩጫ
Addis Ababa • 10K Road Race
Photographs courtesy of Mark Shearman
ለሕይወትህ ዋጋ ስጥ
የኢትዮጵያ ታላቁ ሩጫ
የ10 ኪ.ሜ የመንገድ ውድድር
25 ኖቬምበር 2001 (እሁድ ኅዳር 16 ቀን 1994 ዓ.ም.)
የሚጀመርበት ሰዓት - ከጠዋቱ 4 ሰዓት
ብዙ ሕዝብ በሚሳተፍበት በኢትዮጵያ የመጀመሪያው በሆነው ሩጫ ይምጡና ይሳተፉ! ከኃይሌና ከሌሎችም የአትሌቲክስ ሻምፒዮናዎች ጋር አብረው ይሩጡ!
የሩጫ ውድድር ቁጥሮች በየወረዳው ቢሮዎችና በመንግሥት የሚኒስቴር መሥሪያ ቤቶች ይገኛሉ።
አሁኑኑ ይመዝገቡ!
THE GR
የኢትዮጵያ አትሌቲክስ ፌዴሬሽን
ETHIOPIAN ATHLETIC FEDERATION
Aquaddis®
BRITISH AIRWAYS
LAND ROVER
africanlakes
automotive

'Value Your Life'
Great Ethiopian Run
5 November 2001 • Start Time 10:00am
Come and take part in Ethiopia's first ever mass participation run and compete with Haile and Ethiopia's other athletics champions
Register now ~ limited numbers available!
Race numbers on sale at the British Embassy Management Section (Mon & Fri 9am-12 noon)
ted by
NORTH RUN
For more details please contact:
Richard Nerurkar, British Embassy Tel 612354
Coca-Cola
SHERATON ADDIS
Addis Ababa
British Embassy
Addis Ababa
AMBASSADE DE BELGIQUE
international
nova

Platz und einem zweiten bei dem wichtigen, hoch dotierten Boston-Marathon bewies Fatuma Roba ihr Ausnahmetalent.

Wie Derartu Tulu und Haile Gebrselassie kam sie 1973 in der Provinz Arsi im Hochland Äthiopiens zur Welt. Ihre Kindheit verlief ähnlich wie bei fast allen äthiopischen Läufern. Als viertes von acht Kindern eines Bauern lebte sie auf dem Land, etwas außerhalb von Asella, dort, wo auch Haile Gebrselassie und Derartu Tulu zu Hause waren. Da sie in der Schule alle Laufwettbewerbe gewann, schickte man sie zu regionalen Rennen. Auch dort fand sie keine gleichwertigen Gegnerinnen. Ihr Entschluss, Sportlerin zu werden, traf bei ihrer muslimischen Familie zunächst auf Widerstände. Aber sie setzte sich durch und folgte Derartu Tulu nach Addis Abeba. Dort wurde sie Mitglied im gleichen Polizeisportclub, was ihr gleichzeitig auch ein geringes Einkommen garantierte. Nach ihrem Olympiasieg wurde sie zum Polizeimajor befördert.

Million Wolde Als einziger der äthiopischen Olympiasieger ist Million Wolde nicht auf dem Land aufgewachsen. Er wurde 1979 in der Millionenstadt Addis Abeba als Sohn eines Taxifahrers geboren. Die Familie

Million Wolde

Wolde ist eine typische Stadtfamilie, so hat er »nur« vier Geschwister: einen Bruder und drei Schwestern. Er musste auch keine Haustiere hüten, sondern konnte Fußball spielen, was er am liebsten tat.

Aber als dann Derartu Tulu, Fita Bayissa und Addis Abebe 1992 in Barcelona olympische Medaillen gewannen und Haile Gebrselassie ein Jahr später Weltmeister wurde, hatte er neue Vorbilder. Er fing an, in der Umgebung von Addis zu laufen. Es war das Trainingsgebiet der Champs, und jeder in der Stadt wusste das. Wenn Million da lief, konnte er ihnen ab und zu beim Training zuschauen. Um gleich die richtigen Techniken zu lernen, wurde er Mitglied eines kleinen Sportvereins. Zwei Jahre später wechselte er in einen größeren Club über und bekam so Kontakt zur Nationalmannschaft.

Im Jahr 1996 entdeckte Haile Gebrselassie den Siebzehnjährigen bei den Äthiopischen Cross-Meisterschaften und nahm ihn mit zu den Cross-Weltmeisterschaften. Million wurde auf Anhieb Sechster im Hindernislauf. Seither trainiert er in der Gruppe von Haile, seinem Freund und Vorbild. Wie dieser legt Million Wolde großen Wert auf ein hartes Training und teilt dessen Überzeugung: Die weltweite Konkurrenz schläft nicht, und gewinnen kann nur, wer hart trainiert und an sich glaubt.

Haile brachte das junge Talent auch mit seinem Manager Jos Hermens zusammen, und dieser half Million beim Aufbau seiner Karriere. 1997 wurde er Vizeweltmeister der Junioren und 1998 Junioren-Weltmeister. Der Einstieg in die Seniorenklasse kam 1999. Zusammen mit seinem Mentor Haile Gebrselassie lief Million Wolde die Hallenweltmeisterschaften. Über die 3000 Meter gewann Haile, Million wurde Dritter. Bei den folgenden Weltmeisterschaften belegte er den achten Platz.

Sein ganz großes Ziel waren die 5000 Meter bei der Olympiade 2000 in Sydney. Es musste ein taktisches Rennen werden, denn die Bestzeiten der Kenyaner und Algerier waren beeindruckend. Aber Million gewann. Niemand hatte mit seinem Erfolg gerechnet, am wenigsten er selbst. Doch nun will er versuchen, Hailes Weltrekord über 5000 Meter zu brechen. Mit 21 Jahren ist er die jüngste der äthiopischen Langstreckenlauflegenden und muss sich immer neuen Herausforderungen stellen.

Gezahegn Abera Wie Haile Gebrselassie – und fast alle anderen äthiopischen Olympiasieger – wurde Gezahegn Abera in Arsi geboren, einem

Landkreis, der 160 Kilometer von Addis Abeba entfernt liegt. Auch er stammt aus einer kinderreichen Bauernfamilie. Zur Schule in Asella hatte er es allerdings noch weiter als Haile: Täglich musste er 25 Kilometer hin und zurück laufen.

Als er 16 war, hörte er im Radio, dass jemand einen neuen Weltrekord im Halbmarathon aufgestellt hatte – unter einer Stunde. Das war 1995, als Paul Tergat als erster Läufer die magische Zeit von einer Stunde um vier Sekunden unterbot. Gezahegn Abera wusste nicht, von wem da die Rede war, aber er wusste, dass er jeden Tag einen Halbmarathon lief. Warum sollte er nicht auch ein erfolgreicher Läufer werden?

Er meldete sich also in einem kleinen Sportverein in Asella an. Als er dort alles in Grund und Boden lief, nahm ihn der Trainer mit nach Addis Abeba, wo er Mitglied des Sportclubs der Zementfabrik wurde. Dort bekam er ein kleines Gehalt, das es ihm ermöglichte, in der Hauptstadt zu leben. Rasch stieg er in die nationale Auswahl auf. Nach einem Testrennen in Frankreich lief er seinen ersten richtigen Marathon in Los Angeles – und wurde auf Anhieb Vierter. Nun ging es Schlag auf Schlag: 1999 gewann er den Fukuoka-Marathon in Japan. Im Frühjahr 2000 wurde er in Boston Zweiter.

Gezahegn Abera

Dann kam die Olympiade in Sydney. Keiner hatte Gezahegn Abera auf seiner Rechnung. Er hatte zwar gute Platzierungen erreicht, aber keine beeindruckenden Zeiten gelaufen. Doch Olympische Spiele haben ihre eigenen Gesetze. Gezahegn Abera gewann und holte damit den dritten äthiopischen Olympiasieg im Marathon.

Das hätte eigentlich schon gereicht, um ihn in Äthiopien unsterblich werden zu lassen. Doch am 12. Februar 2001 gab es wieder einen Marathon in Fukuoka, und Abera gewann erneut. Im August 2001 siegte er außerdem bei der Weltmeisterschaft in Edmonton. Er ist der erste Läufer in der Geschichte, der beide Titel gewinnen konnte. Mit seiner Bestzeit liegt er nur an 53. Stelle der Weltrangliste, aber seine Erfolge im Marathon sind unerreicht. Nicht einmal der Weltrekordler konnte diese beiden Titel gewinnen.

Läuferporträts

Addis Abebe gewann in Barcelona eine Olympische Bronzemedaille über 10 000 Meter. 1988 war er Junioren-Weltmeister und stellte zwei Junioren-Weltrekorde auf. Richtig bekannt wurde er, als er 1993 in Jakarta mit 27:40 Minuten einen neuen Straßenweltrekord aufstellte und mit 500 000 US-Dollar den bis dahin höchsten Preis in der Geschichte der Leichtathletik gewann.

Birhane Adere ist eine der gegenwärtig erfolgreichsten Läuferinnen. Sie wurde Vize-Weltmeisterin in Edmonton. 2002 kam der große Durchbruch: Erst brach sie den 3000-Meter-Hallenweltrekord in Stuttgart. Dann wurde sie Halbmarathon-Weltmeisterin und stellte dabei einen neuen Weltrekord auf.

Fita Bayissa war bereits ein berühmter Läufer, als Haile nach Addis kam. Nur ein Jahr älter als dieser, war er dessen Vorgänger als Junioren-Weltmeister und Junioren-Weltrekordler 1990.

Sein erfolgreichstes Jahr war 2000: Er wurde Cross-Weltmeister und Vizeweltmeister auf der Bahn über 5000 Meter. In der Weltrangliste belegte er den zweiten Platz. Bei der Olympiade in Barcelona gewann er Bronze, und bei der WM in Stuttgart holte er die Bronzemedaille. Bei den Olympischen Spielen in Sydney wurde er Vierter. In vielen Rennen unterstützte er seinen Freund Haile und diente ihm oft als Tempomacher bei Rekorden.

Kenenisa Bekele ist das neue Talent. Mit 19 Jahren wurde er der erste Läufer, der die Cross-Weltmeisterschaften über vier Kilometer und über zwölf Kilometer gewinnen konnte. Dabei schlug er sogar den Bahnweltmeister Charles Kamathi aus Kenya. Auch Kenenisa Bekele gehört zu Hailes Schülern.

Worku Bekila errang bei den Weltmeisterschaften 1993 nur den undankbaren vierten Platz, stieß jedoch 1995 mit seiner Bestzeit von 12:57 Minuten über 5000 Meter in der Weltrangliste bis auf Platz sechs vor. Sein bestes Ergebnis über 10 000 Meter sind 27:06:44 Minuten. Er läuft seit zehn Jahren in der Weltspitze und belegt mit seiner Bestzeit von 42:20 Minuten über 15 Kilometer den fünften Rang in der Bestenliste.

Als einer der wichtigsten Helfer unterstützte Worku Bekila Haile immer wieder bei den Rennen. Bei Hailes legendärem Weltrekord 1995 in Göteborg über 10 000 Meter machte er die Pace ebenso wie bei Hailes Marathondebüt und legte die verlangten 63 Minuten für die erste Hälfte exakt vor.

Belayneh Dinsemo verbesserte am 17. April 1988 den Weltrekord in Rotterdam auf 2:06:50; das war dann für zehn Jahre das Maß aller Dinge. Rotterdam war seine Lieblingsstrecke: Dreimal hintereinander (1987, 1988 und 1989) gewann er dort und dann wieder 1996. Aber auch Tokyo lag ihm, da siegte er 1986.

Kutre Dulecha kam mit 16 Jahren nach Addis Abeba. Ihr erstes Rennen lief sie barfuß und im Rock, aber sie gewann. 1995 wurde sie afrikanische Meisterin und 1996 Cross-Junioren-Weltmeisterin. 1999 gewann sie die Bronzemedaille bei der Weltmeisterschaft in Sevilla über 1500 Meter. Im Jahr 2000 wurde sie Cross-Weltmeisterin über 4000 Meter. Bei der Olympiade in Sydney belegte sie den vierten Platz. Nur um sechs hundertstel Sekunden lief sie an einer Medaille vorbei.

Mehammed Kedir unterstützte vor allem Miruts Yifter. Bei der Olympiade 1980 in Moskau gewann Mehammed Kedir die Bronzemedaille über 10 000 Meter und wurde zwei Jahre später Cross-Weltmeister.

Hailu Mekonnen ist ein großes Talent auf der etwas kürzeren Distanz. Bei den afrikanischen Meisterschaften wurde er 1998 Zweiter über 5000 Meter. Schon ein Jahr später siegte er über 1500 Meter. Er war Junioren-Weltmeister im Cross-Laufen und stellte einen Zwei-Meilen-Hallenweltrekord auf.

Assefa Mezgebu wurde wie sein Freund und Vorbild Haile Gebrselassie 1996 Junioren-Weltmeister über 5000 und 10 000 Meter sowie über die Cross-Strecke. Bei Hailes Weltrekorden von 1998 war er der wichtigste Tempomacher. 1999 war er afrikanischer Meister über 10 000 Meter. Im olympischen Jahr 2000 wurde er Vize-Cross-Weltmeister. Als wichtiger Helfer bei Hailes Olympiasieg in Sydney gewann er die Bronzemedaille und ging aus der Weltmeisterschaft 2001 als Vizeweltmeister hervor.

Eshetu Tura ist bis heute der einzige Äthiopier, der eine olympische Medaille im Hindernislauf gewinnen konnte. Diese Disziplin spielt in Kenya eine herausragende Rolle, in Äthiopien ist sie dagegen weniger populär. Deshalb ist seine Bronzemedaille hier etwas ganz Besonderes.

Gete Wami, die vierfache Weltmeisterin, ist bei den Meisterschaften oft doppelt gestartet. Sie errang 1992 in Seoul bei den Junioren-Weltmeisterschaften den zweiten Platz über 10 000 Meter. 1996 wurde sie Cross-Weltmeisterin. In Atlanta gewann sie eine Olympische Bronzemedaille, und 1999 wurde sie erst Weltmeisterin über 8000 Meter Cross und dann über 10 000 Meter Bahn. Bei den Olympischen Spielen in Sydney gewann sie gleich zwei Medaillen: die Silbermedaille über 10 000 Meter und Bronze über 5000 Meter. 2001 wurde sie wiederum Cross-Weltmeisterin über 4000 Meter und Zweite über 8000 Meter. Im Oktober 2002 lief sie in Amsterdam ihren ersten Marathon und gewann mit der Superzeit von 2:22 Stunden.

Ayelech Worku. In Äthiopien gibt es keine Familiennamen. Die Kinder bekommen als zweiten Namen immer den Vornamen des Vaters. Meist können in einer Familie mehrere Menschen gut laufen. So ist Ayelech Worku die Nichte von Hailes Freund Worku Bikila und stammt aus dem gleichen Ort wie Haile. Die ehemalige Junioren-Cross-Weltmeisterin wurde 1999 Afrikanische Meisterin und Dritte der WM in Sevilla. In Sydney belegte sie Platz vier über 5000 Meter und wurde Vize-Cross-Weltmeisterin. Sie gehört seit Jahren zur Weltspitze.

Anhang

KLEINES LAUFLEXIKON

Aerob. Energiegewinnung des Körpers mit Sauerstoff. Langzeitbelastung und Fettverbrennung

Anaerob. Intensität, bei deren Überschreitung die Milchsäurekonzentration stark ansteigt, da die Sauerstoffversorgung des Muskels nicht mehr ausreicht. Es kommt zum Leistungsabfall bzw. -Abbruch.

Anaerober Schwellenbereich, steady state. Übergang von der aeroben zur anaeroben Energiegewinnung des Körpers. Gleichgewichtszustand bei submaximalem Tempo, bei dem sich Sauerstoffaufnahme und -verbrauch noch gerade eben die Waage halten (maximales steady state); kann grob der → anaeroben Schwelle gleichgesetzt werden.

Antioxidanzien. Organische Verbindungen (Phenole, Amine, Schwefelverbindungen), die den oxidativen Abbau verhindern oder verzögern. Diese Stoffe wirken den »freien Radikalen« entgegen, die beim Sportler durch die vergrößerte Sauerstoffaufnahme verstärkt entstehen. Wichtigste Antioxidanzien sind die Vitamine E und C, die der Intensivsportler reichlich zu sich nehmen sollte.

Blutdoping. (Eigenblut-Retransfusion) die Verabreichung von Eigenblut, meist als Konzentrat von roten Blutkörperchen oder Plasma. Blutdoping soll zur Steigerung der Ausdauerleistungsfähigkeit durch Erhöhung der maximalen Sauerstoffaufnahme führen. Nach der Dopingliste des IOC verboten. → Eigenblut-Retransfusion

Eigenblut-Retransfusion. Dabei lässt sich der Sportler bis zu einem Liter Blut abnehmen, das dann konserviert und tiefgekühlt gelagert wird. In der Zwischenzeit wird aufgrund des Blutverlustes die Produktion der roten Blutkörperchen durch das Dopingmittel → EPO stimuliert.

Nach vier bis sechs Wochen, wenn das Blutvolumen wieder normale Werte erreicht hat, kann das gelagerte Blut infundiert werden. Damit erhöht der Athlet die Gesamtzahl der roten Blutkörperchen in seinem Blut. Das Blutvolumen des erwachsenen Menschen beträgt etwa sechs bis acht Prozent seines Körpergewichts. → Blutdoping

Enzyme. (früher Fermente) Eiweißverbindungen, die in der Zelle gebildet werden und die Stoffwechselvorgänge steuern. Zu ihren Aufgaben gehört es, die Zellversorgung zu gewährleisten, toxische Stoffe zu entfernen oder abzubauen, andere (Fett, Glykogen) aus den Depots zu mobilisieren und die Prozesse auszulösen und zu beschleunigen, die zur Gewinnung der für den Organismus nötigen Energie erforderlich sind.

EPO. Mit dem gentechnisch produzierten EPO (Erythropoetin) können die gleichen Effekte erreicht werden wie beim Blutdoping, sodass die aufwändige und auch gefährliche Methode der Bluttransfusion vermieden werden kann. EPO wird vorwiegend in der Niere gebildet und stimuliert in den Knochenmark-Stammzellen die Ausreifung der roten Blutkörperchen.

Fasern. Mehr oder weniger lang gestreckte Strukturen im pflanzlichen und tierischen Organismus, die aus einzelnen Zellen, Zellsträngen, Zellstrangbündeln oder auch Teilen von Zellen bestehen. Fasern sind Bestandteile des Bindegewebes, der Muskeln und der Nerven. → FT-Fasern → ST-Fasern

FT-Fasern. (»Fast twitch«) weiße Muskelfasern, die für die Schnelligkeit verantwortlich sind. Sie können sich sehr schnell verkürzen, allerdings nicht so oft, denn sie ermüden sehr schnell. Ihre Energie kommt aus den anaeroben Speichern. Sprinter besitzen viele FT-Fasern.

Gemischt aerob-anaerober Bereich. Bereich zwischen zwei und vier Millimol pro Liter Laktat. Es kommt zu einer leichten Übersäuerung, aber die Belastung kann lange durchgehalten werden.

Hämatokrit. Anteil der Blutkörperchen am Gesamtblutvolumen. Ein Liter Blut enthält beim Mann etwa 40 bis 54 Prozent Blutkörperchen, bei der Frau etwa 37 bis 47 Prozent.

Hämoglobin. Das Blut eines erwachsenen Menschen muss täglich etwa 600 Liter Sauerstoff von der Lunge ins Gewebe befördern. Fast der gesamte Sauerstoff wird vom Hämoglobin der roten Blutkörperchen gebunden und transportiert. In den Lungen wird das Hämoglobin im arteriellen Blut zu 96 Prozent mit Sauerstoff gesättigt. Im venösen Blut, nach Durchfließen des Gewebes, beträgt die Sättigung nur noch 70 %. Es wird ungefähr ein Drittel des Sauerstoffs im Gewebe freigesetzt. Größere Unterschiede ergeben sich natürlich beim arbeitenden Muskel, wo bis zu 90 Prozent des gebundenen Sauerstoffs abgegeben werden.

Kohlenhydrate. In der Natur weit verbreitete Stoffklasse, die aus Einfachzuckern aufgebaut sind, z.B. Traubenzucker (Glukose). Sie können sich aber zu Mehrfachzuckern (Malzzucker) verbinden. Sie sind der wichtigste Energiespender des Menschen.

Laktate. Salze und Ester der → Milchsäure, die der Körper bei Belastung produziert. Maßeinheit ist Millimol pro Liter.

Lipolyse. Energiegewinnung aus der Verbrennung von Fettsäuren. Spaltung von Nahrungsfetten im Darm, die Mobilisierung von Depotfetten und die Steuerung dieser Vorgänge. Wichtig für Belastungen, die über 40 Minuten andauern.

MHF. Maximale Herzfrequenz; Ihre obere Belastungsgrenze, die Sie nicht überschreiten sollten. → THF

Milchsäure. Milchsäure entsteht in den Muskeln nach starker Arbeitsleistung (Muskelkater). Die Salze und Ester der Milchsäure heißen → Laktate.

Nahrungsergänzungen. Auf den Bedarf des Sportlers abgestimmte Lebensmittel, die alle Vitamine, Mineralien, Kohlenhydrate und sonstige Stoffe enthalten, die er bei der Belastung verbraucht. Sportdrinks beispielsweise tragen dazu bei, dass der Blutzuckerspiegel während der Belastung konstant bleibt. Refresher-Produkte unterstützen die schnelle Erholung.

Proteine. Aus Aminosäuren zusammengesetzte Makromoleküle mit vielfältigen Funktionen in allen Organismen. Grundbaustein aller lebenden Materie.

ST-Fasern. (»Slow twitch«) rote, langsame Muskelfasern. Sie sind für die Ausdauerleistungen, also die langsamen Muskelkontraktionen, verantwortlich. Sie werden mit aerober Energie versorgt. Langstreckenläufer haben bis zu 90 Prozent dieser ST-Fasern.

THF. Trainingsherzfrequenz; der Bereich, in dem Sie als Fitnessläufer trainieren sollten. → MHF

Vier-Millimol-Schwelle. Maximale Laktatmenge, die der Körper abbauen kann. Messwert für den Übergang zum anaeroben Bereich. Intensität, bei der im Blut die Konzentration von vier Millimol Laktat pro Liter Blut gemessen wird; grob der → anaeroben Schwelle gleichzusetzen.

Vitamine. Zusammenfassende Bezeichnung für eine Gruppe von chemisch sehr unterschiedlichen Substanzen. Sie können vom Organismus nicht produziert werden und müssen deshalb mit der Nahrung aufgenommen werden. Sportler brauchen bis zu viermal mehr Vitamine als Nichtsportler.

VO_2max. Maximale Sauerstoffmenge, die ein Sportler pro Minute über die Lunge ins Blut aufnehmen und im Muskel verwerten kann, bezogen auf sein Körpergewicht. Je höher die Aufnahmefähigkeit ist, desto später setzt die Übersäuerung ein. Die VO_2max gibt Aufschluss über die Belastbarkeit von Herz und Lungen und somit über die aerobe Leistungsfähigkeit (Einheit: ml/kg/min). Untrainierte liegen bei 35 bis 38 (Frauen) beziehungsweise 45 bis 50 ml/kg/min VO_2max. Topausdauersportler haben eine VO_2max von 75 bis 85 ml/kg/min.

Zahlen, Zeiten und Rekorde

HAILES SIEGE, TITEL UND PLATZIERUNGEN IM ÜBERBLICK

»Weltleichtathlet des Jahres« 1998
Ehrenbotschafter der Vereinten Nationen für ein Programm zur Entwicklung Äthiopiens (ONUD)
Träger des Olympischen Ordens

DIE ERGEBNISSE DER WICHTIGSTEN RENNEN VON HAILE GEBRSELASSIE

Cross-Country-Junioren-WM in Boston, USA 1992		2. Platz
Juniorenweltmeisterschaft in Seoul, Korea 1992	5000 m	1. Platz
	10 000 m	1. Platz
Leichtathletik-WM in Stuttgart 1993	5000 m	2. Platz
	10 000 m	1. Platz
World Cross Challenge 93/94		1. Platz
Cross-Country-WM in Budapest 1994		3. Platz
Leichtathletik-WM in Göteborg, Schweden 1995	10 000 m	1. Platz
Olympische Sommerspiele in Atlanta, USA 1996	10 000 m	1. Platz
Hallen-WM in Paris 1997	3000 m	1. Platz
Leichtathletik-WM in Athen 1997	10 000 m	1. Platz
Gewinner der Golden League 1998		
Hallen-WM in Maebashi, Japan 1999	1500 m	1. Platz
	3000 m	1. Platz
Leichtathletik-WM in Sevilla, Spanien 1999	10 000 m	1. Platz
Olympische Spiele in Sydney, Australien 2000	10 000 m	1. Platz
IAAF Halbmarathon-WM, Bristol, Großbritannien 2001		1. Platz
Leichtathletik-WM in Edmonton, Kanada 2001	10 000 m	3. Platz

HAILE GEBRSELASSIE IST WELTREKORDHALTER ÜBER

10 000 m (Hengelo, Niederlande 1998)	26:22,75 min
5000 m (Helsinki, Finnland 1998)	12:39,36 min
5000 m (Indoor, Birmingham, Großbritannien 1999)	12:50,38 min

HAILES PERSÖNLICHE BESTZEITEN

1500 m	3:33,73	1999	
1500 m (Halle)	3:31,76	1998	
Meile (1,609344 km)	3:52,39	1999	
3000 m	7:25,09	1998	
3000 m (Halle)	7:26,14	1998	
2 Meilen	8:01,08	1997	
5000 m	**12:39,36**	**1998**	**(Weltrekord)**
5000 m (Halle)	**12:50,38**	**1999**	**(Weltrekord)**
10 000 m	**26:22,75**	**1998**	**(Weltrekord)**
Halbmarathon	59:40,00	2002	
Marathon	2:06,35	2002	

HAILES 5000-METER-WELTREKORDE

Zürich 1995	Zwischenzeiten		
1000 m	2:34,04		Frank O'Mara (IRL)
2000 m	2:34,60	5:08,70	Worku Bekila (ETH)
3000 m	2:34,20	7:42,92	Worku Bekila
4000 m	2:31,23	10:14,15	Haile Gebrselassie
5000 m	2:30,20	**12:44,39**	
letzte Runde	59,69		

Zürich 1997	Zwischenzeiten		
1000 m	2:33,64		Abdellah Behar (FRA)
2000 m	2:32,37	5:06,11	Abdellah Behar
3000 m	2:31,96	7:38,07	Martin Keino (KEN)
4000 m	2:34,82	10:12,89	Daniel Komen (KEN)
5000 m	2:28,97	**12:41,86**	Haile Gebrselassie

Der erste Hase war bis zu 2000 Meter Abdellah Behar. Von da an bis zu 3000 Meter machten Martin Keino und Eliah Maru das Tempo. Bei der 2000-Meter-Marke ging Daniel Komen in Führung. Haile Gebrselassie überspurtete ihn 280 Meter vor dem Ziel. Komen wurde Zweiter, mit einem neuen kenyanischen Rekord von 12:44,90 Minuten.

Sechs Läufer blieben 1997 in Zürich unter 13 Minuten:

1. Haile Gebrselassie	12:41,86	(Weltrekord)
2. Daniel Komen (KEN)	12:44,90	
3. Paul Tergat (KEN)	12:49,87	
4. Khalid Boulami (MAR)	12:53,41	
5. Dieter Baumann (GER)	12:54,70	(Europarekord)
6. Paul Koech (KEN)	12:56,29	

Helsinki 1998	Rundenzeiten	Zwischenzeiten	
	28,80		(200 m)
	59,74		(400 m)
	1:30,98		
	2:02,53		
	2:33,91	2:33,91	(1000 m) B. Zorko
	3:04,78		
	3:35,00		
	4:05,76		
	4:35,72		
	5:05,62	2:31,71	(2000 m) A. Mezgebu
	5:36,34		
	6:06,86		
	6:37,71		
	7:08,57		
	7:38,93	2:33,31	(3000 m)
	8:09,33		
	8:40,00		
	9:10,42		
	9:41,29		
	10:11,53	2:32,60	(4000 m)
	10:42,43		
	11:12,36		
	11:42,59		
	12:10,75		
	12:39,36	2:27,83	(5000 m)
die letzten 800 m	1:56,93		
die letzten 600 m	1:27,00		
die letzten 400 m	56,77		
die letzten 200 m	28,61		

5000 METER – DIE LETZTEN 20 JAHRE

	Zeit/min	Athlet	Pos.	Ort	Datum
1	12:39,36	Haile Gebrselassie (ETH)	1 (WR)	Helsinki	13.06.1998
2	12:39,74	Daniel Komen (KEN)	1 (WR)	Brüssel	22.08.1997
3	12:41,86	Haile Gebrselassie (ETH)	1 (WR)	Zürich	13.08.1997
4	12:44,39	Haile Gebrselassie (ETH)	1 (WR)	Zürich	16.08.1995
5	12:44,90	Daniel Komen (KEN)	2	Zürich	13.08.1997
6	12:45,09	Daniel Komen (KEN)	1	Zürich	14.08.1996
7	12:48,98	Daniel Komen (KEN)	1	Rom	05.06.1997
8	12:49,28	Brahim Lahlafi (MAR)	1	Brüssel	25.08.2000
9	12:49,64	Haile Gebrselassie (ETH)	1	Zürich	11.08.1999
10	12:49,71	Mohammed Mourhit (BEL)	2 (ER)	Brüssel	25.08.2000
11	12:49,87	Paul Tergat (KEN)	3	Zürich	13.08.1997
12	12:50,80	Salah Hissou (MAR)	1	Rom	05.06.1996
13	12:50,86	Ali Saïdi-Sief (ALG)	1	Rom	30.06.2000
14	12:51,60	Daniel Komen (KEN)	1	Stockholm	08.07.1996
15	12:52,38	Daniel Komen (KEN)	1	Mailand	07.09.1996
16	12:52,39	Salah Hissou (MAR)	2	Rom	05.06.1997
17	12:52,53	Salah Hissou (MAR)	1	Mailand	09.06.1999
18	12:52,70	Haile Gebrselassie (ETH)	2	Zürich	14.08.1996
19	12:53,19	Haile Gebrselassie (ETH)	1	Berlin	01.09.1995
20	12:53,41	Khalid Boulami (MAR)	4	Zürich	13.08.1997
21	12:53,45	Salah Hissou (MAR)	2	Zürich	11.08.1999
22	12:53,72	Philip Mosima (KEN)	2	Rom	05.06.1996
23	12:53,84	Assefa Mezgebu (ETH	1	Brüssel	28.08.1998
24	12:54,07	Sammy Kipketer (KEN)	2	Roma	30.06.2000
25	12:54,70	Dieter Baumann (GER)	5 (DR)	Zürich	13.08.1997
26	12:54,85	Moses Kiptanui (KEN)	3	Rom	05.06.1996
27	12:55,63	Mark Bett (KEN)	2	Oslo	28.07.2000
28	12:55,82	Benjamin Limo (KEN)	3	Oslo	28.07.2000
29	12:55,94	Tom Nyariki (KEN)	1	Stockholm	07.07.1997
30	12:56,29	Paul Koech (KEN)	6	Zürich	13.08.1997
31	12:56,50	Luke Kipkosgei (KEN)	5	Oslo	28.07.2000
32	12:56,72	Richard Limo (KEN)	1	Zürich	17.08.2001

	Zeit/min	Athlet	Pos.		Ort	Datum
33	12:57,23	Worku Bekila (ETH)	3		Rom	08.06.1995
34	12:57,79	David Chelule (KEN)	5		Rom	07.07.1999
35	12:58,21	Bob Kennedy (USA)	5		Zürich	14.08.1996
36	12:58,39	Saïd Aouita (MAR)	1	(WR)	Rom	22.07.1987
37	12:58,57	Hailu Mekonnen (ETH)	1		Rom	29.06.2001
38	12:58,83	Ismaïl Sghyr (FRA)	7		Oslo	28.07.2000
39	12:59,39	Million Wolde (ETH)	5		Zürich	12.08.1998
40	12:59,90	Albert Chepkurui (KEN)	8		Oslo	28.07.2000
41	12:59,97	John Kibowen (KEN)	3		Athen	11.06.2001
42	13:00,10	Paul Bitok (KEN)	1		Oslo	13.07.2001
43	13:00,36	Abiyote Abate (ETH)	5		Rom	29.06.2001
44	13:00,41	David Moorcroft (GBR)	1	(WR)	Oslo	07.07.1982
45	13:00,54	Khalid Skah (MAR)	1		Villeneuve-d'Ascq	08.07.1994
46	13:01,15	Sydney Maree (USA)	2		Oslo	27.07.1985
47	13:01,41	Brahim Jabbour (MAR)	1		Saint-Denis	03.07.1999
48	13:01,82	Yobes Ondieki (KEN)	1		Zürich	07.08.1991
49	13:01,89	Julis Gitahi (KEN)	5		Stockholm	05.08.1998
50	13:01,9	Abraham Chebii (KEN)	2		Mailand	07.06.2000
51	13:02,15	Mustapha Essaïd (FRA)	4		Brüssel	28.08.1998
52	13:02,28	Benjamin Maiyo (KEN)	2		Lausanne	05.07.2000
53	13:02,54	Alberto García (ESP)	8		Roma	29.06.2001
54	13:02,68	Patrick Ivuti (KEN)	7		Zürich	11.08.2000
55	13:02,71	Evans Rutto (KEN)	2		Nürnberg	25.06.2000
56	13:02,75	Ismael Kirui (KEN)	1		Stuttgart	16.08.1993
57	13:02,80	Shem Kororia (KEN)	1		Stockholm	10.07.1995
58	13:02,86	António Pinto (POR)	9		Zürich	12.08.1998
59	13:03,08	William Kalya (KEN)	2		Stockholm	10.07.1995
60	13:03,29	Vénuste Niyongabo (BDI)	1		Saint-Denis	03.06.1996
61	13:03,60	Abderrahim Goumri (MAR)	3		Paris	06.07.2001
62	13:03,76	Stéphane Franke (GER)	5		Zürich	16.08.1995
63	13:03,85	Noureddine Morceli (ALG)	1		Zürich	17.08.1994

MARATHON-BESTENLISTE

(Stand Mai 2002)

1.	Khalid Khannouchi (USA)	2:05:38	(1)	London	14.04.02
2.	Khalid Khannouchi (MAR)	2:05:42	(1)	Chicago	24.10.99
3.	Paul Tergat (KEN)	2:05:48	(2)	London	14.04.02
4.	Ronaldo da Costa (BRA)	2:06:05	(1)	Berlin	20.09.98
5.	Moses Tanui (KEN)	2:06:16	(2)	Chicago	24.10.99
6.	Gert Thys (RSA)	2:06:33	(1)	Tokyo	14.02.99
7.	Haile Gebrselassie (ETH)	2:06:35	(3)	London	14.04.02
8.	Antonio Pinto (POR)	2:06:36	(1)	London	16.04.00
9.	Josephat Kiprono (KEN)	2:06:44	(1)	Berlin	26.09.99
10.	Fred Kiprop (KEN)	2:06:47	(1)	Amsterdam	17.10.99
11.	Tesfaye Jifar (ETH)	2:06:49	(2)	Amsterdam	17.10.99
12.	Belayneh Densimo (ETH)	2:06:50	(1)	Rotterdam	17.04.88
13.	William Kiplagat (KEN)	2:06:50	(3)	Amsterdam	17.10.99
14.	Kiprono (KEN)	2:06:50	(1)	Rotterdam	22.04.01
15.	Atsushi Fujita (JPN)	2:06:51	(1)	Fukuoka	03.12.00
16.	Abdelk. El Mouaziz (MOR)	2:06:52	(4)	London	14.04.02
17.	Ondoro Osoro (KEN)	2:06:54	(1)	Chicago	01.10.98
18.	Takayuki Inubushi (JPN)	2:06:57	(2)	Berlin	26.09.99
19.	Tesfaye Tola (ETH)	2:06:57	(4)	Amsterdam	17.10.99
20.	Khannouchi	2:07:01	(1)	Chicago	22.10.00
21.	Sammy Lelei (KEN)	2:07:02	(1)	Berlin	24.09.95
22.	Driss El Himer (FRA)	2:07:02	(1)	Amsterdam	21.10.01
23.	Ian Syster (RSA)	2:07:06	(5)	London	14.04.02
24.	Ahmed Salah (DJI)	2:07:07	(2)	Rotterdam	17.04.88
25.	Japhet Kosgei (KEN)	2:07:09	(1)	Rotterdam	18.04.99
26.	Carlos Lopes (POR)	2:07:12	(1)	Rotterdam	20.04.85
27.	Steve Jones (GBR)	2:07:13	(1)	Chicago	20.10.85
28.	Cosmas Ndeti (KEN)	2:07:15	(1)	Boston	18.04.94
28.	Kenneth Cheruiyot (KEN)	2:07:18	(2)	Rotterdam	22.04.01
30.	Andres Espinosa (MEX)	2:07:19	(2)	Boston	18.01.94
31.	Vincent Rousseau (BEL)	2:07:20	(2)	Berlin	24.09.95

32.	Lee Bong-ju (SKO)	2:07:20	(2)	Tokyo	13.02.00
33.	Fabian Roncero (SPA)	2:07:23	(2)	Rotterdam	18.04.99
34.	Josiah Thugwane (RSA)	2:07:28	(1)	Fukuoka	07.12.97
35.	Stephano Baldini (ITA)	2:07:29	(6)	London	14.04.02
36.	Antonio Pena (SPA)	2:07:34	(1)	Otsu	04.03.01
37.	Taisuke Kodama (JPN)	2:07:35	(1)	Beijing	19.10.86
38.	Abebe Mekonnen (ETH)	2:07:35	(1)	Beijing	16.10.88
39.	Joseph Chebet (KEN)	2:07:37	(2)	Boston	20.04.98
40.	Hiromi Taniguchi (JPN)	2:07:40	(2)	Beijing	16.10.88
41.	Elijah Lagat (KEN)	2:07:41	(1)	Berlin	28.09.97
42.	Simon Biwott (KEN)	2:07:41	(4)	Rotterdam	18.04.99
43.	Eric Kimaiyo (KEN)	2:07:43	(2)	Berlin	28.09.97
44.	Alemayhu Simeretu (ETH)	2:07:44	(1)	Turin	01.04.01
45.	Julio Rey (SPA)	2:07:46	(1)	Hamburg	22.04.01
46.	F. J. Cortes (SPA)	2:07:48	(2)	Hamburg	22.04.01
47.	Kim Yi-yong (SKO)	2:07:49	(5)	Rotterdam	18.04.99
48.	Rob de Castella (AUS)	2:07:51	(1)	Boston	21.04.86
49.	Domingos Castro (POR)	2:07:51	(1)	Rotterdam	20.04.97
50.	Giacomo Leone (ITA)	2:07:52	(2)	Otsu	04.03.01
51.	Shigeru Aburaya (JPN)	2:07:52	(3)	Otsu	04.03.01
52.	Alejandro Gomez (SPA)	2:07:54	(2)	Rotterdam	20.04.97
53.	Gezahenge Abera (ETH)	2:07:54	(1)	Fukuoka	05.12.99

DIE CO-AUTOREN

Detlef Moritz-Abebe reist als Dokumentarfilmer und Fotograf, meist im Auftrag von VOX und des WDR, seit 17 Jahren um die ganze Welt. Bei Dreharbeiten in Äthiopien lernte er seine Frau Tsegereda kennen und arbeitet seitdem mit ihr zusammen, zum Teil unter extremen Bedingungen: mit dem Boot durch den Regenwald des Amazonas oder bei den brennenden Ölquellen von Kuwait, in der Hitze der Kalahari oder der Kälte der Bale Mountains und den Korallenriffs der Philippinen.

In den letzten zehn Jahren war Abebe sehr häufig in Äthiopien. Deshalb gehört er heute unter den deutschen Journalisten zu den besten Kennern der Geschichte und der Verhältnisse des Landes. Durch seine Frau lernte er 1994 Haile Gebrselassie und Dr. Woldemeskel Kostre kennen. Damals drehten sie gemeinsam einen Film über die sozialen Hintergründe der äthiopischen Wunderläufer. Der so entstandene freundschaftliche Kontakt zu Haile Gebrselassie brach über die Jahre und die Kontinente nie ab.

Die Anregung zu diesem Buch stammt von Tsegereda Abebe. Damit traf sie genau das Anliegen von Haile Gebrselassie, der das Bild seiner Heimat zurechtrücken möchte: Beim Stichwort Äthiopien denken die meisten Menschen an Krieg und Hungersnöte. Dabei hat dieses Land am Horn von Afrika eine beeindruckende Natur und eine sehr alte, hoch entwickelte Kultur zu bieten.

Dr. Woldemeskel Kostre war als 17-Jähriger Nachwuchsläufer im Olympiakader für die Olympischen Spiele in Tokyo 1964. Doch dann bekam er ein Sportstipendium für Ungarn und brach seine hoffnungsvoll begonnene Karriere als Läufer ab. Er wurde Trainer und kehrte 1970 nach Äthiopien zurück. An der Olympiade 1972 nahm er als Assistent des Nationaltrainers teil.

Die Topathleten zu dieser Zeit waren Mamo Wolde, der Marathon-Olympiasieger von 1968, und Miruts Yifter, der in Moskau 1980 Doppel-Olympiasieger werden sollte. Nach der Revolution von 1974 bekam Woldemeskel Kostre wieder ein Stipendium in Ungarn und schrieb seine Doktorarbeit über eine Trainingsanalyse von 3000 Sportlern.

Nach der Rückkehr in seine Heimat 1980 wurde er Nationaltrainer für die Mittel- und Langstrecken. 1991 ging in Äthiopien der lange Bürgerkrieg zu Ende. Schon ein Jahr später, bei der Olympiade 1992 in Barcelona, gewann Derartu Tulu die Goldmedaille über 10 000 Meter. Fita Bayissa wurde Dritter über 5000 Meter, und Addis Abebe ebenfalls Dritter über 10 000 Meter.

Dr. Woldemeskel Kostre wurde Cheftrainer und Technischer Direktor des äthiopischen Leichtathletikverbands. Wenig später jedoch ersetzten die neuen politischen Funktionäre ihn durch einen ihrer Gefolgsmänner. Die äthiopischen Athleten trainierten daraufhin über ein Jahr privat bei Dr. Woldemeskel Kostre, bis ihn die Funktionäre schließlich zurückholten.

Bei der Olympiade in Atlanta 1996 gewannen Haile und Fatuma Roba Gold, Gete Wami holte Bronze. Haile Gebrselassie stellte mit Dr. Woldemeskel Kostre insgesamt 15 Weltrekorde auf und wurde vielfacher Weltmeister. In Sydney gelang es dem Trainer, mit seinen Athleten acht Medaillen – darunter viermal Gold im Langstreckenlauf – zu gewinnen. Mit ihm wurde Äthiopien zur erfolgreichsten Langstreckenlaufnation der Olympischen Spiele von Sydney.

WWW.GLOBALRUNNERS.COM

Der erste wirklich globale Sportclub der Welt ist erst durch das Internet möglich geworden. Wir möchten Sie dafür gewinnen, aktiv dabei mitzumachen, denn wir wollen eine weltweite Bewegung schaffen.

Läufer sind meist Einzelkämpfer und haben deshalb keine Trainer oder erfahrenen Sportler an ihrer Seite, die ihnen Tipps geben könnten. Sie sind deshalb meist auf Informationen angewiesen, die sie lesen oder von anderen Sportlern bekommen, die zufällig zu ihrem Bekanntenkreis gehören.

Ob diese Informationen richtig und die Tipps für einen selbst geeignet sind, kann man oft nicht wissen. Mit *globalrunners.com* haben wir ein Forum geschaffen, das weitaus mehr bietet als pure Fakten über Training, Ernährung und Wettkämpfe. Sie erfahren hier auch eine Menge

Wissenswertes über die Weltklasseläufer (die derzeitigen wie die ehemaligen) und finden Trainings- und Gesundheitshinweise, die sich an der Praxis orientieren.

- Das **globalrunners-training** bietet speziell auf Sie zugeschnittene Trainingskonzepte von den Trainern der Weltklasseathleten. Schon heute trainieren viele europäische Spitzenathleten mit Fernbetreuung. Denn die Wohnorte von Trainern und Athleten sind nicht zwangsläufig immer in der Nähe. Durch die Zusammenarbeit mit dem Leistungsdiagnosezentrum der Deutschen Sporthochschule Köln bieten wir eine Trainingsbetreuung durch das Internet an.
- Die **globalrunners-seminare**: Doch fit sein allein reicht natürlich nicht. In Zusammenarbeit mit der Deutschen Sporthochschule Köln werden regelmäßig Laufseminare durchgeführt. Unter der Anleitung äthiopischer Weltklasseläufer können Sie Ihren Laufstil verbessern und auch eine Leistungs- und Ernährungsanalyse durchführen lassen.
- Der **globalrunners-shop** hat alles, was Sie als Läufer brauchen. Nicht nur Schuhe und Kleidung, sondern auch Poster, Autogramme etc. Darüber hinaus können Sie hier auch Kaffee oder Schmuck kaufen. Als Mitglied bekommen Sie natürlich einen Rabatt. Mit jedem Einkauf helfen Sie den Menschen in Äthiopien.
- Im **globalrunners-forum** lernen Sie die anderen Mitglieder kennen. Sie können sich selbst präsentieren, Lauftreffs gründen und vieles mehr. Sie werden hier Leute mit gleichen Interessen finden.
- Der **globalrunners live-chat**: Das sind unsere virtuellen Clubtreffen. Sie finden regelmäßig an Wochenenden statt. Denn die *globalrunners*-Mitglieder sind über den ganzen Globus verteilt, und da gibt es leichte Probleme mit den Zeitunterschieden.

LINKS FÜR LÄUFER

http://www.berlin-marathon.com/
http://www.bostonmarathon.org/
http://www.dshs-koeln.de/biomechanik
http://www.frauen-lauf.de/
http://www.globalrunners.de
http://www.iaaf.org
http://www.koeln-marathon.de
http://www.laufen.de
http://www.lauftreff.de
http://www.london-marathon.co.uk/
http://www.marathondumedoc.com/
http://www.running-in-germany.de/
http://www.zeld.de
www.adidas.com
www.forum-sporternaehrung.de
www.leichtathletik.de

Nach großen Wettbewerben können Sie den *globalrunners*-Weltklasseläufern, die daran teilgenommen haben, Fragen stellen, die sie dann beantworten.

- Unter **globalrunners-travel** finden Sie mehr als nur Reisetipps. Wir untersuchen die Reiseziele für Sie nicht nur unter Trainingsaspekten. Mitglieder berichten von ihren Erfahrungen in Trainingsgebieten rund um die Welt. Mit etwas Glück treffen Sie vielleicht einen netten *globalrunner* in New York, Sydney oder Tokyo, der Sie mit auf seinen Lieblingskurs nimmt. In Addis Abeba ist es jedenfalls kein Problem, wenn Sie einmal mit der Weltklasse trainieren wollen.
- Die **globalrunners-foundation** vergibt eine Art Stipendium. Mit einem Teil des Mitgliedsbeitrags wird ganz jungen Sportlern in Äthiopien geholfen, die meist nicht genug Geld für eine ausreichende Ernährung und eine Schulausbildung haben. Selbst wenn es mit der ganz großen Karriere nicht klappt, haben sie so trotzdem eine Zukunft.

Wie werde ich Mitglied?

www.globalrunners.com ist noch jung – der Club wurde Ende 2002 gegründet. Damit alles, was wir planen, durchgeführt werden kann, brauchen wir Sie. Jeder Club ist nur so gut wie seine Mitglieder. Wie der aktuelle Stand ist, das erfahren Sie durch einen Klick im Internet.

- **Aktives Mitglied**

Das alles macht viel Arbeit und kostet natürlich auch eine Menge Geld. Deshalb zahlen aktive Mitglieder einen Beitrag. Dafür bekommen sie regelmäßig einen *globalrunners-Newsletter* und können individuelle Fragen zu ihrem Training stellen, die von unseren Läufern und Trainern kompetent beantwortet werden.

- **Passives Mitglied**

Natürlich können Sie auch passives Mitglied werden. Sie erhalten dann *globalrunners-Newsletter* und können im *globalrunners-shop* mit Mitglieder-Rabatt einkaufen. Auch damit unterstützen Sie uns.

LAUFTAGEBUCH

Tag / Datum

Uhrzeit

Wetter

Belastungsgrad

Puls / Belastung

Puls / Ruhe

Ort

Art des Trainings

Zeiten

Pausen

Streckenlänge

Geländeart

Gewicht

Befinden

LAUFTAGEBUCH

Tag / Datum

Uhrzeit

Wetter

Belastungsgrad

Puls / Belastung

Puls / Ruhe

Ort

Art des Trainings

Zeiten

Pausen

Streckenlänge

Geländeart

Gewicht

Befinden

Lance Armstrong
und Chris Carmichael
mit Peter Joffre Nye

Das Lance-Armstrong-Trainingsprogramm

Das Trainingsprogramm von Lance Armstrong,
das ihn zum vielmaligen Tour-de-France-Sieger gemacht hat:

Grundlagen:
Rennrad – Ausrüstung – Wartung – Fahrrad und Körper – Straßenverkehr

Das systematische Training:
Herztraining – Sieben-Wochen-Aufbau-Plan – Trainingstechniken und Workouts – Erholungsprogramm – Krafttraining – Ernährung

Die Basis-Techniken:
Tritttechnik – richtiges Schalten und Bremsen – Taktik des Team-Fahrens – Radsport und Wetter

Fahren wie ein Profi:
mentale Stärke – Kurventechnik – Bergfahren – Sprinten – Zeitfahren

Jede Menge pfiffiger Tipps für den Amateur und den Leistungssportler. Leicht lesbar, klar und fasslich aufgebaut, professionell. Mit zahlreichen Abbildungen und Beispielen aus der Praxis des derzeit besten Radrennfahrers der Welt und seines Trainers.

---

288 Seiten mit zahlreichen Abbildungen
ISBN 3-431-03612-0

EHRENWIRTH

»Blind? Ich bin der festen Überzeugung,
dass Marla Runyan die Dinge
viel klarer sieht als die meisten von uns.«
Lance Armstrong

Marla Runyan
mit Sally Jenkins

Mein Weg an die Spitze

Sie ist blind, sie ist eine der weltbesten Läuferinnen –
und nichts hält sie auf

Die Autobiografie der Hochleistungssportlerin,
die es als erste geschafft hat, an den regulären
Olympischen Spielen, in Sydney im Jahr 2000,
erfolgreich teilzunehmen.

»Die Ärzte sagen, du bist praktisch blind!« –
»Nein, bin ich nicht!«, trotzt die kleine Marla.
Dies wird ihr Lebenscredo. Wenn die Details aus dem Sichtfeld
verschwinden, nimmt man erst das Wesentliche wahr.
Minutiös erzählt sie von ihrem Leben in Kalifornien und
Oregon, von ihrer Isolation, ihren Erfolgen –
gekrönt vom besten Platz, den eine Amerikanerin je über
1500 Meter errang.

---

320 Seiten mit 34 s/w-Abbildungen
Gebunden mit Schutzumschlag
ISBN 3-7857-2087-4

Gustav Lübbe Verlag